大　学　语　文

主　编　钱　雯
副主编　袁晓薇　陆学莉
编写者　王开春　王玲玲　孙亚军
　　　　齐晓坤　陆学莉　周良平
　　　　胡启文　袁晓薇　谢　欣

北京师范大学出版集团
BEIJING NORMAL UNIVERSITY PUBLISHING GROUP
安徽大学出版社

图书在版编目(CIP)数据

大学语文/钱雯主编. —合肥:安徽大学出版社,2012.8(2019.1重印)
应用型高等院校"十二五"规划教材
ISBN 978-7-5664-0536-4

Ⅰ. ①大… Ⅱ. ①钱… Ⅲ. ①大学语文课－高等学校－教材 Ⅳ. ①H19

中国版本图书馆 CIP 数据核字(2012)第 173473 号

大学语文

钱 雯 主编

出版发行:	北京师范大学出版集团 安徽大学出版社 (安徽省合肥市肥西路 3 号 邮编 230039) www.bnupg.com.cn www.ahupress.com.cn
印 刷:	合肥远东印务有限责任公司
经 销:	全国新华书店
开 本:	184mm×260mm
印 张:	16.25
字 数:	339 千字
版 次:	2012 年 8 月第 1 版
印 次:	2019 年 1 月第 8 次印刷
定 价:	35.00 元

ISBN 978-7-5664-0536-4

策划统筹:朱丽琴　　　　　　　装帧设计:戴 丽 李 军
责任编辑:卢 坡　　　　　　　　责任印制:陈 如

版权所有　侵权必究

反盗版、侵权举报电话:0551—65106311
外埠邮购电话:0551—65107716
本书如有印装质量问题,请与印制管理部联系调换。
印制管理部电话:0551—65106311

前言

应用型普通本科院校《大学语文》教材的编写,尚是有待开垦的处女地。目前通行的《大学语文》教材,或以所有普通本科院校为对象,或为高职高专院校量身定做,施之于应用型本科院校,不是失之宽泛,便是失之狭窄,皆有不合身、不合用之弊。现状如此,我们下决心自己动手,为我们的学生、为应用型办学,编一部合身、合用的《大学语文》教材。

编写这部教材,首先要回答一个问题:《大学语文》是什么? 我们认为,问题的答案不在专家、权威那里,也不在语文学内部语言、文学或者诸如此类的分解与拼合上。回答这个问题的根本,来自当代社会的语文现实及从现实中产生的对高质量语文的需要;有资格回答这个问题的,则是学习语文的大学生,是大学生们活生生的语文实践。语文是一种表达,是所有社会表达的核心与灵魂,也是其中最基本、最重要的表达形式,学习语文的需要蕴蓄于此;同样,最好的语文资源,存在于社会表达的实践中,最好的语文课堂,便是在实情实景中的表达训练,我们所有人,都是在表达中学会表达的。从当代社会语文表达的实践与需要出发,以大学生为主体,以大学生活为起点,引出一个自然的、自主的、循序渐进的表达训练过程,这是我们对《大学语文》基本的理解。

或曰:如此理解《大学语文》,将人文性置于何处? 有两种"人文"。一种是教师执掌的"人文",它依附语文经典,存活于教师的理解和认同中;一种是学生体认的"人文",它活跃于学生的感受和感动中,并转化为学生自主表达的冲动与需要。"文选"类《大学语文》教材属于前者,它守护经典的地位,也是在维护与经典更为接近的教师的权威。实际情况则是,纸上的"人文"如不能唤起学生的感受和感动,不能获得学生的理解和认同,则与学生何干? 与教育何干? 满足教师的"人文"情结,为教师编一部教材,不是我们的目的;相反,创设学生自主表达的情境,为学生人文素质的养成开发语文资源,让学生在人文表达的实践中体认人文并成长为"人",这是我们努力的方向。

至于《大学语文》是否应该重视语言教学、是否应该分设语言、文学板块,这些问题之于《大学语文》课程,是一堆伪问题,不在我们的考虑范围。学语文和用语文,需要调度的资源靠分析岂可穷尽? 又岂仅限于语文之内? 陶行知说道:"生活即教育。"拿这句话来解释《大学语文》课程的性质,是非常恰当的:生活即语文,生活的领域有多广阔,语文的天地就有多开阔，生活的问题有多丰富，语文教育的资源就有多丰富——科技生活与语文、生态文明与语文、政治生活与语文、经济生活与语文、诚信品德与语文、食品安全与语文、网络与语文、民俗与语文、亲子关系与语文、爱情与语文、人生感悟与语文……向生活开放，这是我们编写《大学语文》教材的思路。

教材接受应用型办学理念的指导。我们认为，应用型办学不仅仅是一种办学定位，也代表着一种大学精神。这种精神的实质是，拆除大学自封的疆界，戳穿大学自生产的知识幻像，扫除笼罩在大学之上虚假的光环，让大学的存在接受社会的检验。一所不能加入社会运转环节，不能通过创造社会价值来证明自身存在价值的大学，不配存在下去。在这个理念指导下，大学课程首先是"问题"课程，即基于问题的课程，问题之根则是当下的社会存在。唯有从此出发，才能恢复大学教学的探究性，才有真正意义上的向前人学习、向经典学习、向历史学习，也才真正谈得上人文素质和创新能力的培养。《大学语文》教材应为实践应用型办学作出自己的探索。

毋庸讳言，我们的思考是不周密的，教材七个单元提出七个问题，这些问题是否有充分的代表性，对问题的把握是否准确，围绕问题的训练设计是否合理、有序，凡此都需要进一步推敲。此外，这部为大学生语文学习设计的教材，是否真正做到以学生为本位，是否足够有力地支持探究性学习，这也需要得到实践的检验。我们期待听取使用者包括大学生们的意见和建议，并在这里预先向使用者表示感谢！

钱　雯

2012 年 7 月

目录

前　言 ·· 1

第一单元　走进大学

单元寄语 ··· 1
大学的生活——学生选择科系的标准　　　　　　　　　　　胡　适 / 4
教育者之机会与责任　　　　　　　　　　　　　　　　　　陶行知 / 7
今日正诸生立志之时　　　　　　　　　　　　　　　　　　张伯苓 / 11
在复旦大学 2011 年新生开学典礼上的讲话　　　　　　　　杨玉良 / 12
只要理想和良心在心中　　　　　　　　　　　　　　　　　俞敏洪 / 15
永不放弃梦想（节选）　　　　　　　　　　　　　　　　[美]奥巴马 / 19
成功 3Q　　　　　　　　　　　　　　　　　　　　　　　李嘉诚 / 22
应用能力训练 ·· 24

第二单元　好好读书

单元寄语 ·· 29
序《经典人文》　　　　　　　　　　　　　　　　　　　　余秋雨 / 33
网络时代我们如何读书　　　　　　　　　　　　　　　　　谢　泳 / 36
论书籍与阅读　　　　　　　　　　　　　　　　　　[美]约翰·罗斯金 / 39
读书的意义　　　　　　　　　　　　　　　　　　　　　　俞平伯 / 41
我的读书经验　　　　　　　　　　　　　　　　　　　　　冯友兰 / 43
论阅读和书籍　　　　　　　　　　　　　　　　　　　　[德]叔本华 / 46
应用能力训练 ·· 52

第三单元 魅力汉语

单元寄语		60
谈语文修养	刘叶秋	64
南腔与北调	易中天	67
古今言殊	吕叔湘	70
双语言时代(节选)	周有光	75
文言与文化	汪荣祖	82
略论语言的形式美	王 力	83
应用能力训练		88

第四单元 品味经典

单元寄语		89
山石	[唐]韩 愈	93
狼图腾(节选)	姜 戎	94
伊利亚特(节选)	[古希腊]荷 马	105
八声甘州	[宋]柳 永	112
春之怀古	张晓风	113
我的伊豆	[日]川端康成	115
与朱元思书	[梁]吴 均	117
常德的船	沈从文	118
高老头(节选)	[法]巴尔扎克	123
答谢中书书	[梁]陶宏景	130
中秋的月亮	周作人	131
老人与海(节选)	[美]海明威	133
日喻说	[宋]苏 轼	140
说笑	钱钟书	142
论司法	[英]培 根	144
饮中八仙歌	[唐]杜 甫	147

我是一个任性的孩子	顾　城／148
忽必烈汗	［英］柯勒律治／152
归园田居五首	［晋］陶渊明／154
吃瓜子	丰子恺／156
瓦尔登湖·湖（节选）	［美］梭　罗／160
牡丹亭·惊梦	［明］汤显祖／165
红高粱（节选）	莫　言／167
莎乐美（节选）	［英］王尔德／170

应用能力训练 ·········· **178**

第五单元　文化之旅

单元寄语 ·········· **179**

中国知识分子的古代传统——兼论"俳优"与"修身"（节选）	余英时／182
赵氏孤儿（第一折）	［元］纪君祥／184
哈姆雷特（第三幕）	［英］莎士比亚／188
《徽州》解说词（第一、二集）	／193
里乘·一文钱	［清］许奉恩／195
苦瓜和尚画语录·山川章第八	［明］石　涛／197
女驸马·洞房（唱词）	安徽省黄梅戏剧团改编／198
独坐敬亭山	［唐］李　白／200
望夫山	［唐］刘禹锡／201
淡黄柳	［宋］姜　夔／202
游褒禅山记	［宋］王安石／203
游黄山日记（后）	［明］徐宏祖／204

应用能力训练 ·········· **206**

第六单元　感悟人生

单元寄语 ·········· **209**

| 生命的意义 | ［苏联］奥斯特洛夫斯基／212 |

人间词话（节选） .... 王国维 / 213
青春 .... 席慕容 / 214
我喜欢出发 .... 汪国真 / 215
成功就是成为最好的你自己（节选） .... 李开复 / 216
对自己的人生负责 .... 周国平 / 220
生命的空隙 .... 叶坚颖 / 222
应用能力训练 224

第七单元　走向世界

单元寄语 225
专家与通人 .... 雷海宗 / 228
生命的意义 .... 罗家伦 / 230
我的信仰 .... [美]爱因斯坦 / 234
炉火 .... 张　炜 / 237
正眼看西方 .... 龙应台 / 240
十八岁出门远行 .... 余　华 / 243
相信未来 .... 食　指 / 248
应用能力训练 250

后　记 251

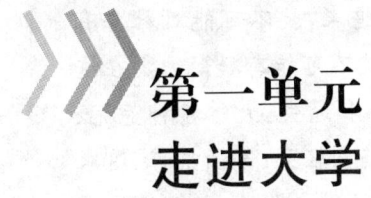

第一单元
走进大学

单元寄语

带着梦想和家人的期待走进大学的时候,我们的人生就此掀开了新的篇章。那么,大学是什么?我们在大学阶段应该做些什么呢?

"大学"在古代指的是一种学制,与"小学"相对。"(人生)及其十有五年,则至天子之元子、众子,以至公卿大夫元士之适子,与凡民之俊秀,皆入大学"(朱熹《大学章句序》)。也就是说,人们在15岁左右,无论身份地位的高低都有可能具有进入新的学习阶段继续研读深造的机会;而如今的大学主要实行的是学历教育。在资本主义社会建立以前,学校教育不是很发达,也就无所谓学历问题。资本主义兴起后,生产力迅速发展起来,手工劳动逐渐被机器生产所取代;而使用机器生产对于人们的科学文化素质要求会越来越高,于是普及教育成了当务之急。入学就教的人多了,学校分成不同级别,大学就是其中较高等的教育机关。它主要选拔具有高中以上学历者进行教育和培训并以考试考核的方式检验其所学知识和技能。

虽然,随着历史和社会的发展,"大学"的性质发生了一定的变化,但是其教育的核心内容并无太大的变动。如早在我国先秦时期的著作《大学》中就明确要求"自天子以至于庶人,一是皆以修身为本",这里的"修身"主要的意思应该为:古圣先贤希望后人能够通过有效的学习,使得每个人都能够实现从有外在知识的人向有文化修养和高尚品格的人的深刻转变,成为有道德的人。关于这一点,古今中外的思想家、教育家都达成了共识。爱因斯坦这样理解大学:"学校应该永远以此为目标:学生离开学校时是一个和谐的人。"芝加哥大学前校长赫钦士指出:"大学教育在知识之外,更应注重德性的问题。"大学生的道德感应表现为对真善美的追求,对社会责任的担当,拥有宽容、平等、开放、科学的精神,学会理解人、尊重人、关注人。正如马克思中学毕业时所说的:"我的幸福属于千千万万人。"对于个人,如果没有这种人格的追求,就不可能对社会有所贡献;对于一个民族,如果没有这样的性格和品质,就不可能有凝聚力。在这个日益技术化、物质化的时代,大学生出现了种种困惑和迷失:大学精神荒芜、信仰迷失、生活空虚、价值失落、人格扭曲、藐视崇高、趋利轻义、害怕吃苦、追求享乐等现象。因此,道德素质的优化与提高势必成为大学对于学生们的一个要求,这直接影响大学生正确的世界观、人生观、价值观的形成。

在大学的生活中,通过不断地探索和思考,我们要明白自己将要做什么并为之奋斗不止。据调查显示,很多大学新生经历高考的洗礼后从紧张的学习氛围中一下释放出来,顿时感觉到无所适从,加之缺乏自我调控的能力和毅力,生活得十分焦虑痛苦。因此,明确自己的人生理想抱负就变得尤为重要。著名学者万俊人认为自己学术道路的选择,就是在大学的氛围中做出的,"燕园三载,让我尽沐雨露春风。也许是未名湖这片智慧的海洋和博雅塔那劲耸的身影构铸了我献身伦理学术的坚定选择"。俞敏洪在北京大学2008年开学典礼上的演讲时说:"北大给我留下了一连串美好的回忆,大概也留下了一连串的痛苦。正是在美好和痛苦中间,在挫折、挣扎和进步中间,最后找到了自我,开始为自己、为家庭、为社会能做一点事情。"我们可以看出即使生活困窘不堪,即使理想一次次受挫,只要我们有明确的目标、足够的耐心,我们坚信梦想就不会太遥远。纵然有屈原为政治理想不得施展而跳江,但他在《离骚》中仍写下了"路漫漫其修远兮,吾将上下而求索";纵然有嵇康不为政治势力所容而丧命,但他在死亡面前用生命的《广陵散》奏出了对时代的反抗;纵然有杜甫百感交集的"凭轩涕泗流",但他一生从未因外界的阻碍而放弃入世的努力;纵然有辛弃疾不得重用的郁郁寡欢,但更有他那些豪迈词句体现的生命力的张扬……每当内心与外界冲突的时候,坚守的理想就会从内心深处涌现,抚慰那些在现实中被撞得遍体鳞伤的心灵并激励我们毫无畏惧地前行。

"我们到底要学什么,才能更好地实现我们所要追求的?"这样的迷茫普遍存在大学生中,同学们虽然处于远离社会的象牙塔中,却倍感就业的巨大压力,不知道学什么才是最好的选择?如果说,大三、大四学生往往因"深造还是就业"而矛盾,精神处于一种浮躁状态;大一、大二学生则多因缺乏学习动力而迷失方向,他们尚处于一片懵懂之中。因此说,每个进大学的人,首先就是要根据自己的爱好、特长去选好自己的专业,因为这关系到我们今后的将要努力和实现的理想的方向,所以选好合适自己的专业是相当重要的。而现在很多大学生都在单纯为找工作而功利地去学习,社会变化非常快,今天学的,明天就可能被淘汰掉,所以大学生在校时不能只打短平快,还要扎扎实实学好专业,全面提升自己的理论素养与综合素质,为将来步入社会并取得成功夯实基础。很多的成功人士之所以会成功,就是因为他们把专业学得很好,而不是仅仅靠运气。同学们应从自己的实际情况出发,认真学习专业知识技能,才会让自己的事业更好地发展下去。据调查研究显示,对胜任工作影响最大的因素是专业知识和技术能力,它是应聘者对该专业、该职位的熟练程度和上手难易程度的一个最基本的体现。我们大家都知道做各行各业都要有自己的专业知识,而学好专业知识并不是那么容易,一定要下一番苦工夫才能得到,只有学好了专业知识,我们才会让自己的事业更加顺畅,才会让我们拉近与成功的距离。假如我们是做网站推广的,我们首先就要了解什么叫网站推广,然后再学好推广的专业知识,懂得从专业的角度去怎样把自己的网站推广出去,让更多的人来了解我们的网站,帮助更多的人得到实惠。假如我们是做家具卖场,主要的就是经营家具商品,我们对家具的了解可能会更多一些,但是如果让我们去经营电器或是说经营电信业,我们就一窍不通了,什么都不了解,就更谈不上如何经营好了。可见,做每一行,都是需要非常专业的知识。所以,我们必须要珍惜每一次的学习机会来完善自己的专业知识。如果将来同学们因为没有很好的专业知识而被社会淘汰,那就太可惜了。既然机会只惠顾爱学习的人,那么就从现在开始,学好自己的专业知识,成功自然会来找我们的。

  同学们,好好把握大学生活吧!它势必成为我们人生最亮丽的时光!

大学的生活
——学生选择科系的标准

胡　适

校长、主席、各位同学：

　　记得四十八年前,我考取了官费出洋,我的哥哥特地从东三省赶到上海为我送行,临行时对我说,我们的家早已破坏中落了,你出国要学些有用之学,帮助复兴家业,重振门楣,他要我学开矿或造铁路,因为这是比较容易找到工作的,千万不要学些没用的文学、哲学之类没饭吃的东西。我说好的,船就要开了。那时和我一起去美国的留学生共有七十人,分别进入各大学。在船上我就想,开矿没兴趣,造铁路也不感兴趣,于是只好采取调和折中的办法,要学有用之学,当时康奈尔大学有全美国最好的农学院,于是就决定去学科学的农学,也许对国家社会有点贡献吧！那时进康大的原因有二：一是康大有当时最好的农学院,且不收学费,而每个月又可获得八十元的津贴；我刚才说过,我家破了产,母亲待养,那时我还没结婚,一切从俭,所以可将部分的钱拿回养家。另一是我国有百分之八十的人是农民,将来学会了科学的农业,也许可以有益于国家。

　　入校后头一星期就突然接到农场实习部的信,叫我去报到。那时教授便问我："你有什么农场经验？"我答："没有。""难道一点都没有吗？""要有嘛,我的外公和外婆,都是道地的农夫。"教授说："这与你不相干。"我又说："就是因为没有,才要来学呀！"后来他又问："你洗过马没有？"我说："没有。"我就告诉他中国人种田是不用马的。于是老师就先教我洗马,他洗一面,我洗另一面。他又问我会套车吗,我说也不会。于是他又教我套车,老师套一边,我套一边,套好跳上去,兜一圈子。接着就到农场做选种的实习工作,手起了泡,但仍继续的忍耐下去。农复会的沈宗瀚先生写一本《克难苦学记》,要我为他作一篇序,我也就替他做一篇很长的序。我们那时学农的人很多,但只有沈宗瀚先生赤过脚下过田,是唯一确实有农场经验的人。学了一年,成绩还不错,功课都在八十五分以上。第二年我就可以多选两个学分,于是我选种果学,即种苹果学。分上午讲课与下午实习。上课倒没有什么,还甚感兴趣；下午实验,走入实习室,桌上有各色各样的苹果三十个,颜色有红的、有黄的、有青的……形状有圆的、有长的、有椭圆的、有四方的……要照着一本手册上的标准,去定每一苹果的学名,蒂有多长？花是什么颜色？肉是甜是酸？是软是硬？弄了两个小时。弄了半个小时一个都弄不了,满头大汗,真是冬天出大汗。抬头一看,呀！不对头,那些美国同学都做完跑光了,把苹果拿回去吃了。他们不需剖开,因为他们比较熟习,查查册子后面的普通名词就可以定学名,在他们是很简单。我只弄了一半，一半又是错的。回去就自己问自己学这个有什么用？要是靠当时的活力与记性，用上一个晚上来强记，四百多个名字都可以记下来应付考试。但试想有什么用呢？那些苹果在我国烟台也没有，青岛也没有，安徽也没有……我认为科学的农学无用了，于是决定改行，那时正是民国元年，国内正是革命的时候，也许学别的东西更有好处。

那么，转系要以什么为标准呢？依自己的兴趣呢？还是看社会的需要？我年轻时候《留学日记》有一首诗，现在我也背不出来了。我选课用什么做标准？听哥哥的话？看国家的需要？还是凭自己？只有两个标准：一个是"我"；一个是"社会"，看看社会需要什么？国家需要什么？中国现代需要什么？但这个标准——社会上三百六十行，行行都需要，现在可以说三千六百行，从诺贝尔得奖人到修理马桶的，社会都需要，所以社会的并不重要。因此，在定主意的时候，便要依着自我的兴趣了——即性之所近，力之所能。我的兴趣在什么地方？与我性质相近的是什么？问我能做什么？对什么感兴趣？我便照着这个标准转到文学院了。但又有一个困难，文科要缴费，而从康大中途退出，要赔出以前二年的学费，我也顾不得这些。经过四位朋友的帮忙，由八十元减到三十五元，终于达成愿望。在文学院以哲学为主，英国文学、经济、政治学之门为副。后又以哲学为主，经济理论、英国文学为副科。到哥伦比亚大学后，仍以哲学为主，以政治理论、英国文学为副。我现在六十八岁了，人家问我学什么？我自己也不知道学些什么？我对文学也感兴趣，白话文方面也曾经有过一点小贡献。在北大，我曾做过哲学系主任、外国文学系主任、英国文学系主任，中国文学系也做过四年的系主任，在北大文学院六个学系中，五系全做过主任。现在我自己也不知道学些什么，我刚才讲过现在的青年太倾向于现实了，不凭性之所近，力之所能去选课。譬如一位有作诗天才的人，不进中文系学做诗，而偏要去医学院学外科，那么文学院便失去了一个一流的诗人，而国内却添了一个三四流甚至五流的饭桶外科医生，这是国家的损失，也是你们自己的损失。

在一个头等、第一流的大学，当初日本筹划帝大的时候，真的计画远大，规模宏伟，单就医学院就比当初日本总督府还要大。科学的书籍都是从第一号编起，基础良好。我们接收已有十余年了，总算没有辜负当初的计画。今日台大可说是国内唯一最完善的大学，各位不要有成见，带着近视眼镜来看自己的前途，看自己的将来。听说入学考试时有七十二个志愿可填，这样七十二变，变到最后不知变成了什么，当初所填的志愿，不要当做最后的决定，只当做暂时的方向。要在大学一、二年级的时候，东摸摸西摸摸的瞎摸。不要有短见，十八九岁的青年仍没有能力决定自己的前途、职业。进大学后第一年到处去摸、去看，探险去，不知道的我偏要去学。如在中学时候的数学不好，现在我偏要去学，中学时不感兴趣，也许是老师不好。现在去听听最好的教授的讲课，也许会提起你的兴趣。好的先生会指导你走上一个好的方向，第一二年甚至于第三年还来得及，只要依着自己"性之所近，力之所能"的做去，这是清代大儒章学诚的话。

现在我再说一个故事，不是我自己的，而是近代科学的开山大师——伽利略（Galileo），他是意大利人，父亲是一个有名的数学家，他的父亲叫他不要学他这一行，学这一行是没饭吃的,要他学医。他奉命而去。当时意大利正是文艺复兴的时候,他到大学以后曾被教授和同学捧誉为"天才的画家",他也很得意。父亲要他学医,他却发现了美术的天才。他读书的佛劳伦斯地方是一工业区,当地的工业界首领希望在这大学多造就些科学的人才,鼓励学生研究几何,于是在这大学里特为官儿们开设了几何学一科,聘请一位叫 Ricci 氏当教授。有一天,他打从那个地方过,偶然的定脚在听讲,有的官儿们在打瞌睡,而这位年轻的伽利略却非常感兴趣。于是不断地一直继续下去,趣味横生,便改学数学,由于浓厚的兴趣与天才,就决心去东摸摸西摸摸,摸出一条兴趣之路,创造了新的天文学、新的物理学,终于成为一位近代科学的开山大师。

大学生选择学科就是选择职业。我现在六十八岁了,我也不知道所学的是什么?希望各位不要学我这样老不成器的人。勿以七十二志愿中所填的一愿就定了终身,还没有的,就是大学二、三年也还没定。各位在此完备的大学里,目前更有这么多好的教授人才来指导,趁此机会加以利用。社会上需要什么,不要管它,家里的爸爸、妈妈、哥哥、朋友等,要你做律师、做医生,你也不要管他们,不要听他们的话,只要跟着自己的兴趣走。想起当初我哥哥要我学开矿、造铁路,我也没听他的话,自己变来变去变成一个老不成器的人。后来我哥哥也没说什么。只管我自己,别人不要管他。依着"性之所近,力之所能"学下去,其未来对国家的贡献也许比现在盲目所选的或被动选择的学科会大的多,将来前途也是无可限量的。下课了!下课了!谢谢各位。

▎阅读提示

胡适(1891~1962),安徽绩溪人,现代著名学者、诗人、历史学家、文学家、哲学家。因提倡文学革命而成为新文化运动的领袖之一。此篇为胡先生于1958年6月5日在台湾大学法学院的演说词。胡先生认为大学生选择科系就是选择职业,依着"性之所近,力之所能"学下去,其未来对国家的贡献也许比现在盲目所选的或被动选择的学科大得多,将来前途也是无可限量的。由于是自己生平所历,此篇演讲说服力强。语言生动形象,用谈家常的方法娓娓道来,具有很强的亲和力。

教育者之机会与责任

陶行知

今天我的讲题是《教育者之机会与责任》，但是今天到会的，除教育者外，又有受教育的学生，提倡教育的办学者。我这题目，和上面种种人有什么关系呢？我想，学生对于教育发生的影响，自己首当其冲，自然要去看看教育者是否已经利用他的机会，尽了他的责任。办学者是督察教育者的人，更有急需了解教育者的机会与责任的必要。所以我这演讲，实在是以上三种人都应当注意的。

先从机会方面讲。教育者应当知道教育是无名无利且没有尊荣的事。教育者所得的机会，纯系服务的机会，贡献的机会，而无丝毫名利尊荣之可言。他的机会，可分四种：

（一）有可教之人；

（二）可教者而未能完全教；

（三）可教者而未能平均教；

（四）已受教而未能教好。

以上四种，都是予教育者以实施教育的机会。且先就第一种讲：

第一种是因为社会上有许多可教之人，所以教育者才能实行他的教育，倘若无人可教，则教育者就失其机会而无用武之地了。孔子曰："生而知之者，上也。"美国某哲学家对于他这句话很有怀疑，他反驳孔子说："生而知之者，下也。"可是他的话确乎也有根据，譬如最下等的动物——细胞，彼从母体脱离后，凡彼母亲会做的事，彼都会做。再推到小牛，彼虽然不似细胞那样快，但是不用隔多时，举凡彼母亲的事，彼也会做了。小猴子却又不同，彼有几个月要在彼母亲的怀里，因为彼又是较高于小牛的动物。人又不然了，人在小孩子的时期，最早要候二三年后，始能行动，后来又慢慢由幼稚园至于大学，去学他的技能，以做他父亲会做的事。总之，幼稚时间长，所以可教；教育者的机会，也是因为有可教的小孩子啊！

第二种是说可教的人没有完全受教。如中国有四万万之众，照现在统计表计算，只有五百四十万个学生。换言之，只有一百分之一点五是学生；一百人之中，能受教育的只有一个半人。这一百分之九十八点五的不能受教育者，都打着我们教育者的门，并且告诉我们说："现在是你们的机会到了，有一个人不入学校，就是你们还没有实行你们的机会。"

第三种是就受教的人说的。中国现在受教育有三桩不平均的地方：（一）女子教育；

(二)乡村教育；(三)老人教育。

第一桩，女子教育在中国最不注重。中国全国有一千三百余县没有女子高等小学，又有五百余县没有一个女学生。若照百分法计算起来，男学生占学生中百分之九十五，女子却只占百分之五；以家庭论，一百个家庭，只有五个是男女同受教育——好家庭了。所以为家庭幸福计，男女都应受同等的教育。女子教育的重要有三：

甲、女子同为人类，自应有知识技能，去谋独立生活。譬如四万万根柱子擎着大厦，设若有二万万根是腐朽不能用的木材，则此大厦必将倾倒，这是很明显的例子。所以女子必须受教育，去共同担负社会的责任。

乙、女子富于感化性，能将坏的男子变好，并且可以溶化男子的性情与人格。诸位不信，请看看你们的亲友，定可得着个很显著的证明。所以欲使男子不致堕落，非从女子教育着手不可。

丙、女子受教育，必定十分顾及她子女的教育，不似男子的敷衍疏忽。所以普及女子教育，不但可以收到家庭教育的好果，并且可以巩固子孙的教育哩！

第二桩，不平均是城乡学校的相差，城里学校林立，乡下一个学校都没有。以赋税论，乡下人出钱，比城里人多些；他们的代价，至少也应当和城里平均，才是公允的办法。故乡村教育，应为教育者所注意。

第三桩，是小孩子可以受教育，而老年人则无受教育之机会。一般教育者，也只顾及小孩子的教育，对于老年人很少加以注意，这也是件不平均的事。中国现在内外交困，社会多故，如若候着那班小孩子去改造，非待二三十年后不能奏效。所以欲免除目前的危险，必须兼顾着老幼的教育。

许多女子、乡村人、老年人都打着我们教育者的门，如求雨一般地哀求我们放他们进来。这也是我们的机会到了！

第四种机会，是因为小孩子虽然受教，但是没有教好。如已教好，我们教育者又无机会了。没有教好者，可分四层讲：

甲、人为物质环境中的人，好教育必定可以给学生以能力，使他为物质环境中的主宰，去号召环境。如玻璃窗就是我们对于物质环境发展的使命之一。我们要想拒绝风，欢迎日光，所以就造一个玻璃窗子去施行我们拒风迎光的使命，叫讨厌的风出去，可爱的日光进来。又如我们喜欢日光和风，但是想拒绝蚊蝇，所以又造了一种纱窗去行我们使命。这种使命，并非空谈，因为我们有能力，确可使这些自然的环境听我们调度。故学校应给学生使命环境的能力，去做环境的主宰。以上不过是表明人对付环境的两个例子。

水也是自然环境之一，但是人不能对付彼，常常为彼所戕杀，如去年门罗博士到苏州参观教育，同行有四位女学士。过桥的时候，女学士的车子忽然翻落桥底；当时船家和兵士都束手无策，等到想法捞起，已经死了一个。我们从这件事得着一个教训，就是"学生、船夫、士兵都不会下水"，以致人为自然环境的"水"所杀。

人在青年时发育最快,身体的发育犹如商人获利一样,可是商人获利是最危险的事,偶一不慎,当悖出如其所入。我们青年生长时,亦有危险,学校讲求体育,应问此种体育是否增加学生的体健,使他们不致有种种不测之事发生?

这种学生的父兄,也带了他瘦且弱的子弟,打我们教育者的门,厉声问我们教的是什么教育?

乙、人不但是物质环境中之一人,也是人中之一人。人有团队,有个人,在这团体和个人中,便发生相对的关系。此种关系,应互相联络,以发展人性之美感。在此阶段制度破产时,我们绝不承认社会上还有什么"人上人"、"人下人",但是"人中人"我们是逃不掉的。我们既然都是人中之一人,那么,人与人自然会有相互的关系了。这种关系能否高尚优美,尚属疑问。且就现在的选举说吧,被选人手里执着些洋钱,选举人手里执着一张票,他们所发生的关系,是洋钱的关系,选举的关系罢了!这种关系能合乎高尚的条件吗?

再看留学生的选举如何?记得从前中央学会选举时,自称为博士、硕士的留学生,不也是一样的舞弊吗?其他如大学毕业生、中学毕业生以及未毕业的中学生,他们又是怎样?他们为什么拿着清高的人格去结交金钱?去结交政客?做金钱的奴隶?做政客的走狗?这样的学生对得起国家、社会吗?对得起父母吗?对得起自己的人格吗?

国家、社会、父母,都带着他的子孙,打我们教育者的门,骂我们为何太不认真以致教出这种子弟!

丙、好教育应当给学生一种技能,使他可以贡献社会。换言之,好教育是养成学生技能的教育,使学生可以独立生活。譬如社会上的农夫、裁缝、商人、工人、教员……他们都有贡献社会的技能,他们各人贡献他们所做的事,可以使社会得着许多便利。倘若有一个人没有能力,则此人必分大家的利,而造成社会的恐慌了!所以教育的成绩,就是"技能";教育就是"技能教育"。且拿现在的师范生做个比喻,现在师范毕业的学生只有十分之八可以服务,十分之一可以升学,其余的十分之一,却做了高等游民了。再看中学毕业生,也只有三分之一可以服务,三分之一可以升学,其余三分之一,也就做了游民了!但是他们虽然不能服务,倒不惯受着清闲的日子,反做出许多不正当的事业,实在危险啊!

这种游民式学生的父兄,也打着我们教育者的门,问我们何以教出这种不会做正当事的子弟?并且教我们重新改过课程,使毕业的学生皆可独立。

丁、人不能没有休息,但休息是人最险之时。人无论怎样忙,都没有损害,倘若休息,则魔鬼立至。我们可以看出社会上许多恶事,都是在休息时候做的。所以学校里有音乐,便是给学生以正当的娱乐,使学生不致在休息时间做出恶事。可是学生回到家里,既无教员、同学和他盘桓,又没有经济设置音乐去助他的娱乐,难免不发生其他的事来。所以学校应当使学生在休息时有正当的愉快。

这又是我们教育者的机会了!

总之,以上皆是我们教育者的机会。平常人对于机会怎样对待呢?大约可以看出四种情形来:

(A)候机会。有一班教育者天天骂机会不来，好像穷妇人想发财一样，但是机会不是观望的，所以等着机会是极愚拙的事，可以料定永远不会收着成效的。

(B)失机会。又有一班教育者，他明明看见机会来了，等到用手去捉彼，彼又跑掉了。如此一次，二次，三次……仍旧不能得着机会。因为机会生在转得极快的圆盘子上，倘若没有极敏捷的手去捉彼，总会失败的。

(C)看不见机会。机会是极微细的东西，有时且要用显微镜和望远镜去找彼。一般近视眼的教育者，若不利用那两种镜子，是很难看见机会的。

(D)空想机会。还有些教育者，机会没有来，到处自炫，就像得着机会一样。犹如两个近视眼比看匾，在匾没挂起来的时候，都去用手摸了匾。后来共请一位公证人去批评，他们各人述了自己的心得，公证人忍不住笑了，因为这匾还没有挂上，他们都是"未见空言"咧！

这类"未见空言"的教育者，他们一味的空想，结果总没有机会去枉顾他一次。

现在再谈谈好的教育者。我以为好教育者，应当具有灵敏的手去抓机会，并且要带千里镜去找机会，机会找着了，就用手去抓住彼，不断地抓住彼，还要尽力地发展彼。

再说一说教育者的责任。简单一句话，教育者的责任就是"不辜负机会；利用机会；能用千里镜去找机会；会拿灵敏的手去抓机会"。

办学者和学生都应当看看教育者是否利用他的机会；如果没有利用他的机会，便是他没有尽责。尽责的教育者，可以使学生发生"快乐"与"不快乐"两种感想；但是不尽责的教育者，也可以得着这两种情形，这是什么缘故？

因为教育者尽责，可以使学生在物质环境中做好人，教他学习一种技能去主宰环境。这种教育者，学生对于他有合意的，有不合意的。合意者不生问题，不合意的学生只请他认定教育者是否教我们做一个好人。如是，那我们就应当忍耐着成全这教育者的机会。设若教育者不负责，辜负了机会，不使学生求学，我们这时候，应当知道学生有好有坏，教育者也有尽责与不尽责，不尽责的教育者常为坏学生所欢迎，同时也被好学生唾弃。做好学生、好教育者，更应当对于坏教育者、坏学生加以严厉的驱逐，使这学校成为好的学校。

这桩事，无论是教育者、学生、办学者，皆当注意。我们不能辜负这机会与责任，自然要奋斗。攻击坏教育者、坏学生，是我们不可不奋斗的事，尤其是安徽不可不奋斗的事！

阅读提示

陶行知(1891~1946)，安徽歙县人，中国人民教育家、思想家，伟大的民主主义战士，爱国者。提出了"生活即教育"、"社会即学校"、"教学做合一"三大主张，生活教育理论是陶行知教育思想的理论核心。著作有：《中国教育改造》、《古庙敲钟录》、《斋夫自由谈》、《行知书信》、《行知诗歌集》。本篇系陶行知1921年夏在安庆暑期演讲会上的演讲记录。原载于1922年7月7日《民国日报·觉悟》。文章条理清晰、概括性强，很好地阐释先生的教育主张"千教万教教人求真，千学万学学做真人"、"捧着一颗心来，不带半根草去"。

今日正诸生立志之时

张伯苓

　　今日为时甚促，不获与毕业诸生作竟日谈，惟临别赠言，贵精不贵多。且平时每星期三之修身班演讲，诸生苟能悉记不忘，便已为益宏多，然在今日喋喋也。诸生居此四年，明岁虽仍有留校不去者，然究竟非全数。一旦分离升转他校，或置身社会，总宜先立定宗旨。盖青年人平日埋首学校，所练习所得者，均为养吾身心，长吾志气之具，出而遇风波险阻，恃吾心志以抵触之。正道所在，他非计也。非然者随波逐流，图暂时之苟活，失一生之人格，则生命何足贵哉！且夫今日正诸生立志之时，无论各具何长，要皆能发扬倡大，以备国家干城之选。设无志者也，则飘萍靡定终无所成，与禽兽何异？舟之浮海，行必有方，使无准的，达岸何时？如今日国家者，岂非失向孤舟颠簸于狂风巨浪中耶！诸生果如此舟，则莫如投之海洋以自沉，使尚欲有为于国中也。望各立尔志，急图自新。志不必尽同，亦不必尽信人言；一己所得，未必便合人意，人云亦云，殊非立身之道。盖人贵有价值者，一己之决断力耳。今日毕业，正中学学业之结束期，非学便于此止也。出而问世，不可浪用，不可放用，不可乱用，深求专学，尤望不可自萎。临别忠言，语短情长，听之择之，是在诸生矣。

▎阅读提示

　　张伯苓（1876～1951），生于天津，是中国著名教育家、中国奥运先驱。他一生致力于教育救国，创立天津南开大学，为中华民族的振兴作出了巨大贡献。本文原为"校长训词"，1917年1月10日由周恩来笔录。此篇短小精悍但却气势磅礴，论点鲜明突出。"志不必尽同"，将来或可从政、经商，也可专心治学，但有一点是"同"的，那就是诸生要将爱国视为己任。历史早就告诫我们，青年无志，国将不治。深求专学是生存之根本。

在复旦大学2011年新生开学典礼上的讲话

杨玉良

各位新同学,大家上午好!

首先要感谢你们,也要感谢你们的老师和家长,感谢你们选择了复旦。复旦欢迎你们!

每年欢迎新生的典礼,总会给我和大家一种激动。但对一个教育工作者来讲,这同时也是一种压力。有大的方面,也有小的方面。比如我要思考今年的开学典礼我到底和同学们讲些什么。昨晚,我读了两篇学生在网上的文章,这两篇文章引起了我的思考,激发了我的思想,促使我大幅度修改了原来的讲话稿,因为我觉得学生们都说得很好。

一个新生在人人网上写的一篇日志《我将如何与大学》,她现在就坐在你们中间。在这篇日志里,这位同学说,在她还没踏进大学门槛的时候,就有人跟她普及如何混进学生会、如何讨领导欢心的"大学官场风云",她也不清楚大学是不是填鸭式教育体制最后一道检疫机构,她害怕自己的独立性因为"妥协"而被无情地吞没。我非常欣赏她在对大学生活充满期待的同时,保持着一份冷静和警觉。她的担心正是当前我们大学的问题。这也促使我在几天前委托一位同事选择你们中间一个班级做了一个简单的调研。我的问题很简单:第一个是在你们心目中复旦是怎样一所大学?第二个是你们愿意成为怎么样的人?

复旦究竟是怎样一所大学?复旦一直是一所有社会责任感的大学。尽管她远非完美,至少当前如此。百年前,在教育救国理念的激励下,复旦创立;百年来,复旦"作育国士,恢廓学风",与民族兴衰共存亡。复旦的老校长李登辉说过:"复旦每经一次艰险,即促成一次新进步。"今天的复旦,恰如同学们所回答的,已经是一所在海内外享有盛誉,学科齐全,有着浓郁的人文气息和学术氛围的高等学府。复旦今日的成就,凝聚了无数复旦人的心血,体现了一代代复旦人对真理的追求、对知识的创造和对文化的传承。面对未来,复旦同样需要保持冷静和警觉,始终站在时代的前列,始终把教师和学生放在主体的地位,鼓励教师探求真理,创造新知,着眼国家民族未来,培养具有人文情怀、科学精神、专业素质的领袖人才。

然而,在这里,我不得不提到我昨天刚读到的一位今年二年级的同学写给新同学的一文——《我和复旦》。他对复旦的诸多方面提出了无情的批判,同时也有热情的赞美。我建议新同学们可以读一下。他说:"不要对大学抱有多大的幻想,这里有的老师上课也会很无聊,这里的制度会让你感慨腐败已经深入这个滋养精神的殿堂。……大学经不起你们太美丽的希望。"

如果大家关心高等教育,一定已经看到社会各界对高等教育有很多的质疑,近年来也有许多中学生选择放弃高考出国读书。他们用"脚"来表达对高等教育的不满。正因为这样,我刚才首先感谢了你们,你们的老师和家长,你们在这样的情况下依然选择了复旦。大学人才培养的质量达不到社会的需求和预期,责任当然在学校。大学的问题,绝非仅仅是过于强调科研忽视教学导致教育质量的滑坡,更重要的是面对各种压力和竞争产生的功利主义心态。有时,甚至是一种集体的功利主义心态。这种功利主义心态也许会带来学校某些"数据"和"规模"的增长,但其必然侵蚀大学的学术精神和社会责任。这种功利主义的心态也会影响到学生的选择,使他们变得短视,流于平庸,不能保持对所学领域的强烈兴趣,也就失去了在未来担当起重要责任的能力。

当前的大学,包括整个社会暴露出来的各种各样的问题,反映了中国社会精神和价值的迷失。正如余英时先生所说,中国的危机是文化的危机。早在20多年前,余英时先生就指出,"近百年来中国始终在动荡之中,文化上从来没有形成一个共同接受的典范,由于对现实不满,越是惊世骇俗的偏激言论便越容易得到一知半解的人的激赏。一旦激荡成为风气之后,便不是清澈的理性所能挽救的了。"我校哲学系俞吾金教授早在1996年的一篇题为《科学精神与人文精神必须协调发展》的文章中也指出:"当代中国思想文化界的一大奇观是:科学精神与人文精神的二元对立。这种现象的出现表明,在急剧转型的社会里,社会意识还不能很好地理解并把握社会现实,尤其是当代中国社会,不但处在由计划经济向市场经济的历史性转变中,而且作为一个后发国家,前现代思潮、现代化思潮和后现代主义思潮都汇聚在一起,更助长了思想文化领域的混乱和文化价值判断方面的困难。"

面对经济社会发展中暴露出来的问题和我们精神和思想上的困惑,大学没有责任吗?大学的教师没有责任吗?尤其是我们在座的大学生们没有责任吗?大学不仅要为社会输送大量具有人文关怀和理性精神的专业人才,大学还应以严谨的学术研究为基础,为社会、为国家甚至为整个人类解决各类发展中的问题,为社会提供清澈的思想和理性的思考。我校文史研究院葛兆光教授的新书《宅兹中国——重建关于"中国"的历史叙述》就是这样的一种努力。这本著作以视野更为广阔的文史资料为支撑,恪守中国的立场,又超越中国局限,在世界或亚洲的背景中来重新认识历史意义上的文化中国,也试图对为认识现实中国,寻求文化共识提供新的学术研究典范。确实,如何在纷乱的思想世界里寻求与建设文化和价值的共识,提供理性的思考,这需要更多的人为之长期努力。困难是显而易见的,但正如葛兆光老师在这本书的序言里所引的胡适先生的话:"不怕他真理无穷,进一寸,有一寸的欢喜。"我校物理系的中国科学院院士王迅教授的办公室的墙上贴着他自己撰写的对联:"细推物理须行乐,何用浮名伴此身。"……这就是复旦人的情怀!如果你们与更多的老师和同学接触,就会发现,在复旦,有很多人沉浸在探索真理的愉悦之中。用前面这位二年级的同学的话来说，就是："这里尽管不完美，却仍然有让你欣赏不已的东西，仍然有许多吸引你的东西。这里注定是你成长的重要一站。……你还是会喜欢上这里的。"一位大四的学生也跟帖说："来到复旦已经近四个年头了，感觉一如既往的好！"因为，复旦有这样一批优秀的学者和学子。

再来说说你们愿意成为怎样的人。毫无疑问，未来10年20年后，当在座各位成长为社会中坚力量之时，中国在世界经济中的份额将进一步扩大，并在国际事务中发挥更为重要的作用。我们的国家正在经历着伟大而极具挑战性的时代，你们，也包括我们，肩负的责任是非常重大的。你们到时候能否肩负起我们这样一个伟大的国家所赋予你们的责任。作为校长，我的责任更大。然而，恰如那位二年级同学所说，你会发现在这样一所高校里，一个校长也是显得势单力薄的。正因为如此，为了中国的高等教育改革和发展，一切都需要我们共同努力！

在这样一个时代中，复旦鼓励每一位学生能自由探索和独立思考；复旦希望每一个学生保持对复旦的信任和忠诚，更鼓励每个学生个性鲜明、无可替代；复旦期待每一个学生都出类拔萃，但更注重学生人格的养成，鼓励学生关注社会，勇于承担责任。

当然，在现实中，你们也会接触到形形色色的选课攻略，告诉你们如何才能付出最小的努力获得最高的绩点。但正如有位同学所说："拎高GPA却没有学到东西的人，是最可悲的。"那位二年级的同学也说："或许我们早就忘了自己来大学是为了什么，只是想着好的成绩可以让以后出国、保研或者找工作更加有利。这就是在复旦的可悲之处。不，这是当代中国大学的可悲之处。"我觉得他说得非常深刻。

J. K. 罗琳，这个名字，我相信你们都比我熟悉，因为在她的小说《哈利波特》中充满了梦。2008年她受邀参加哈佛大学毕业典礼并发表演讲，她说："如果给我一个时间机器，我会告诉年轻时的自己，生活不是拥有的物品与成就的清单，你们的资格证书、简历，都不能等价于你们的生活。"请大家深思！她希望同学们能够依据自己内心的追求，决定自己前进的路程，并承担责任；此外，她更希望同学们可以设身处地思他人所思，想他人所想，不要对与自身无关的苦难关上思维和心灵的大门，她引用古希腊作家普卢塔克(Plutarch)的话说，我们在内心的所得，将改变外界的现实。内心的修炼，才是大学四年生活对你们最为重要的事情。

同学们，复旦一定是一个能够让你们流连忘返的新世界。大学是一个实现梦想的地方，或者说是一个更大的梦想开始的地方，衷心祝愿每一个复旦学生能够在复旦发现最好的自己，实现最美好的梦想！

谢谢大家！

阅读提示

杨玉良(1952～　)，生于浙江省海盐市。国际著名的科学家、教育家，我国高分子化学领域的首席科学家，中国科学院院士。此文强调了大学生的社会责任感，强调了大学教育核心为"内心的修炼"，即保持个性、自由探索、独立思考等。此篇演讲语言抒情性强，态度诚恳，颇具说服力。

只要理想和良心在心中

俞敏洪

各位同学、各位领导：

大家上午好！

非常高兴许校长给我这么崇高的荣誉，谈一谈我在北大的体会。可以说，北大是改变了我一生的地方，是提升了我自己的地方，使我从一个农村孩子最后走向了世界的地方。毫不夸张地说，没有北大，肯定就没有我的今天。北大给我留下了一连串美好的回忆，大概也留下了一连串的痛苦。正是在美好和痛苦中间，在挫折、挣扎和进步中间，最后找到了自我，开始为自己、为家庭、为社会能做一点事情。

学生生活是非常美好的，有很多美好的回忆。我还记得我们班有一个男生，每天都在女生的宿舍楼下拉小提琴，希望能够引起女生的注意，结果后来被女生扔了水瓶子。我还记得我自己为了吸引女生的注意，每到寒假和暑假都帮着女生扛包。后来我发现那个女生有男朋友，我就问她为什么还要让我扛包，她说为了让男朋友休息一下。我也记得刚进北大的时候我不会讲普通话，全班同学第一次开班会的时候互相介绍，我站起来自我介绍了一番，结果我们的班长站起来跟我说："俞敏洪你能不能不讲日语？"我后来用了整整一年时间，拿着收音机在北大的树林中模仿广播台的播音，但是到今天普通话还依然讲得不好。

人的进步可能是一辈子的事情。在北大是我们生活的一个开始，而不是结束。有很多事情特别让人感动。比如说，我们很有幸见过朱光潜教授。在他最后的日子里，是我们班的同学每天轮流推着轮椅在北大里陪他一起散步。每当我推着轮椅的时候，我心中就充满了对朱光潜教授的崇拜，一种神圣感油然而生。所以，我在大学看书最多的领域是美学。因为他写了一本《西方美学史》，是我进大学以后读的第二本书。

为什么是第二本呢？因为第一本是这样来的，我进北大以后走进宿舍，我有个同学已经在宿舍。那个同学躺在床上看一本书，叫做《第三帝国的兴亡》。所以我就问了他一句话，我说："在大学还要读这种书吗？"他把书从眼睛上拿开，看了我一眼，没理我，继续读他的书。这一眼一直留在我心中。我知道进了北大不仅仅是来学专业的，要读大量大量的书。你才能够有资格把自己叫做北大的学生。所以我在北大读的第一本书就是《第三帝国的兴亡》，而且读了三遍。后来我就去找这个同学，我说："咱们聊聊《第三帝国的兴亡》。"他说："我已经忘了。"

我也记得我的导师李赋宁教授，原来是北大英语系的主任，他给我们上《新概念英语》第四册的时候，每次都把板书写得非常的完整，非常的美丽。永远都是从黑板的左上角写起，等到下课铃响起的时候，刚好写到右下角结束。我还记得我的英国文学史的老师罗经国教授，我在北大最后一年由于心情不好，导致考试不及格。我找到罗教授说："这门课如果我不及格就毕不了业。"罗教授说："我可以给你一个及格的分数，但是请你记住了，未来你一定要做出值得我给你分数的事业。"所以，北大老师的宽容、学识、奔放、自由，让我们真正能够成为北大的学生，真正能够得到北大的精神。当我听说许智宏校长对学生唱《隐形的翅膀》的时候，我打开视频，感动得热泪盈眶。因为我觉得北大的校长就应该是这样的。

我记得自己在北大的时候有很多的苦闷。一是普通话不好，第二英语水平一塌糊涂。尽管我高考经过三年的努力考到了北大——因为我落榜了两次，最后一次很意外地考进了北大。我从来没有想过北大是我能够上学的地方，她是我心中一块圣地，觉得永远够不着。但是那一年，第三年考试时我的高考分数超过了北大录取分数线7分，我终于下定决心咬牙切齿填了"北京大学"四个字。我知道一定会有很多人比我分数高，我认为自己是不会被录取的。没想到北大的招生老师非常富有眼光，料到了30年后我的今天。但是实际上我的英语水平很差，在农村既不会听也不会说，只会背语法和单词。我们班分班的时候，50个同学分成三个班，因为我的英语考试分数不错，就被分到了A班，但是一个月以后，我就被调到了C班。C班叫做"语音语调及听力障碍班"。我常常跟同学们说，如果我们的生命不为自己留下一些让自己热泪盈眶的日子，你的生命就是白过的。我们很多同学凭着优异的成绩进入了北大，但是北大绝不是你们学习的终点，而是你们生命的起点。在1岁到18岁的岁月中间，你听老师的话、听父母的话，现在你真正开始了自己的独立生活。我们必须为自己创造一些让自己感动的日子，你才能够感动别人。我们这儿有富裕家庭来的，也有贫困家庭来的，我们生命的起点由不得你选择出生在富裕家庭还是贫困家庭，如果你生在贫困家庭，你不能说老爸给我收回去，我不想在这里待着。但是我们生命的终点是由我们自己选择的。我们所有在座的同学过去都走得很好，已经在18岁的年龄走到了很多中国孩子的前面去，因为北大是中国的骄傲，也可以说是世界的骄傲。但是，到北大并不意味着你从此大功告成，并不意味着你未来的路也能走好，后面的50年、60年，甚至100年你该怎么走，成为了每一个同学都要思考的问题。就本人而言，我觉得只要有两样东西在心中，我们就能成就自己的人生。

第一样叫做理想。我从小就有一种感觉，希望穿越地平线走向远方，我把它叫做"穿越地平线的渴望"。也正是因为这种强烈的渴望，使我有勇气不断地高考。当然，我生命中也有榜样。比如我有一个邻居，非常的有名，是我终生的榜样，他的名字叫徐霞客。当然，是500年前的邻居。但是他确实是我的邻居，江苏江阴的，我也是江苏江阴的。因为崇拜徐霞客，直接导致我在高考的时候地理成绩考了97分。也是徐霞客给我带来了穿越地平线的这种感觉，所以我也下定决心，如果徐霞客走遍了中国，我就要走遍世界。而我现在正在实现自己这一梦想。所以,只要你心中有理想,有志向,同学们,你终将走向成功。你所要做到的就是在这个过程要有艰苦奋斗、忍受挫折和失败的能力,要不断地把自己的心胸扩大,才能够把事情做得更好。

第二样东西叫良心。什么叫良心呢?就是要做好事,要做对得起自己对得起别人的事情,要有和别人分享的姿态,要有愿意为别人服务的精神。有良心的人会从你具体的生活中间做的事情体现出来,而且你所做的事情一定对你未来的生命产生影响。我来讲两个小故事,讲完我就结束我的讲话,已经占用了很长的时间。

第一个小故事。有一个企业家和我讲起他大学时候的一个故事,他们班有一个同学,家庭比较富有,每个礼拜都会带6个苹果到学校来。宿舍里的同学以为是一人一个,结果他是自己一天吃一个。尽管苹果是他的,不给你也不能抢,但是从此同学留下一个印象,就是这个孩子太自私。后来这个企业家做成功了事情,而那个吃苹果的同学还没有取得成功,就希望加入到这个企业家的队伍里来。但后来大家一商量,说不能让他加盟,原因很简单,因为在大学的时候他从来没有体现过分享精神。所以,对同学们来说在大学时代的第一个要点,你得跟同学们分享你所拥有的东西,感情、思想、财富,哪怕是一个苹果也可以分成六瓣大家一起吃。因为你要知道,这样做你将来能得到更多,你的付出永远不会是白白付出的。

我再来讲一下我自己的故事。在北大当学生的时候,我一直比较具备为同学服务的精神。我这个人成绩一直不怎么样,但我从小就热爱劳动,我希望通过勤奋的劳动来引起老师和同学的注意,所以我从小学一年级就一直打扫教室卫生。到了北大以后我养成了一个良好的习惯,每天为宿舍打扫卫生,这一打扫就打扫了四年。所以我们宿舍从来没排过卫生值日表。另外,我每天都拎着宿舍的水壶去给同学打水,把它当作一种体育锻炼。大家看我打水习惯了,最后还产生这样一种情况,有的时候我忘了打水,同学就说"俞敏洪怎么还不去打水"。但是我并不觉得打水是一件多么吃亏的事情。因为大家都是一起同学,互相帮助是理所当然的。同学们一定认为我这件事情白做了。又过了10年,到了95年年底的时候新东方做到了一定规模,我希望找合作者,结果就跑到了美国和加拿大去寻找我的那些同学,他们在大学的时候都是我生命的榜样,包括刚才讲到的王强老师等。我为了诱惑他们回来还带了一大把美元,每天在美国非常大方地花钱,想让他们知道在中国也能赚钱。我想大概这样就能让他们回来。后来他们回来了,但是给了我一个十分意外的理由。他们说:"俞敏洪,我们回去是冲着你过去为我们打了四年水。"他们说:"我们知道,你有这样的一种精神,所以你有饭吃肯定不会给我们粥喝,所以让我们一起回中国,共同干新东方吧。"才有了新东方的今天。

人的一生是奋斗的一生,但是有的人一生过得很伟大,有的人一生过得很琐碎。如果我们有一个伟大的理想,有一颗善良的心,我们一定能把很多琐碎的日子堆砌起来,变成一个伟大的生命。但是如果你每天庸庸碌碌,没有理想,从此停止进步,那未来你一辈子的日子堆积起来将永远是一堆琐碎。所以,我希望所有的同学能把自己每天平凡的日子堆砌成伟大的人生。

阅读提示

俞敏洪(1962~　)，江苏江阴市人，新东方学校创始人，被媒体评为最具升值潜力的十大企业新星之一。近年来，俞敏洪及其领衔的新东方创业团队已在全国多所高校举行上百场免费励志演讲，被誉为当下中国青年大学生和创业者的"心灵导师"、"精神领袖"。此文为俞敏洪在北京大学2008年开学典礼上的演讲词。文章用极为朴素的语言说明了一个道理："伟大的理想＋善良的心"势必成就"一个伟大的生命"。因为是用作者的生活实例来进行叙述，感情真挚，极富有感染力。

永不放弃梦想(节选)

[美]奥巴马

今晚我们聚集在这里,面对的是一个困难重重的时期,不管是对美国还是整个世界来说,都是如此。对于你们许多人来说,这些挑战也和你们的切身利益有关。也许你还在找工作,也许你还在苦苦思考在这个经济破败的时期,从事什么职业才比较有意义。

现在,面对这些挑战,很容易落入最近几年很是流行的成功秘诀的俗套。这个套路大概是这样的:你受的教育告诉你要追逐一切功名利禄;你想方设法要进入"名人录"或者"100强";你一门心思要赚大钱,想象着自己的高级办公室该有多大;你担心自己没有一个响亮的头衔,没有一辆炫目的轿车。这就是我们日复一日收到的信息,也是在我们的文化中早已根深蒂固的信息——通过物质财富的占有,通过仅仅为了一己之私而进行的无情竞争——这些就是你衡量成功与否的标准。

当然,你可以走这条路——而且对有些人来说也确实可以走通。但是,在国家历史上这个关键时刻,在这个困难时期,我要说,这条路无法带你走到目的地;它只能表明你缺乏进取之心——事实上,重表面而轻物质,重名气而轻品质,重短期利益而轻长远成就,这样的风气正需要你们这一代人去结束。

各位同学,现在,我想就这种,过时的、陈腐的、以自我为中心的人生观再强调两点。首先,它让你无法分清什么才是真正重要的东西,而且会让你的价值观、做人原则和责任心大打折扣。关于成功的陈腐人生观的第二个问题就是:过多地看重成功的外在标记会使人骄傲自满,它会使你变得懒惰。我们过多地把那些外在的、物质的东西看成是我们取得成功的标记,虽然我们内心明白我们并没有尽力;我们绕开了那些虽然困难但却必须去做的工作;面对时代的挑战,我们并没有奋起迎接,而是选择了退缩。问题是,在这个高度竞争的新时代,我们中没有任何人——没有任何人能够付得起自满的代价。

显而易见我们需要稍微改变一下做事方式了。就个人的生活而言,你需要不停地适应一个时刻在改变的经济环境。你们一生中可能会从事不止一种工作或者一种事业;会不停地获得新的技能——甚至新的学位;随着新的机遇的出现,你们还会不停地冒险。

我们目前面临的挑战,许多都是前所未有的。我们需要你们这样的年轻人行动起来。请允许我澄清一下,我所说的"年轻",并不是指你们出生证明上的日期。我所谈的是一种生活态度———种精神和心灵的状况;愿意追随自己的激情,不管它是否能带来名和利；愿意质疑传统的价值观，重新思考陈旧的教条；蔑视所有代表名声、地位的传统标志，转而投身对自己有意义的事物，能帮助他人的事物，能改变这个世界的事物。

正是这种精神，使一群爱国者向一个帝国叫板，开始了我们称之为美国的民主试验，他们那时的年龄并不比你们中的绝大多数人大多少。正是这种精神，使年轻的先驱者走向西部，走向亚利桑那和更远的地方。正是这种精神，促使年轻的妇女们争取选举权，促使一位30岁的黑奴通过"地下铁路"组织逃向自由。促使一位名叫塞萨尔的年轻人全力帮助农场工人，促使一位26岁的牧师为了正义发起了一场抵制公共汽车的运动。它使消防队员和警察们在生命的黄金时期冲向熊熊燃烧的双子塔的楼梯；也使得全国的年轻人扔下手中的工作前来支援遭受洪灾的新奥尔良人，它使得两个年轻人——休利特与帕卡德——在车库中组建了一个公司，改变了我们生活和工作的方式；使得实验室里的科学家们、咖啡厅里的小说家们默默无闻地工作，直到最终成功地改变了我们看待这个世界的方式。

这就是美国的伟大故事；这些像你们一样的年轻人，追随自己的激情，决意用自己的方式迎接时代的挑战。他们这样做不是为了金钱。他们没有响亮的头衔——他们是奴隶、牧师、学生、市民。他们中没有一个人得到过荣誉学位。但他们改变了历史的进程——你们也可以，亚利桑那大学的同学们！

今晚照镜子时，你在镜中看到的也许是一个不知毕业后该做什么的人。或许你自己是这么看的，但当一个迷茫的孩子看着你时，他看到的也许是一个良师益友；一个困居家中的老人看到的也许是生命的希望；你们当地收容所里那些无家可归的人看到的也许是一个朋友。他们不会去考虑你银行账户里有多少钱，你在工作上是否担任重要职务，或者你在镇里是否很有名气——他们只知道你是一个关心他们的人，是一个改变他们生活的人。

所以，打造生命之作的真实含义——它需要日常的辛勤工作，需要众多的个人行为，需要长期——甚至是一生——积累下来的大大小小的选择，它是我们留下的永久的遗产。

如果，你忘记这一点，就请回头看看历史。托马斯·潘恩曾经是一个失败的紧身衣裁缝，一个失败的老师，一个失败的税务员，但他最后却名垂青史，他的那本名叫《常识》的小书引发了一场革命。朱莉娅·蔡尔德直到将近50岁才出版了她的第一部烹饪书。桑德斯上校直到60多岁才开办了第一家肯德基餐厅。

他们中的每一个人，在生命中的某一时刻，都没有响亮的头衔和显赫的地位值得炫耀。但他们有激情，他们追随着这种激情，不管这激情把他们带到哪里；而且他们每一步都不辞辛苦，扎实工作。

正直无私的奉献，从不考虑自己能从中得到什么——这种行为也会产生涟漪效应——这种效应能鼓舞家庭和社会生活；能创造机遇，繁荣经济；能影响那些在世界上被人遗忘的角落里生活的人们，让他们从你们这些具有奉献精神的青年的脸上，看到美国真正的面貌——我们的力量,我们的美德,我们的多样性,我们的耐力,我们的理想。

阅读提示

奥巴马(1961～),美国第44任总统,出生于美国夏威夷州火奴鲁鲁,祖籍肯尼亚,奥巴马是首位拥有黑人血统的总统。此文为奥巴马在亚利桑那大学毕业典礼上的演讲。文章强调青年学子应该对未来拥有激情,应该具有一种正直无私的奉献精神,对家庭、社会勇于承担责任。语言生动形象、举例恰当、有较强的说服力。

成功 3Q

李嘉诚

今天很高兴在这里与各位聚首一堂。理工大学在胡应湘主席、校董会同人和潘宗光校长悉心领导下，成功为香港的高等教育肩负重要的使命。理大历史悠久，她前身是培养专业技术及管理人才的理工学院，是中小型企业的摇篮，很多毕业生亦已成为各行各业的骨干，她对香港的成长，实有不可磨灭的贡献。本人能为理工大学的发展尽一分力，是一件非常有意义的事，承大学方面以本人名字为这座宏伟的大楼命名，谨表衷心谢意。

你们可能不知道，当我为今天讲话定题的时候，同事们马上议论纷纷，不同的分析论点接踵而来。有些说光是 3Q 是不准确的，5Q 比较切实，有些说无限 Q(nQ)才是绝对概括，老实说我并非学者，今天也不是作学术报告，我所知的都是从书本及杂志吸收而来，但我的知识及见解却是自己的经验和观察所累积。究竟成功人生有没有放之四海而皆准的方程式？

每个人都可以有巨大的雄心及高远的梦想，分别在于有没有能力实现这些梦想，当梦想成真的时候，会否在成功的台阶上更知进取？当梦境破灭、无力取胜、无能力转败为胜时，是否会被套在自命不凡的枷锁？抑或会跌进万念俱灰无所期待的沮丧之中？再有学识再成功的人，也要抵御命运的寒风，虽然我在事业发展方面一直比较顺利，但和大家一样，无论我喜欢或不喜欢，我也有达不到的梦想、做不到的事、说不出的话，有愤怒、有不满、伤心的时候，我亦会流下眼泪。

人生是一个很大、很复杂和常变的课题，我们用分析、运算、逻辑等理性的智商(IQ)解决诸多问题；用理解力和自我控制的情绪智商(EQ)去面对问题；用追求卓越、价值及激发自强的心灵智商(SQ)去超越问题。在我个人经历中，对此 3Q 的不断提升是必要的。IQ、EQ、SQ 皆重要：学术专业的知识，使我们有能力去驰骋于社会各行各业中；对自己及他人环境的了解，能发挥人与人之间的同理心，加强家庭、学校、机构的团队精神；慎思明辨的心灵能力驱使我们对意义和价值的追求，促动创造精神，把经验转化成智慧，在顺境和逆境之中从容前进。

今日全球经济明显欠佳，平常生活中经历的所有挫折，均显得更加沉重，遗憾的是在经济转型中，并没有即时显效的灵丹妙药，亦没有人可以向你保证说所面对的问题会持续多久，只有聪明睿智的人洞悉到今天不是昨天，知道要承担无可逆转的改变，尽管

今天没有破译的方法,他们也不会凝固于痛苦与自我折磨之中,不会天天斤斤计较眼前的得失,不会天天计算眼前的利弊,因他们知道每日积极正面地面对、思考及冲破问题,是构成丰盛人生的重要环节,及为人生累积最有价值的财富。即使处境可能不会因自己的主观努力或意志转移,但他们早已战胜生活的苦涩,为转危为机作好一切准备。

各位朋友,世人都想有一本成功的秘籍,有些人穷一生精力去找寻这本无字天书,但成功的人,一生都在不断编制自己的无字天书。今天在这里希望能与大家共勉。谢谢大家。

阅读提示

李嘉诚(1928～　),生于广东潮州,现任长江实业集团有限公司董事局主席兼总经理。1993年被评选为年度香港"风云人物"、1999年亚洲首富等。此文为2001年12月4日在香港理工大学李嘉诚楼命名典礼上的演讲稿。文章条理清晰,探讨人生成功的三个重要因素:IQ、EQ、SQ。作者通过自己的经验与观察所得到的结论,真实可靠,具有借鉴意义。

应用能力训练

【口语交际】

举行一次"珍爱青春、畅想未来"的主题班会,明确自己在大学阶段应该完成的责任和义务,规划未来生活,努力为国为家作出贡献。

【写作训练】

以"责任与理想"为题写一份演讲稿,1000字以内。

【实践活动】

举行一次竞选学生会干部的演讲。分组展开推选优秀者在全班做示范演讲。

【延展阅读】

口语表达的技巧

演讲又叫讲演或演说,是指在公众场所,以有声语言为主要手段,以体态语言为辅助手段,针对某个具体问题,鲜明、完整地发表自己的见解和主张,阐明事理或抒发情感,进行宣传鼓动的一种语言交际活动。演讲是在自然语言基础上进行加工后的一种口头语言艺术。他不同于文章,虽然文章也能表达出作者的思想情感,但因为文章没有声音而终不能达到演讲的效果。演讲能够使听众更深刻、形象地领会到演讲者丰富的思想感情,会使演讲文章娓娓动听、声声入耳,它所达到的使人心潮澎湃、让人热情激昂的效果一大部分归功于口语的表达。那么口语表达都有哪些技巧呢?

一、发声技巧

演讲像唱歌一样,其发声是有一定技巧的,不是乱喊乱叫。

1. 吐字准确清晰

吐字准确清晰是最基本的要求,这就要求演讲者在演讲时必须用普通话,运用普通话并且吐字清晰会避免因汉字一字多音现象而造成的听众对演讲内容的误解。

2. 声音要圆润响亮

响亮一般的演讲者都可以做到,但是圆润就要求比较高了,圆润的声音让人感觉优雅有磁性,有的演讲者的声音先天条件优越,但是条件不足的也可以通过后天训练加以改善。

3. 声音要富于变化

演讲需要有激情,这就要求演讲者的声音富于变化,只有这样才能表达出演讲感情的变化多端,演讲内容的轻重缓急。

4. 演讲声音持久有力

演讲不是一句半句就会表达完毕的事情,是一个持续的语言活动,所以要求演讲者的声音需要有持久的穿透力,不能虎头蛇尾。

二、节奏技巧

与唱歌相同,演讲也需要节奏,一路像念经一样下来肯定让人反感。

1. 重音

旨在表达思想重点、抒发感情、加重听众印象。重音又分为语法重音和感情重音。

2. 停顿

停顿既是换气时的生理需要,也是一种标点符号,也是演讲者情感表达的技巧工具。停顿分为:语法停顿、逻辑停顿、感情停顿、回味停顿4种。

语法停顿。一般句号、问号、感叹号停顿的时间稍长;分号、破折号、冒号停顿的时间稍短;逗号、顿号停顿的时间更短。句与句之间的停顿长些,段与段之间的停顿更长。成分复杂的长句,通常在主语之后略作停顿。继续往下说,也要注意句子成分之间的语义停顿。例如:"难道他们/不想将母亲/从敌人手里救出来,/把母亲也装扮起来,/成为世界上/一个最出色,/最美丽,/最令人尊敬的母亲吗?"只有一个修饰成分的句子,一般可以不停顿,修饰成分多的,离中心词远的可做停顿,连着中心词的成分可以不停顿。

逻辑停顿。为显示语义,突出停顿前后词语,而不受标点约束的停顿。例如:"我们不怕死,我们有牺牲精神!我们随时像李先生一样,前脚跨出大门,后脚就不准备再跨进大门!"前两句是原因,后一句是结果,在表达这种因果之间的关系时,就需要一个较大的停顿。

感情停顿。这是依据演讲者的心理和情绪所做的一种特别的停顿。它是为了渲染某种思想情绪,或者是情绪转化自然,有意识、突然做停顿处理。例如:

秋风里,你们举起了挥别的右手,凤凰花下,请允许我们再道一声:"辛苦了,实习老师,祝你们一路顺风!"(陈争《祝你们一路顺风》)

演讲者在"再道一声"之后停顿一下,最后的问候语和祝愿语就被强调出来了。这样表达,把演讲的情感推向了高潮。又如:"伟大啊!什么叫伟大?持续的平凡/就是伟大!"这里的停顿就起到了强调、突出作用。

回味停顿。在句尾或段末所做的特意停顿,为回味停顿,目的在于留给听众一个思考、体会、揣摩的余地。例如:"朋友,如果让你选择一个你最喜欢的词,你选择哪一个呢?您可能会选择幸福,也可能选择生活或者是爱……但是如果让我来选择,那我一定会选择责任。"在"选择"之后做一个较大的停顿,然后再说出"责任"。因为着重停顿能引起听众的揣摩，因而也增强了演讲中的交流感。这种技巧运用的恰当，还常常可以调动听众的情绪，起到了空场的作用，据说，林肯在演说时，常常在说出重要的话之前，为了给听众打下烙印，突然收住话音，看大家一会儿，然后再把话说出来。这是演讲中的一种特别的技巧。会对演讲起到推波助澜的作用。

三、语速技巧

速度主要指演讲中的语速。演讲中的快慢对于表情达意是十分重要的，凡是兴奋、激动时，语速加快；而沉思、平静时，语速就变慢。演讲的语速是介乎播音与报告之间，每分钟发出200个左右的音节。在这个基础上再根据不同的演讲风格酌情增减。此外，每篇演讲的开头、高潮、结尾等各部分语速也应有所不同，否则就会呆板而缺乏变化。

四、语调技巧

演讲中常用的语调是指通过句子高低升降的变化来表达不同的语气。主要有三种：

1. 上扬调。声音由低而高，一般用来表示惊讶、反问、号召、鼓动，或意犹未尽等，以此来引起人们的注意。
2. 下扬调。声音由高至低渐次下降，一般用来表示自然、肯定、祈使和话语结束等。
3. 平直调。声音从头到尾比较平稳，变化不大。一般用来叙述、说明、解释，表达庄重、严肃、悲痛等情绪。

语调运用时必须投入真情实感，否则给人一种矫揉造作的感觉，会适得其反。

我在美国修演讲课
王周生

"如果我是你，一定选择演讲课。"在《第二语言英语》六级课程学完后，面对五花八门的选修课拿不定主意时，好莱坞成人学校的学生顾问卡莉对我这样说。

"演讲课？我需要学演讲吗？我又不做政治家！"

"演讲可不是政治家的专利。人有一张嘴，除了吃饭就要讲话，可是许多人不知道怎样讲话，怎样更好更有效地表达自己的想法，因而大大影响了自己的前途。所以，我们美国的学校都开设演讲课。"说到这里，卡莉给我举了个例子：有一个同学，在这所学校学完计算机课程，他的成绩很好，满心想找到一个好工作。某个计算机公司的老板对他很有兴趣，可是在面试的时候，他慌里慌张，结结巴巴，词不达意，老板很是失望，没有雇佣他。这个同学听了卡莉的建议，回到学校选修了演讲课。后来，他在一个计算机公司当了推销员，他用演讲才能，推销了大量产品，不久晋升为部门经理，一年之后它成为了公司的总管，事业大为成功。卡莉微笑着说："要知道，一个人从小开始，要交友、聚会、要参加学生会竞选,上课要回答问题,要找工作、做生意,甚至要入美国籍,当然还包括竞选议员或总统……没有一样离得开演讲。演讲是进入成功之门的第一把钥匙。对于英语是第二语言的人,学演讲同时就是提高英语水平,你为什么不试试呢!"

不用说,我当然选择了演讲课,虽然我不想入美国籍也不想做总统。

在进行了演讲的重要性、演讲的心理特征、怎样消除紧张等一系列理论学习后,老师开始教我们演讲要领:演讲开头要用醒目的语言引起听众注意,中间要逻辑地阐述你要说的事实或道理,最后要明确告诉你演讲的结论;你的眼睛必须注视你的听众,和他们交流、沟通;你的声音必须响亮,必须清楚,让所有的人都能听见;你的速度不能太快像赛跑,也不能太慢像有人拖着你;你的手势和语言配合默契,既不能夸张又不能拘谨……乖乖!讲话还有那么多复杂的规矩,真把我们给镇住了!当我们终于要上台作第一次演讲时,连平时最散漫的同学也有点慌张起来,毕竟要在全班30几个同学面前表现自己。我们当中有一半同学母语不是英文,表达同样一个意思比那些在英语环境中长大的同学不知要困难多少倍。

老师布置的内容很简单:每人讲一件童年趣事,时间规定3分钟。老师坐在下面,桌子上放着一个定时钟,演讲时倒数计时。黑人同学比赛罗首当其冲地站在讲台上,可怜的他额头和鼻子上渗出了汗,皮肤越发显得黑亮黑亮。一双眼睛紧张地一眨一眨。他不知所措,搔了搔头发。老师问:"你头上有虱子吗?"全班哄堂大笑。比赛罗也不好意思地笑了。这一笑把紧张的空气松弛下来。老师说:"如果你不能顾及这么多的演讲要领,那么你只要做到放松就行。"于是,比赛罗开始断断续续地讲他小时候的故事,说他和树之间的友谊。他从小爱爬树,树对他来说是一个很神秘的地方,树上有花有果有小鸟,妈妈打他的时候树还是他的藏身之处。那时,树是他最好的朋友。有一次,他抓着树枝从一棵树荡到另一棵树上去的时候,树枝断了,树杈钩破了他的裤子,说到这里,全班笑了起来。他不笑。他的话渐渐流畅起来。他说他不该这样对待树,这是不友好的行为。后来他躲在树上一直不敢回家,天黑了,妈妈到处找他,邻居们也帮着一起喊他,实在没法,他才从树上溜下来,手捂着屁股,哭丧着回家,当然免不了妈妈一顿打。讲到这里,定时钟响了起来。同学们报以热烈的掌声,几乎同时,大家都松了口气。

我悬着的心也落了下来,可是轮到我站上去时,那心又吊到嗓子眼。尽管我在心里把演讲稿上的内容复述了好几遍,可是临了,什么眼睛啊、声音啊、速度啊、手势啊我全顾不上,只想着怎么把英文句子组织起来,我担心发音不准,语法错误。于是我说得很慢很慢。我说我小时候最喜欢玩水,只要有水玩,我就不哭不闹。可是,我妈妈和姐姐老是看着我,不让我一个人去河边玩。6岁那年,有一天妈妈叫姐姐到河里洗鞋子,我想跟去在水桥上站一站也行。姐姐只好同意,可是站着站着,我蹲下来要和姐姐一起洗,姐姐不让,争来争去之间,我扑通一声掉进河里,姐姐为了拉我也掉了下去。我在水里挣扎着,一口一口地喝着水,姐姐拉不动我,急得又哭又叫……就在这时,老师桌上的定时钟响了,我连忙打住,心想糟糕,讲不完了!可是同学们急了,喊着讲下去讲下去,老师对我点点头,我就继续讲:后来妈妈赶来,边跑边喊,站起来,傻瓜,快站起来呀!我一听猛地一站,就冒出水面,原来那河很浅很浅……全班大笑,我也笑了,听到一阵热烈的掌声,我第一次感到演讲是那样有趣,老师出的题目那么好,这样的内容有利于消除我们的紧张情绪。虽然我第一次演讲由于超出时间,没有掌握演讲要领而没能得到好成绩,但是我已经深深爱上了这一课。

以后,我们的演讲课步步深入,演讲的题目也由浅入深,从政治、经济到各类社会问题,题目由抽签决定。有一次我抽到一个关于经济危机的题目,十分头痛,我于是到图书馆查了半天书,摘录了经济危机的一些资料,写好演讲稿背出来,演讲后得到老师表扬。

让我惊奇的是,修完演讲课,我一下子找到了好几份工作,连我自己都怀疑是不是演说水平真的帮助了我,但是有一点是肯定的,上了演讲课,我的英文水平提高了,我的知识面宽了,我的信心足了。

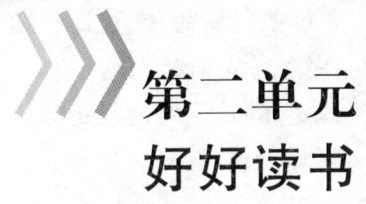

第二单元
好好读书

单元寄语

我们这里所指的读书,不是指一般的学业学习,或是为了一个具体的谋生的目的而进行的相关培训式学习,而是在一定程度上超越以上两种过于功利化、实用化的读书,主要是出于一种习惯或兴趣的读书。这对于一个人今后的发展至关重要,因为这种习惯本身,就是一种素质。正如一个不良的嗜好与习惯会降低一个人的境界与价值一样,一个好的习惯,会使一个人具有更加宽阔的未来,更加远大的发展空间。读书的习惯,就是最为重要的习惯。

"我们的文明是我们前代多少世纪以来所累积而成的知识和纪念。我们只要能和前代学人的思想接触的话,我们就可以享受这种累积的文明。惟一能够这样做的,且可使我们变成一个有教养的人的,就是读书"①。法国最伟大的传记文学作家莫洛亚如是说。的确,书籍改变了世界,读书丰富了人生。一个没有书籍的世界,就像一个没有绿洲的沙漠。

读书的主要功用在于拓展我们的生活空间。赫胥黎说过:"每个知道读书方法的人,都有一种力量可以把他自己放大,丰富他的生活方式,使他一生内容充实,富有意义,而具兴味。"一个没有养成读书习惯的人,其生活空间受眼前的世界所禁锢。当他阅读一本书的时候,就会走进一个不同的世界。古人说,读万卷书,行万里路。这并不仅仅是说读书要与社会实践相结合,也是强调阅读能促使我们产生走出去的渴望和能力,使我们脱离机械、刻板的生活方式,脱离狭隘的生活范围。

读书的拓展作用首先在于能够培养人的价值判断力。我们不可能做到也

---

① 莫洛亚:《书卷长留伴一生》,《读书的艺术——如何阅读和阅读什么》,《博览群书》杂志社主编,九州出版社2005年版。

不必做到对众多事物作事实判断,但是,我们却必须具有价值判断的能力,因为这关系到我们的价值选择,关系到我们的道德境界,关系到我们的人格水准。简单地说,我们必须对一切现象判断出它们是好的或是坏的,是对的或是错的,是有益的或是有害的。非常遗憾的是,由于我们对科学的迷信,对具体知识、技术与技能的过分崇拜,我们对关系到我们的价值选择、道德境界的人文素养的忽视,已经到了极其危险的地步,每天在我们身边发生的许多事,其中相当一部分都表现为价值判断力的低下。著名的"药家鑫事件",以血淋淋的现实提醒着国人:在新时代需要一剂猛"药"来疗救青年学子灵魂的病症。

读书的拓展功用还在于扩张我们的精神空间,提升精神境界,为生活增添情趣。"腹有诗书气自华",读书使人优雅和具有风味,西方心理学研究也发现,读书与人的性格之间的差异有着密不可分的内在联系。读书还能够使我们的精神空间不断变"大"。"阅读将使我们与伟大的人物为伍,生活于对崇高的思想的渴望之中,并且在每一次困惑中都会被高贵和真理的火光所照亮"(伯特兰·罗素语)。不读书的人,尤其是长期不读书的人,除了生理方面的物质需求,对什么都不关心,都没兴趣,精神空间极度萎缩,几乎向动物靠拢。读书让我们养成大眼光、大胸襟、大志向、大境界,从而摆脱庸人理想与趣味,摆脱小人的阴暗与下流,成为大写的"人"。因此,读书不应该是出于某种功利的要求,而应该是成为我们生活的一部分,成为我们生命的一部分。这样的读书,其最为重要的结果,就是让我们"大"起来,让我们真正具备人文素质,成为充实、自由、独立、高尚的文化人。

生活在这个电话、手机代替了写信,电视、网络代替了阅读的时代,人们的语言习惯、生活习惯和人生姿态受到以影视为主导的图像文化的深刻影响。数字化阅读方式逐渐占据主导地位,那种传统的"一书在手,浑然忘忧"的读书行为逐渐被各种图像文化取代。据近几年全国国民阅读调查显示,目前中国人的读书现状主要有两个特点:一是读书量少,二是功利性的"浅阅读"较突出。高校在校生一直被视为一个最主要的阅读群体,然而,据调查,大学生的阅读除了教材和专业书,多选择通俗小说和娱乐休闲类杂志。有很多大学生已有好几年没有看过世界名著,校园作品、网络文学及武侠小说占大学生阅读书目的前三位。相关调查研究显示,理想信念淡化、民族精神流失、人格心理不健全是当代大学生群体普遍存在的问题。[①] 这一问题之产生很大程度上是由于与人文经典的长期疏离。对经典的态度,反映着一个民族对于文化的态度,对优秀文明成果的态度,以及对人类历史经验传承的态度。与经典的疏离,必然导致人文精神的失落。远离经典带来的另一个后果是创造精神的匮乏,沉浸在

[①] 张绍红、张俊:《论大学语文教学与学生人文素质的培养》,《教育与职业》,2006年第35期。

机械复制虚拟的狂欢的大众文化时代,批判精神和思想锋芒已经成为一种奢谈。而这对于一个民族和国家而言,无疑是致命的弱点。正如北大叶朗教授所指出的:大学生作为"读图"一代与人文经典的隔绝,将导致我们的民族变成一个没有深刻思想的民族,变成一个肤浅的民族,灿烂的中华文明就会中断,那是极其危险的。①

我们的眼界需要好书开拓,我们的思想锋芒需要好书磨砺,我们对真善美的感受和追求需要好书来培养。"读书破万卷,下笔如有神",有了文学经典的滋养,我们的语言将更加精美。在娱乐化的"读图时代",读书更意味着一种坚守,一种信仰。让我们作个读书人,在喧嚣和浮躁中保留心灵的宁静和充实。

读书是一种艺术,也是一种创造性的劳动过程,因此,读书也需要方法的指导。然而,视觉文化的强大吸引力和长期应试教育的扭曲,不仅使大学生失去了阅读的兴趣,甚至已经丧失了阅读能力。如何读书?古人云:"大体则有,定法则无。"读书方法因人而异,对于读书人来说,读书方法总是自觉、不自觉地伴随着读书实践。我们需要通过借鉴古人的读书方法、学习他人的读书方法、了解不同文化背景下的读书方法,从而总结探索出适合自己的读书方法。其基本原则可以概括为:培养鉴别眼光,提高阅读效率。具体来说,有以下几个要点:

首先,从兴趣出发,与特长结合。了解自己的知识基础和特长,明确自己最感兴趣和最有发展潜力的学科,是提高读书效率的基础。在兴趣的驱使下,人的思维将非常活跃,也越容易发现问题,记忆效果也最佳。英国作家毛姆提出"为乐趣而读书"的主张:不一定要读完一本再读一本书,根据自己的不同需要甚至可以同时读五六本书。

第二,精选书目,取径要高。读书不在于多而在于精,古人云:"法乎其上,仅得其中;法乎其下,则等而次之。"在二三流的书里耗费时日,最终只能驻足于三四流的水准。作家余秋雨认为:"适于选作精读对象的,不应是那些我们可以俯视、平视的书,而应该是我们需要仰视的书。"因此,应该尽量选择经典,不怕看不懂。遇到不懂的地方可以暂时"不求甚解",跳过去,继续向前进,随着日后知识面和阅历的扩展,就会解决以前的难点和疑问。

最后,善于思考,敢于质疑。子曰:"学而不思则罔,思而不学则殆。"读书与思考密不可分。"精思"乃读书之要。同样一本书,有的人读了漠然不知其味,全无印象,有的人则能吸取精华,发现问题,得出自己独到的见解。原因就在于有没有动脑筋思考。熟读而精思是通过阅读达到提高的主要途径。南开大学罗宗强教授强调学者应该"站着读书",就是倡导一种独立思考、勇于创新的

---

① 叶朗:《让大学生具有更高的精神追求》,《中国大学教育》,2009年第7期。

精神。

　　总之,读书是一个过程,不必急功近利;读书是一种积累,日久才会见效,所谓"读书百遍,其义自见"。只要认真读书,总会有所收获。"书籍是人类进步的阶梯"(高尔基),对于积极进取的人来说,读书应该成为一种需要而不是任务。让我们做个读书人,为了满足精神需求而读书;让我们懂得如何读书,在先贤的智慧和道德中滋养我们的心灵,照亮我们的人生道路,提升我们的人生境界。

序《经典人文》

余秋雨

谁也无法否认，阅读在当代遇到了重大危机。

就像一切重大危机一样，它的表面现象不是萧条，而是极度扩张。网络上的阅读那么方便、那么丰富、那么快捷，越来越多的人沉迷其中，兴高采烈地告别了那个需要排队借书、细心摘录、长久品味的传统阅读时代。

这种告别，是一种全球趋势。我手边正好有美国《未来学家》杂志（2009年11～12月号）上刊登的一篇文章，标题为《后文学时代的到来》，作者是帕特里克·塔克。文章上说，近25年，保持传统阅读习惯的人数，全美国下降了20%，在年轻人中下降了30%，而且这个趋势还在加剧。美国每年花费数十亿美元的资金试图阻止这个下降趋势，让学生们重新去阅读书本，几乎没有效果。但是，令人惊奇的是，在这个下降趋势中，民众的智慧和创造力并没有减损，这25年来，每小时都有科技创新出现，超过历史上的任何时代。

因此，塔克认为，在电脑系统不断升级、技术进步日新月异的时代，人们必然会屈服于方便原则。遇到了什么问题，立即就能在"人机对话"中解决，这是一件痛快的事情。而且他预言，电子芯片很快就可以模仿出大脑神经元的排列模式，把人们在阅读过程中的神经传导活动复制成电子活动，从根本上发现并排除思维障碍，完成有效教育。

我觉得，塔克说的都没有错。但是，他像许多当代学者一样，太不在意人类的一个重要的领域：灵魂和精神的构建。

他们所注重的，是科学、技术、信息。也会涉及人文领域，但主要集中在那个领域的知识、技能、想象力、创造力等几个方面。这些方面当然重要，然而还是存在着致命缺漏。

我想用一个例证来说明这种缺漏。9年前我曾到冰岛考察过北欧海盗的遗迹。这些海盗开启了北欧好几个国家的早期历史，他们勇猛顽强、开疆拓土、所向无敌，各自创造了自己的团队系统、谋略系统和荣誉系统。在一次次战斗中，他们可以不断更换自己的团队系统和谋略系统，却紧紧地守卫住了以家族复仇为基础的荣誉系统。但是，终于有一天，他们在仇仇相报的血泊中抬起头来，对自己长期守卫的荣誉系统产生了怀疑。他们互相商定，在昔日的战场上选一方巨石，名为"法律石"，大家年年聚集在这里评判是非、区分善恶、实行惩处。这使他们每个人都受到了脱胎换骨般的煎熬，有的人实在战胜不了自己，扬鞭远行或扬帆远航，却留下遗嘱，自己的后代要皈依法律和宗教。

现在北欧所达到的文明程度,大家都看到了。这个巨大转折,在我看来,是人类历史的缩影。促成这个转折的关键,是人性在战胜兽性和魔性之后,推动了人们向更高生命等级的攀援。这个关键,可能只是发端于某个好汉半夜的扪心自问,发端于一场恶战后突然传来的教堂钟声,发端于那天佩剑出门时妻子的无奈眼神。这一切,貌似偶然却关及永恒,这就进入了我所要说的灵魂和精神的领域,也就是深刻意义上的人文领域。

灵魂和精神的领域有着强大的稳固性。那儿也会云霞飞动,变幻莫测,却夜夜可见深邃的星空。那儿也会花开花落,岁月不驻,却无法改易千古山河。那些北欧好汉,正是看到了这个领域的深邃星空和千古山河,才重新书写人生。

说到这里,我其实已经道出了上海市教育界《经典人文》编写组朋友们的工作动因。这些优秀的教师在自己长期的教育经历中早就形成以下两点认识——

一,不管信息如何爆炸,阅读如何便捷,决定人之为人的基本界线,并没有改变;决定一个人生命等级的基本界线,也没有改变;

二,这些基本界线,也就是人类维系尊严生存的精神经纬,几千年来已由一批批人文学者用文字清晰讲述。这些文字并不太多,应该让每一代年轻人仔细阅读。

他们把这两点认识,变成了眼前的这套《经典人文》。

我没有为这套书的编辑出过什么力,却非常支持他们的这个行动。很多年来,我一直通过各种方式在呼吁,过度的网上阅读已经占据了年轻人太长的生命过程,劣质的社会信息已经剥夺了广大民众享受宁静和崇高的权利,繁重的课程负担已经折损了万千纯净的灵魂与大师对晤的可能。我们所仰慕的历代哲人为什么那么伟大?原因之一,是他们心中没有那么多文化垃圾。因此,在更宏观的意义"做减法",精选出为数不多的人文经典,成为年轻人的"必读教材",本是我的殷切期盼。现在,看到我的期盼初有所成,怎么能不高兴呢?

更高兴的是,看了目录,我觉得这部书的读者不应该仅仅局限于年轻学生,而可以包括所有中等文化程度以上的中国公民。中国,早就需要这么一本公民读本。我国的经济建设和社会发展已经举世瞩目,而在文明素质、精神品格等方面,显然还有待于一步步有序提升。其实,这是一个比经济建设更为伟大的工程。任何工程都需要打地基,这部《经典人文》,就是地基的一部分。这话并不夸张,只要读一读书里的文章,你一定会欣然同意。

当然,事情还刚刚开头,希望广大读者能一起加入。如果有读者认为还有更合适的文章应该加入,而已选的某些文章可以删去;或者,有读者指出书中节选的段落不够妥当,还可以重新调整重点;或者,有读者批评书中古今中外的比例还存在偏差,并提出了新的建议……这一切,都非常欢迎。我相信,编辑部的朋友们都会悉心倾听,仔细研究,把大家的智慧集中起来,使今后的版本精益求精。

是为序。

阅读提示

余秋雨(1946～)，浙江省余姚市人，上海戏剧学院教授，著名文化学者、作家。曾任上海戏剧学院院长。其以《文化苦旅》等为代表的文化散文，在20世纪90年代至21世纪初产生了很大影响。在"图像时代"，传统的阅读受到数字化媒体的严峻挑战，代表人类精神文明高度的人文经典也遇到前所未有的冲击。余秋雨主编的《人文经典》由人文思想卷、人文精神卷、人文素质卷和人文关怀卷等构成，倡导一种人文精神的回归。《序》中，以人类发展的历史事实和深邃睿智的语言，启发人们思考着科学、技术、信息与道德、情感、想象之间的差异，追寻人类的自身价值。

网络时代我们如何读书

谢　泳

经常有学生问我,网络时代,我们传统的读书方式将会发生什么样的变化,网络对我们传统的阅读习惯会构成什么样的挑战？我个人的看法是,当一种新的阅读方式出现和完成的时候,传统的读书习惯相应地要发生极大变化,但这种变化并不意味着传统阅读的消失,当新的读书方式成为阅读主流的时候,这个过程才会完成,而目前还在变化中,有一个相对长的传统阅读和网络阅读并存的时期,但我们必须清醒意识到后者对前者的改变是个必然趋势。我想先从人类活动的一个规律说起。

人类活动的一个基本趋势,就是社会事物由繁向简,黄秋岳《花随人圣庵摭记》中专门讲过这个道理,这在相当大程度上是一个铁律。我们先从与阅读有关的书及书写方式的变革说起。

中国是文明古国,文明的一个主要标志是我们的文字和书写方式出现的都相当早。了解一点中国"书"史的人都明白,我们早期的"书"由在石头、钟鼎上刻字,走向甲骨文、竹简、缣帛,当纸出现后才向我们一般意义上的书发展,这个过程相当漫长,而且规律是越向后,周期越短,这当然和人类文明的进程相关,在这个变化过程中,一个主要特点,或者说人类的一个基本思维,就是这些东西的发展遵循了由繁向简的规则。

我们现在知道,中国在东汉时期就发明了造纸术,也就是说,从理论上我们"书"的概念有可能出现了,但我们现在只说宋版书,没有听说这之前的书,从印刷史角度观察,我们"书"的历史可能比宋代要早,比如隋末、唐初,中国就出现了雕版印刷的技术,但作为一种技术方式,它的使用范围非常有限,只是在佛经的印刷中,现在保留下来的实物也极少。作为一种成熟的技术方式,雕版印刷的普遍使用是宋代以后的事,所以宋代以后才有了我们今天概念中的"书"。

诸位一定要清楚,在所有的技术变革中,只有当技术条件中的主要因素同时具备的时候,一种新的技术方式才可能流行,并成为普遍的方式,进而取代旧有的方式。中国雕版印刷的出现建立在早期刻字艺术的出现、纸的发明、墨的出现基础上,而这些技术条件,在制作成本方面要达到一个大体平衡的水平。雕版印刷的出现,使知识的保存、传播和普及变得相对简单和容易,极大地推进了中国文明的进程。19世纪末20世纪初,西方石印、油印、铅印技术大量传入中国,最后以铅印方式成为一个稳定周期内的基本印刷形式。西方铅印技术的普遍使用,也是满足了造纸、轮转技术、油墨的制造等技术条件的结果。这个发展进程中,非常明显体现了由繁向简、技术条件大体平衡发展的逻辑,最后稳定成熟和普遍流行的技术方式,一定是这个逻辑的最佳选择。熟悉中国印刷史的人都注意到,印刷技术的变革中,有一些过渡时期的现象,比如在雕版向铅印转型的过程中,石印、油印也短期存在过,但很快就退出了流行的印刷,就是因为这些技术手段虽然有它的优点,但也明显有缺点。比如油印技术的一个大优点是便捷,在技术上,基本可以说没有难度,因为刻蜡版和常规的书写方式是一样的,而雕版的反字刷正思维,是一个有相当难度的特殊思维,所以凡是单一强调功能的时候,油印的优点就突显出来,比如文件、传单的印刷,但它的缺点是不具备大量印刷的可能和不能满足人类活动的一般审美要求,所以很快为铅印技术取代。

  书写方式也一样,早期的毛笔被后来的钢笔、圆珠笔取代也是必然的,因为人类活动功能为上,钢笔、圆珠笔最佳满足了这个条件,这是没有办法的事,笔的出现第一是为用,其次才是审美,书法的出现,是在满足了用的前提下。当一种书写工具普遍流行的时候,它的技术一定会达到最高,而当这种工具不再成为主流的书写工具后,它的技术水平一定是下降的,这就是为什么现在大多书法家,还不如以前账房先生字写得好的原因,因为毛笔以前是日常书写工具,不是现代人变得笨了,而是时代条件不同了。

  现在经常听人说,当今会写信的人也不多了,大有惋惜之意。我以为也不必太感叹,这也是没有办法的事。书信的起源是要传达信息,不管是什么样的信息,当这个功能有更为便捷的方式取代时,它的衰落直至消失,都是正常的。中国传统经典的书信,其实早就衰落了,比如要满足花笺纸、毛笔、繁体竖写这样三个条件的书信,其实很早就没有了。钢笔、圆珠笔的信,在非常传统的人看来,就不是严格的信笺,所以今天你到拍卖市场去看,同样一个名人的书信,如果是满足前三个条件的,一定价昂,而同样的人用钢笔、圆珠笔的信,价钱要差很多。

  我讲了这么多道理,无非想说明,在网络出现以后,传统的读书方式被网络阅读、电子书取代,肯定是一个必然趋势,但这个取代除了还需要一定的时间外,它取代的主要是功能,而审美是取代不了的,铅排书出现后,作为一般的阅读,线装书就没有意义了,但不等于线装书会消失,它获得了另外的意义,比如经典、高档、纪念、收藏等,用的意义,只要由繁向简,而美的意义却正好相反,凡能批量生产的东西,在审美上就一定有局限,因为个性弱了,而手工时代的东西,因为留有人的温情,所以通常会在审美上有高的价值,而手工的东西,遵循的是物以稀为贵的原则。

  网络时代,传统的"书",肯定不会被取代,但量可能会缩小。优点多的东西总要取代优点少的,这是从功能上说。但在审美上,铅排书还是没有传统的线装书给人的感觉好,当然这有个人的偏好在其中。

  我感觉,网络时代的读书,可能会出现三种情况:

  一、在功利的学习中,可以不需要传统的"书",网络上都有,电子书完全够。像教员的讲义、教科书,网上都有,干吗非要买一本书?功利的学习,就是为了掌握知识,网络阅读、电子书足够。从环保来讲,电子书不需要纸,不占空间,携带方便,容量大。

二、单纯获得信息,沟通信息,不需要书,也不需要报纸。从阅读本身来说,在现代社会,可以靠网络和其他电子媒介。

三、纸质书是不会消失的,要做精深的研究,创新的研究,光靠网络是不够的。凡是在网络上能找到的资料,都是过时的。网络上找到的资料不叫资料,尤其是文史哲研究方面,这是公共资源。一般的知识、常识,可以依赖网络,比如年终总结、工作申请、述职报告等等,这是文件。实用的东西都可以借助网络,可以漠视书。但要做研究,还是需要看别人没碰过的,像文献一类的原始材料,这只能依靠原始的阅读,所以优秀的学人依然必须用笨功夫,这是考验真正学力的时候,在这个意义上说,网络时代,原始的阅读方式,可能是奢侈的,但也是专业的,更是高雅的。对研究者来说,网络时代更应当读书,秘书可以完全不读书了,但学者则不能不读书。

原始阅读是一件非常美好的事,当你拿起一本书,书是线装白纸,开本宽阔,字大如钱,而且流传有序,有签名,有题跋,有人的温情,这是电子书无法取代的。

今后读书,有可能变成趣味读书,有了电子书,在阅读的功能方面,实用的部分将被取代,但审美的阅读,将会更突显原始阅读的美丽,当然这个变化和转型过程,还会需要相当一段时间,但我们必须有足够的心理准备。以后,大量实体书店可能关门,现在看它的趋势是萎缩的,但这不等于书店就会消失。书店功能,极有可能向综合方面发展,有书的交易,有咖啡喝,有沙龙,有展览功能,有收藏交流功能等等。另外,未来还是会出现比较稳定的旧书业,因为传统的读书精神,总还是会留下一点痕迹,旧书店还会发挥出它特殊的力量。

未来的书店,可能会变成趣味书店,个性一定要强。作为单纯图书交易的书店,以后完全可被网络取代。凡与人类与精神活动有关的东西,会有长久的生命力。实用的功能容易被取代,但精神和审美意义比较稳定。

阅读提示

谢泳(1961~),山西省榆次市人,现为厦门大学人文学院教授。这是作者2011年11月19日在厦门"鹭岛书香月"活动中的一个演讲摘要,又刊于2012年第1期《大学生》杂志。文章论述了网络时代的图书命运及网络时代如何读书等问题,对青年在新的时代环境中读书活动有一定的指导意义。

论书籍与阅读

[美]约翰·罗斯金

所有的书都可以分为二大类：一类是暂时性的，另一种是永久性的。两者的区别并不是品质上的好坏，而纯粹是类型的不同：坏书固然难以经久不衰，但有些坏书却世代相传；好书当然有千古流芳的，但也有些好书转眼即逝。

我不想在这里谈论坏书，只想探讨一下为什么好书会有永久与暂时的差异。可以下这么一个定义：暂时性的好书就是那些想告诉别人，而又无法与之面谈，因而印刷出来的有用或有趣的谈论。这是些旅途见闻、幽默故事、围绕某个问题的辩论、对社会生活的真实报道、对世态炎凉的惆怅感慨等等，有些侃侃而谈，妙趣横生，有的告诉你一些必须知道的事务，有实用价值。这种书随着教育的普及而流传日广，大量出版，成为当代的特产。对于这些应时之作我们当然应该表示欢迎，从中获得各种益处。但是，如果我们把它们当作真正的杰作，那就反受其误了，因为严格地说，这些书根本不能算是创作，只是一些书简、新闻、资料或其他出色的印刷品。

在当今的时代，朋友们的来信可慰悬望之情，但不一定值得保存起来；报纸则很适于饭后浏览，而不是精神上的主食；那些使你消除旅途疲劳，告诉你许多趣事，为你解决许多问题的文章，虽然集录成册能使你得益不浅，但却不能算是一部真正的著作，因而也不值得悉心研读。

创作在本质上并不是一种可谈之言，而只适于书写，而且写下来是为了流传，而不是为了转述。可谈之事编印成书，只是因为作者无法一下子向成千上万的人讲述，只好把自己的话语复制下来，变成文字符号，传达给别人，要是大家都能同时听到他的谈话，他一定愿意讲述，而不必印到纸上。正如你无法和远方的朋友叙谈，只好以信为媒介，把你的声音传达给对方，要是能够面晤，你一定直接谈论而不用写信。但是创作的过程绝对不是为了把一些要说的话复制或传达出来，而是为了写出具有永恒性的好书。作者感受到一种强烈的欲望，要把一些至真、至善、至美的东西表达出来，他相信至今还没有一个人写过这样的作品，也认为除了自己再没有别人能孕育出这样的作品，命里注定要由自己来呕心沥血，形诸笔墨，这就会产生千古流传的杰作。他在写作时夜不成寐，食不甘味，直到头脑中的构思如阳光照耀下的景物那样清晰，直到那些真知灼见终于见诸笔端，才稍感心安，他觉得自己的生命正在这部书中重新诞生。如果可能的话，他会在墓碑上刻道："我的著作是我生命的精华，除此之外，我的一生和他人无异，只是在吃、喝、玩、睡，还有爱和恨。我的一生像蒸气那样虚无缥缈，只有这些书是真实和值得留恋的。"这些书是他毕生经验阅历和才智灵感交凝而成的结晶，是真实意义上的书。

也许你觉得没有一本书是这样写成的吧？那么你是不是相信诚挚和博爱，是不是相信天禀聪颖的人同时具有这种品格呢？我想你不会作出否定的回答。当那些睿智之士怀着真诚和博爱来表现人生时，就会创造出艺术珍品和杰作。当然其中难免掺杂一些败笔或虚妄，但只要你能客观地分析，便能够识别出那些伟著佳作，那些具有永久价值的书。

每一个时代都有一些伟人在写这些真正的书，诸如大学问家、大政治家、大思想家，因此有许多佳构杰作可供你选读。你也一定感到人生苦短，但不知你是否为自己短暂的一生作过规划，衡量过自己的阅读能力？你可知道如欲顾此就得失彼？你是否牢牢记住光阴一去不返，今天所失不能得之于明天？你难道愿意把可以与皇帝或皇后侃谈的时间浪费在与马夫的闲聊上？你难道愿意在智慧之门向你敞开，把许多博大精深的不朽之作呈现在你面前，任你享用之时，仍然醉心于功名利禄，纠缠于世俗纷争？在书的世界里，你可以任意驰骋。你可以结识许多伟大的人物，建立起高贵的友谊，在与这些伟人的交往中，你会进一步认识自己的思想格调，提高自己的道德修养，以你所崇拜的人物来衡量自己的行为，激励自己在社会生活中不断追求更高尚的目标。

阅读提示

约翰·罗斯金(1819～1900)，英国作家和美术评论家，他对社会的评论使他被视为道德领路人或预言家。据说其著作《留给这个后来者》(Unto This Last)曾对甘地产生过影响。

读书的意义

俞平伯

古人云,"读万卷书,行万里路",这不仅有关联,是一桩事情的两种看法而已。游历者,活动的书本。读书则曰卧游,山川如指掌,古今如对面,乃广义的游览。现在,因交通工具的方便,走几万里路不算什么,读万卷书的日见其少了。当有种种的原因,最浅显的看法,是读书的动机环境空气无不缺乏。

讲到读书的真意义,于扩充知识以外兼可涵咏性情,修持道德,原不仅为功名富贵做敲门砖。即为功名富贵,依目下的情形,似乎不必定要读书,更无须借光圣经贤传,甚至于愈读书会愈穷,这无怪喜欢读书,懂得怎样读的人一天一天的减少了。读书空气的稀薄,读书种子的稀少,互为因果循环。

现在有一些人,你对他说身心性命则以为迂阔,对他说因果报应则以为荒谬,对他说风花雪月则以为无聊。不错,是迂阔,荒谬,无聊。你试问他,不迂阔,不荒谬,不无聊的是啥?他会有种种漂亮的说法。但你不可过于信他,他只是要钱而已。文言谓之好利。有一个故事,不见得靠得住,只可以算笑话。乾隆帝下江南,在金山寺登高,望见江中大大小小多多少少的船,戏问随銮的纪晓岚,共有几只。这原是难题,拿来开玩笑的,若回答说不知道,那未免煞风景。纪回答得很好,臣只见两条船,一条为名,一条为利。在那时,这故事讽刺世情已觉刻露,但现在看来,不免古色古香。意存忠厚,应该对答皇帝道,只有一条船。

好利之心压倒一切,非一朝一夕之故。古人说:"不以利为利,以义为利也。"以义为利是遥远的古话。退一步说,以名为利。然名利双收,话虽好听,利必不大。惟有不恤声名的干,以利为利,始专而且厚。道德名誉的观念本多半从书本中来,不恤声名与不好读书亦有相互的关联。

在这一味好利的空气中寻求读书乐,岂不难于上青天,除非我们把两者混合。假如我们能够立一种制度,使天下之俊秀求官位利禄之途必出于读书,近乎从前科举的办法,这或者还有人肯下十载寒窗的苦工。严格说来,这已失却读书的真意义,何况这制度的确立还遥遥无期。

现在有一种情形,这十年以来,说得远一点,二三十年以来都如此,就是国文程度显著地低落,别字广泛地流行着,在各级学校任教的,人人皆知,人人皱眉头痛,认为是不大好办的事情。这严重的光景,不仅象征着读书阶级的崩溃,并直接或间接影响到民族的前途,国家的发展。

　　文字教育好像不算得什么。文字原不过白纸上画黑道,一种形迹而已,但文化却寄托在这形迹上。我们常夸说神州立国几千年,华夏提封数万里,这种时空的超卓并不必由于天赋,实半出于人为,皆先民积久辛勤努力所致,我们应如何欢喜惭愧,却不可有恃无恐。方块字的完整,艰深,固定,虽似妨碍文化知识的普及,亦正于无形之中维护国家的统一与永久。从时间说,我们读古书如《论语》,觉得孔子、孟子似乎不太远,而杜工部、苏东坡的诗文呢,他们两位活像我们的老前辈,这是方块文字不易变动之力。假如当初完全用音标文字,那不必提周秦两汉,就是唐宋,也就很遥远而隔膜,我们通解先民的情思比较困难,而华夏国本亦因而动摇不安。再从空间说,北自满洲,南迄岭海,虽分南北中三部,细分还有更多的区域,然而中国始终只是一个,譬如说广东话与北京话完全两样,而纸上文字完全一致。我国屡经外夷侵略,或暂被征服,而于风雨飘摇中始终屹立不失者,上面已表过是先民血汗的成绩,而在民族的团结上,文字确也帮忙不少。历史事实俱在,不容易否认的。

　　所以文字教育的失败,表面上看只是读书种子稀少,一般国文水准低落而已,骨子里已损害民族国家的前途,自非好作危言耸人听闻,废书不读可谓今日之流行病。用功的人难道没有?即有少数的人好学潜修也不足挽回这颓风。即以学校教育而论,听讲的时间每多于自修,而自修课业,有如太史公所谓好学深思心知其意者能有几人?我不敢轻量天下之士,武断地说或者不多罢。如何使人安心向学,对读书感到兴味,似是小事,却是牵连社会生计问题,譬如饿着肚子读书当然不成的,更有关于教育考试铨叙各制度的改革。我们从事教育写作文字的固责无旁贷,但已不仅是个人努力的事,而成为民族复兴国运重光的大业之一了。

▎阅读提示

　　俞平伯(1900～1990),浙江德清人,文史学家、红学专家、诗人。1919年毕业于北京大学文学院。曾加入北京大学新潮社,是新文学运动初期的重要一员。任北京大学教授多年,著有《红楼梦研究》、《读词偶得》等。

我的读书经验

冯友兰

我今年八十七岁了,从七岁上学起就读书,一直读了八十年,其间基本上没有间断,不能说对于读书没有一点经验。我所读的书,大概都是文、史、哲方面的,特别是哲。我的经验总结起来有四点:(1)精其选,(2)解其言,(3)知其意,(4)明其理。

先说第一点。古今中外,积累起来的书真是多极了,真是浩如烟海,但是,书虽多,有永久价值的还是少数。可以把书分为三类,第一类是要精读的,第二类是可以泛读的,第三类是仅供翻阅的。所谓精读,是说要认真地读,扎扎实实地一个字一个字地读。所谓泛读,是说可以粗枝大叶地读,只要知道它大概说的是什么就行了。所谓翻阅,是说不要一个字一个字地读,不要一句话一句话地读,也不要一页一页地读。就像看报纸一样,随手一翻,看看大字标题,觉得有兴趣的地方就大略看看,没有兴趣的地方就随手翻过。听说在中国初有报纸的时候,有些人捧着报纸,就像念五经四书一样,一字一字地高声朗诵。照这个办法,一天的报纸,念一天也念不完。大多数的书,其实就像报纸上的新闻一样,有些可能轰动一时,但是昙花一现,不久就过去了。所以,书虽多,真正值得精读的并不多。下面所说的就指值得精读的书而言。

怎样知道哪些书是值得精读的呢?对于这个问题不必发愁。自古以来,已经有一位最公正的评选家,有许多推荐者向它推荐好书。这个选家就是时间,这些推荐者就是群众。历来的群众,把他们认为有价值的书,推荐给时间。时间照着他们的推荐,对于那些没有永久价值的书都刷下去了,把那些有永久价值的书流传下来。从古以来流传下来的书,都是经过历来群众的推荐,经过时间的选择,流传了下来。我们看见古代流传下来的书,大部分都是有价值的,我们心里觉得奇怪,怎么古人写的东西都是有价值的。其实这没有什么奇怪,他们所作的东西,也有许多没有价值的,不过这些没有价值的东西,没有为历代群众所推荐,在时间的考验上,落了选,被刷下去了。现在我们所称谓"经典著作"或"古典著作"的书都是经过时间考验,流传下来的。这一类的书都是应该精读的书。当然随着时间的推移和历史的发展,这些书之中还要有些被刷下去。不过直到现在为止,它们都是榜上有名的,我们只能看现在的榜。

我们心里先有了这个数,就可随着自己的专业选定一些须要精读的书。这就是要一本一本地读,所以在一个时间内只能读一本书,一本书读完了才能读第二本。在读的时候,先要解其言,这就是说,首先要懂得它的文字;它的文字就是它的语言。语言有中外之分，也有古今之别。就中国的汉语笼统地说，有现代汉语，有古代汉语，古代汉语统称为古文。详细地说，古文之中又有时代的不同，有先秦的古文，有两汉的古文，有魏晋的古文，有唐宋的古文。中国汉族的古书，都是用这些不同的古文写的。这些古文，都是用一般汉字写的，但是仅只认识汉字还不行。我们看不懂古人用古文写的书，古人也不会看懂我们现在的《人民日报》。这叫语言文字关。攻不破这道关，就看不见这道关里边是什么情况，不知道关里边是些什么东西，只好在关外指手画脚，那是不行的。我所说的解其言，就是要攻破这一道语言文字关。当然要攻这道关的时候，要先作许多准备，用许多工具，如字典和词典等工具书之类。这是当然的事，这里就不多谈了。

  中国有句老话说是"书不尽言，言不尽意"，意思是说，一部书上所写的总要比写那部书的人的话少，他所说的话总比他的意思少。一部书上所写的总要简单一些，不能像他所要说的话那样啰嗦。这个缺点倒有办法可以克服。只要他不怕啰嗦就可以了。好在笔墨纸张都很便宜，文章写得啰嗦一点无非是多费一点笔墨纸张，那也不是了不起的事。可是言不尽意那种困难，就没有法子克服了。因为语言总离不了概念，概念对于具体事物来说，总不会完全合适，不过是一个大概轮廓而已。比如一个人说，他牙痛。牙是一个概念，痛是一个概念，牙痛又是一个概念。其实他不仅止于牙痛而已。那个痛，有一种特别的痛法，有一定的大小范围，有一定的深度。这都是很复杂的情况，不是仅仅牙痛两个字所能说清楚的，无论怎样啰嗦他也说不出来的，言不尽意的困难就在于此。所以在读书的时候，即使书中的字都认得了，话全懂了，还未必能知道作书的人的意思。从前人说，读书要注意字里行间，又说读诗要得其"弦外音，味外味"。这都是说要在文字以外体会它的精神实质。这就是知其意。司马迁说过："好学深思之士，心知其意。"意是离不开语言文字的，但有些是语言文字所不能完全表达出来的。如果仅只局限于语言文字，死抓住语言文字不放，那就成为死读书了。死读书的人就是书呆子。语言文字是帮助了解书的意思的拐棍。既然知道了那个意思以后，最好扔了拐棍。这就是古人所说的"得意忘言"。在人与人的关系中，过河拆桥是不道德的事。但是，在读书中，就是要过河拆桥。

  上面所说的"书不尽言，言不尽意"之下，还可再加一句"意不尽理"。理是客观的道理；意是著书的人的主观的认识和判断，也就是客观的道理在他的主观上的反映。理和意既然有主观客观之分，意和理就不能完全相合。人总是人，不是全知全能。他的主观上的反映、体会和判断，和客观的道理总要有一定的差距，有或大或小的错误。所以读书仅至得其意还不行，还要明其理，才不至于为前人的意所误。如果明其理了，我就有我自己的意。我的意当然也是主观的。也可能不完全合乎客观的理。但我可以把我的意和前人的意互相比较，互相补充，互相纠正。这就可能有一个比较正确的意。这个意是我的，我就可以用它处理事务，解决问题。好像我用我自己的腿走路，只要我心里一想走，腿就自然而然地走了。读书到这个程度就算是能活学活用，把书读活了。会读书的人能把死书读活；不会读书的人能把活书读死。把死书读活，就能把书为我所用，把活书读死,就是把我为书所用。能够用书而不为书所用,读书就算读到家了。

　　从前有人说过:"六经注我,我注六经。"自己明白了那些客观的道理,自己有了意,把前人的意作为参考,这就是"六经注我"。不明白那些客观的道理,甚而至于没有得古人所有的意,而只在语言文字上推敲,那就是"我注六经"。只有达到"六经注我"的程度,才能真正地"我注六经"。

▎阅读提示

　　冯友兰(1895～1990),河南唐河县人,著名哲学家、教育家。在清华大学、北京大学从教多年,为中国哲学史的学科建设做出重大贡献,被誉为"现代新儒家"。代表作品为《中国哲学简史》。

论阅读和书籍

[德]叔本华

　　无知只是在与财富结伴时才会丢人现眼。穷人为穷困和匮乏所苦,对于他们来说,劳作代替了求知并占据了他们的全副精神。相比之下,有钱、但无知无识的人却只是生活在感官快乐之中,跟畜生没有什么两样,但这可是司空见惯的情形。另外,这种有钱的无知者还配受到这样的指责:财富和闲暇在他们的手里不曾得到充分的利用,并没有投入到使这两者陡具极大价值的工作中去。

　　在阅读的时候,别人的思考代替了我们自己的思考,因为我们只是重复着作者的思维过程。这种情形就好比小学生学写字——他用羽毛笔一笔一画地摹写教师写下的字体。因此,在阅读的时候,思维的大部分工作是别人帮我们完成的。这就是为什么当我们从专注于自己的思想转入阅读的时候,会明显感受到某种放松。但在阅读的时候,我们的脑袋也就成了别人思想的游戏场。当这些东西终于撤离了以后,留下来的又是什么呢?这样,如果一个人几乎整天大量阅读,空闲的时候则只稍作不动脑筋的消遣,长此以往就会逐渐失去自己独立思考的能力,就像一个总是骑在马背上的人最终就会失去走路的能力一样。许多学究就遭遇到这种情形:他们其实是把自己读蠢了。这是因为一有空闲时间就马上重新接着进行持续的阅读,这对精神思想的摧残甚至更甚于持续的手工劳作,因为在从事手工操作时,我们毕竟还可以沉浸于自己的思想之中。正如弹簧持续受到重压最终就会失去弹性,同样,我们的头脑会由于别人思想的持续侵入和压力而失去其弹性。正如太多的食物会搞坏我们的肠胃并因此损害了整个身体,同样,太多的精神食物会塞满和窒息我们的头脑。这是因为我们阅读得越多,被阅读之物在精神上所留下的痕迹就越少——因为我们此时的头脑就像一块密密麻麻重叠写满了东西的黑板。这样,我们就无暇重温和回想,而只有经过重温和回想我们才能吸收所阅读过的东西,正如食物并非咽下之时就能为我们提供营养,而只能在经过消化以后。如果我们经常持续不断地阅读,在这之后对所阅读的东西又不多加琢磨,那这些东西就不会在头脑中扎根,其大部分就会失之遗忘。总的来说,精神营养跟身体营养并没有两样:我们咽下的东西真正被我们吸收的不及五十分之一,其余的经由蒸发、呼吸和其他方式消耗掉了。

　　另外,付诸纸上的思想总的来说不外乎就是在沙滩上走路的人所留下的足迹。不错,我们是看到他所走过的路,但要知道这个人沿途所见之物,那我们就必须用自己的眼睛才行。

我们并不可以通过阅读有文采的作品而掌握这些文采素质——这些包括，例如，丰富的形象、生动的比喻和雄辩的说服力；大胆直率或者尖刻讽刺的用语、简洁明快或者优美雅致的表达；除此之外还有语带双关的妙句、令人眼前一亮的醒目对仗、言简意赅的行文、朴实无华的风格，等等。不过，观摩这样的文笔却可以引发我们自身已经具备的这些潜在素质，使自己意识到自己所具备的内在素质；同时也了解到能够把这些素质发挥到怎样的程度。这样，自己也就更加放心地顺应自己的倾向，甚至大胆发挥这些才能。从别人的例子，我们就可以鉴别运用这些才能所产生出来的效果，并由此学习到正确发挥这些才能的技巧。只有这样，我们才实际拥有了这些才能。所以，这是阅读唯一能够培养我们写作的地方，因为阅读教会了我们如何发挥和运用自身天赋能力的方法和手段——前提当然始终是我们本身已经具备这些天赋。但如果自身欠缺这些素质，那无论怎样阅读也都于事无补——除了勉强学到一些死板、僵硬的矫揉造作以外；以此方式我们就只成了肤浅的模仿者。

为了我们眼睛的健康起见，卫生官员应该监察印刷字体的大小，以防它们小于一定的限度。（我1818年在威尼斯的时候，那种真正的威尼斯饰链还在有人制作。一个首饰匠告诉我：那些制作微型饰链的匠人过了30年以后眼睛就瞎了。）

正如地球的岩石层逐层依次保存着以往年代的生物躯壳，同样，图书馆的书架上也按照时间顺序保存着以往年代的错误观点及其陈述——这些东西曾几何时，就像那些以往年代的生物一样，活蹦乱跳、得意于一时，并且也确实造成了一定的轰动。但现在它们却化石般地一动不动地呆在图书架上，也只有研究古籍的人才会向它们打量一眼。

据希罗多德所言，波斯国王泽克西斯一世眼看着自己一望无际的大军时不禁潸然泪下，因为他想到过了一百年以后，这里面的人没有一个还会活着。而看着那厚厚的出版物目录，并且，考虑到所有这些书籍用不了十年的时间就会结束其生命——面对此情此景，谁又能不伤心落泪呢？

文字作品跟生活别无两样：在生活中我们随便都会碰见不可救药的粗鄙之人，到处都充斥着他们的身影——就像夏天那些玷污一切的苍蝇；同样，数目庞大的坏书、劣书源源不断、层出不穷——这些文字作品中的杂草夺走了麦苗的养分并使之窒息。也就是说，这些坏书、劣书抢夺了读者大众的时间、金钱和注意力，而所有这些本应理所当然地投入到优秀的书籍及其高贵的目标中去。不少人写作就是为了获得金钱或者谋取职位。所以，这样写出来的东西不仅毫无用处，而且是绝对有害的。我们当今十分之九的文字作品除了蒙骗读者，从其口袋中抠出几个铜子以外，再没有别的其他目的。为此共同的目的，作者、出版商、评论家绝对是沆瀣一气、狼狈为奸。

那些多产的写作匠、为面包而挥舞笔杆子的人所成功使用的一个招数相当狡猾和低级，但却效果显著，时代的良好趣味和真正的文化修养也难与之匹敌。也就是说，他们像玩弄木偶般地牵引着有一定趣味的有闲公众，训练他们养成与出版物同步的阅读习惯,让他们都阅读同一样的,亦即最新、最近出版的东西,以获得茶余饭后在自己圈子里的谈资。那些出自一些曾经享有一定文名的作者,例如,斯宾德勒、布尔瓦、欧仁·苏等的劣质小说和差不多性质的文章也都是服务于同样的目的。既然文学艺术的读者群总是以阅读那些最新的作品为己任——这些粗制滥造的东西是极为平庸的头脑为了赚钱而作,也正是这一原因,这一类作品可是多如牛毛——而作为代价,这些读者对于历史上各个国家曾经有过的出色和稀有的思想著作也就只知其名而已,那么,还有比这更加悲惨的命运吗?!尤其是那些文艺杂志和日报就更是别有用心地抢夺了爱好审美的读者的时间——而这些时间本应投入到真正优美作品中去,以修养和熏陶自己,而不是消磨在平庸之人每天都在推出的拙劣作品上面。

　　因为人们总是阅读最新的,而不是所有时代中最好的作品,所以,作家们就局限于时髦和流行观念的狭窄圈子里,而这个时代也就越发陷入自己的泥潭之中。因此,在挑选阅读物的时候,掌握识别什么不应该读的艺术就成了至为重要的事情。这一艺术就在于别碰那些无论何时刚好吸引住最多读者注意的读物——原因恰恰就是大多数人都在捧读它们,不管这些是宣扬政治、文学主张的小册,抑或是小说、诗歌等。这些东西轰动一时,甚至在其寿命的第一年同时也是最后的一年竟然可以多次印刷。并且,我们必须牢记这一点:那些写给傻瓜看的东西总能找到大群的读者;而我们则应该把始终是相当有限的阅读时间专门用于阅读历史上各个国家和民族所曾有过的伟大著作——写出这些著作的可是出类拔萃的人,他们所享有的后世名声就已表明了这一点。只有这些人的著作才能给我们以熏陶和教益。

　　坏的东西无论如何少读也嫌太多,而好的作品无论怎样多读也嫌太少。劣书是损害我们精神思想的毒药。

　　阅读好书的前提条件之一就是不要读坏书,因为生命是短暂的,时间和精力都极其有限。

　　人们写出了评论古代的这一位或者那一位伟大思想家的文章、书籍,读者大众就跟随着捧读这些东西,而不是那个思想家的著作。原因在于大众只愿意阅读最新印刷的东西,并且,"相同羽毛的鸟聚在一起"。这样,对于读者大众来说,当今的某一乏味、肤浅的头脑所写出的沉闷、唠叨的废话比伟大思想家的思想更加亲切也更有吸引力。我很感激自己的好运,因为在年轻的时候我就有幸看到施莱格尔的这一优美格言——从那以后,这一格言就成了我的座右铭:

　　　　认真阅读真正的古老作品,今人对它们的评论并没有太多的意义。

　　啊,各个平凡庸常的头脑是多么的千篇一律!他们的思想简直就是出自同一个模子!同一样的场合让他们产生的只是同一样的想法!除此之外,还有他们那些卑微、渺小的目的和打算。这些小人物不管唠叨些什么毫无价值的无聊闲话,只要是新鲜印刷出版,傻乎乎的读者大众就会追捧它们,而那些伟大思想家的巨作却静静地躺在书架上,无人问津。

读者大众的愚蠢和反常是令人难以置信的,因为他们把各个时代、各个民族保存下来的至为高贵和稀罕的各种思想作品放着不读,一门心思地偏要拿起每天都在涌现的、出自平庸头脑的胡编乱造,纯粹只是因为这些文字是今天才印刷的,油墨还没干透。从这些作品诞生的第一天起,我们就要鄙视和无视它们,而用不了几年的时间,这些劣作就会永远招来其他人同样的对待。它们只为人们嘲弄逝去的荒唐年代提供了笑料和话题。

无论何时,都有两种并行发展、但却互不相干的文字作品:一种是货真价实的,另一种则只是表面上这样。前者渐变而成永恒的作品。在这一方面努力的人是为科学或者文艺而生的人;他们执著认真、不作张扬、但却步子极为缓慢地走在自己的道路上。而在欧洲一个世纪也产生不了10来部这样的作品,但这些作品却能持久存在。另一类文字作品的追随者却是以科学或者文艺为生;他们跃马扬鞭,伴随着他们的是利益牵涉其中的人所发出的喧哗和鼓噪。每年他们都会把千万本作品送进市场。但用不了几年的时间,人们就会发问:这些作品现在在哪儿了?那些人所享有的早熟和轰动一时的名声现在又到哪儿去了?所以,我们可以把这一类的文字作品形容为流水般的一去不返,而前一类的文字作品则是静止、常驻的。

如果在买书的同时又能买到阅读这些书的时间,那该有多好!但是,人们经常把购买书籍错误地等同于吸收和掌握这些书籍的内容。

期望读者记住他所读过的所有东西就等于期望他的肚子留住他所吃过的所有食物。食物和书籍是读者在身体上和精神上赖以为生的东西,这些使他成了此刻的样子。但是,正如人的身体只吸收与身体同类的食物,同样,每一个人也只记住让他感到兴趣的事情,亦即与他的总体思想或者利益目标相符的东西。当然,每个人都会有他的利益目标,但却很少人会有近似于总体思想的东西。所以,人们对事情不会有客观的兴趣,他们所读的东西因此原因不会结出果实;因为他们留不住所读过的任何东西。"复习是学习之母。"每一本重要的书籍都必须一气呵成连续读上两遍。原因之一是在阅读第二遍的时候,我们会更好地理解书中内容的整体关联,而只有知道了书的结尾才会明白书的开头;原因之二就是在第二次阅读的时候,我们的心境、情绪与在第一次阅读时已经有所不同。这样,我们获得的印象也会不一样。情形就好比在不同光线之下审视同一样的物体。一个人的著作是这一个人的思想精华。所以,尽管一个人具有伟大的思想能力,但阅读这个人的著作总会比与这个人的交往获得更多的内容。就最重要的方面而言,阅读这些著作的确可以取代、甚至远远超过与这个人的近身交往。甚至一个才具平平的人所写出的文字也会有一定的启发意义,能够给人以消遣并值得一读——原因正在于这些东西是他思想的精华,是他所有思考、研究和学习的结果;而与这个人的交往却不一定能令人满意。因此,与某些人的交往无法给予我们乐趣,但他们写出的作品却不妨一读。所以,高度的思想修养逐渐就会使我们完全只从书本、而不是具体的个人那里寻找消遣和娱乐。没有什么比阅读古老的经典作品更能使我们神清气爽的了。只要随便拿起任何一部这样的经典作品,读上哪怕是半个小时,整个人马上就会感觉耳目一新,身心放松、舒畅,精神也得到了纯净、升华和加强,感觉就犹如畅饮了山涧岩泉。

这到底是因为古老的语言及其完美的特性,还是因为这些古典作家保存在著作里的伟大思想历经数千年仍然完好无损,其力度也不曾减弱分毫? 或许两种原因兼而有之吧。但是,这一点是肯定的:人们一旦放弃了学习古老语言——现在就存在这种威胁——那新的文字作品就将前所未有地充斥着肤浅、粗野和没有价值的涂鸦文字。尤其是德语这一具有古老语言不少优秀特质的语言,现在就正受到"当代今天"的拙劣文人有步骤的和变本加厉的破坏和摧残;这样,越加贫乏和扭曲的德语也就逐渐沦为可怜的方言和粗话。

我们有两种历史:政治的历史和文学、艺术的历史,前者是意欲的历史,后者则是智力的历史。所以,政治的历史从头到尾读来让人担忧不安,甚至是惊心动魄。整部这样的历史无一例外都是充斥着恐惧、困苦、欺骗和大规模的谋杀。而文学、艺术的历史却读来让人愉快和开朗,哪怕它记录了人们曾经走过的弯路。这种智力历史的主要分支是哲学史:它是智力历史的基本低音,其发出的鸣响甚至传到其他的历史中去,并且,在别的历史中也从根本上主导着观点和看法。所以,正确理解的话,哲学也是一种至为强大的物质力量,虽然它作用的过程相当缓慢。

对于世界历史来说,半个世纪始终是一段长的时期,因为它的素材源源不断,事情永远都在发生。相比之下,半个世纪并不会为文字写作的历史带来多少东西,因为什么事情都不曾发生——滥竽充数者的胡来跟这种历史却是毫无关系。所以,50年过去以后,我们仍然是原地踏步。

为把这种情形说明清楚,我们可以把人类知识的进步跟一颗行星的轨迹相比,而在取得每一次显著进步以后,人类通常很快就会步入弯路——这我们可以用托勒密周转线(Ptolemaische Epicykeln)表示。在走完每一圈这样的周转线以后人类重又回到这一周转线的出发点。但那些伟大的思想者却不会走进这些周转线——他们的确引领人类沿着行星的轨道前行。由此可以解释为何获得后世的名声经常必须是以失去同时代人的赞许为代价,反之亦然。

与事物这种发展过程相关的事实就是大约每过30年,我们就可看到科学、文学或者艺术的时代精神宣告破产。也就是说,在这一段时间里,种种的谬误越演越烈直至最终被自己的荒谬所压垮,而与这些谬误对立相反的意见与此同时却增强了声势。这样,情形就发生了变化,但接下来的谬误却经常走向了与这之前的谬误相反的方向。这些事实正好为文学史提供了实际的素材,以表现事物发展过程中的周期性反复。但文学史却偏偏没有着意这方面的素材。

与我所描述的人类进步轨迹互相吻合的是文字写作的历史,其大部分的内容不外乎陈列和记录了众多早产、流产的文字怪胎。而为数不多的自降生以后成长起来的作品却用不着在这一历史中寻找,因为这些作品永远鲜活、年轻地存留人间,我们无论身在何处都可以碰见这些不朽之作。只有这些作品才唯一构成了我在上面已经讨论的、属于真正的文字作品；而记载这些的历史包含的人物并不多。这一历史我们是从有思想文化修养的人的嘴里，而不是首先从教科书的大纲和简编中了解到的。

但我希望将来有朝一日有人会编写出一本文学的悲惨史——这将记录下那些傲慢炫耀本民族伟大作家和艺术家的各个国家，在这些人物在生之时，究竟是如何对待他们的。这样一部悲惨历史必须让人们注意到：所有真正的、优秀的作品无论在哪个时候、哪个地方都要与总是占据上风的荒唐、拙劣的东西进行没完没了的恶斗；几乎所有真正的人类启蒙者、几乎所有在各个学问和艺术上的大师都是殉道者；除了极少数的例外，这些非凡的人物都在贫困苦难中度过自己的一生，既得不到人们的承认和同情，也没有学生和弟子，而名声、荣誉和财富则归于在这一学科中不配拥有这些东西的人，情形就跟以扫的遭遇一样：长子以扫为父亲捕猎野兽，他的孪生弟弟雅各却在家里穿上以扫的衣服骗取了父亲的祝福。但是，尽管如此，那些伟大人物对其事业的挚爱支撑着他们，直至这些人类教育家的苦斗终于落幕——长生不朽的月桂花环此时向他们招手了，这样的时分也终于敲响了：

　　沉重的铠甲化为翅膀的羽毛，
　　短暂的是苦痛，恒久的是欢乐。

▌阅读提示

叔本华（Arthur Schopenhauer，1788～1860），德国著名哲学家，也是涉猎广泛的美学家，对音乐、绘画、诗歌和歌剧等都有研究。《叔本华美学随笔》的文章取自他的《附录与补遗》和《作为意欲和表象的世界》第二卷。内容涵盖大自然物理世界的各种现象和人的精神现象，是透彻解释世事人生的思想巨著。他对黑格尔式的文风深恶痛绝，提倡"言之有物"、"质朴无华"、"诚实自然"的文风。他在书中的诸多论述距今已经100多年了，但仍像一阵清新自然之风迎面吹来，让人觉得他在针砭时弊，他的思想之深刻阐释了"历久弥新"的含义。

应用能力训练

【口语交际】

以班级为单位,举行一场读书报告会。

要求:每人撰写一篇读书报告,在交流中,需要介绍自己的读书经验,发表自己的读书宣言。会后,以班级为单位编辑《读书格言》,要求每人一句,必须原创、精练、富有启发意义。

【写作训练】

如何撰写读书报告

读书报告是对我们读书成果的检验和总结,重点在于向更多人介绍自己阅读所得到的信息和收获以及对书籍的评价。读书报告并没有什么严格的格式,与读书笔记、读后感、书评等有类似之处,可以视作是读书笔记、读后感、书评的结合。大致说来,读书报告应该包括以下内容:

1. 与本书有关的信息和评价,包括作者简介、内容概要、作者的创作意图、社会反响等。

2. 个人对本书的观感和评价,包括本书在思想、艺术等方面的特色,个人印象最深刻、最喜爱或最反感的内容,对书中内容和观点的联想、质疑、反思以及得到的启示等等。

撰写读书报告应该注意以下几点:

1. 积极思考,随时记录。准备一个读书札记本,边看边写,将阅读过程中的感想,疑问和见解随时记录下来。

2. 扩大阅读面。写好读书报告的关键之一是对所读之书有全面透彻的认识,因此,读者的关注点不能仅仅放在所读的一本书上,还要对与本书相关的信息有全面的了解。如作者所处的时代背景、作者的人生道路和创作经历。为此,最好同时阅读其他相关书籍资料,如作者的传记、作者其他作品、别人对本书的研究等。这样写出来的读书报告才能扎实丰厚,富有启发性。

3. 注重个性化的阅读体会。读书报告不是内容摘抄加评论汇编,要有自己的独特见解,才能给人留下深刻的印象。这需要对所读之书有切实、深入的体会,并且独立思考,谈出有价值的见解。

【实践活动】

读书状况的调查。关于本系(专业、年级),或者全院、合肥部分高校大学生读书状况调查。

【延展阅读】

后文学时代的到来
[美]帕特里克·塔克

想象一下诗人、作家和教师等文人围绕在一度辉煌的书本文化残骸周围,像古希腊唱诗班庄严哀悼倒下的国王。何以至此?因为从1982年到2007年,阅读者人数占美国总人口的比率下降了近20%,在18岁到24岁的年轻人中,阅读者比率下降了30%。书本文化之所以面临如此困境最直接的答案也许就是:影视文化的冲击。对书本领地的入侵不仅是电视,还有随之而来的电脑游戏、网络视频和各种各样的影像娱乐,在它们的牵引下,西方文化逐渐脱离了文学的滋养。然而,对于文字世界的真正威胁比影像娱乐的冲击更为可怕。与电影、电视一样,文字本身也是一种技术手段,它被用来储存信息。大约6000年来人类大脑一直未能创造出储存和传输数据的更高体系,但是,软件设计者和工程师们弥补了这个缺憾。

所以,威胁文字的也许不是影像,而是所谓的"信息时代"来临!

交流简便的互联网黄金时代:首先,传统文学在当今的信息时代遇到前所未有的挑战。美国每年花费数十亿美元教学生如何阅读,却常常收效不佳。然而,奇怪的是,文学和阅读水平的下降并没有明显影响到技术创新。每个小时都会有科学或技术新发现诞生,总有新的精密产品摆上货架。我们花在读书上的时间少了,但我们创造的技术进步作为一种文明却在继续扩大。这两者之间不无联系,后者的上升正在导致前者的下降。如果今天躲在家里上网的普罗大众能显示出对文学和批判性思维的兴趣,担心书本文学消亡的人也许会从今天活跃的网络文化中获得某些安慰。但仔细看看网上的博客、帖子和聊天内容,不需要传媒专业知识也可以看出,典型的网络沟通仅使用很少的文字。当今网络内容在语言使用上的确另类和创新,但它们与传统的经过编辑和斟酌印刷出来的材料没有实质上的共性。这种网络交流用语根本算不上文学,它实际上削弱了人们的文学冲动。有人认为,网络交流和文学创作完全不同,数小时的电邮编写并不会提高人们的写作和阅读技巧。最新证据证明了这一点。中国青少年通过在电脑上打字沟通的做法非但没有提高他们的写作和阅读技巧,反而对这方面的能力有所降低和削弱。

即时沟通时代的到来：过去几年，令人称奇的突破是功能核磁技术，未来这一技术可以用于教育。功能核磁技术可以通过非电离射线对软组织进行详细扫描，这种扫描仪就像一台缓慢移动的摄影机，持续和反复进行扫描，把本来可能模糊不清的影像清晰展现出来。2005年美国科学学习公司利用功能核磁技术描绘了诵读困难者的神经根影像，并根据他们的发现设计了一款迅速学英语的电脑游戏Fast For Word。这个项目的设计者认为，阅读障碍者的大脑结构问题可以通过对大脑的可塑性练习得到矫正。从表面来看，神经控制论的研究进步和文学阅读比例的下降似乎完全没有联系。但是对大脑神经和网络感应的研究可能直接影响到书写语言的生存。未来几十年，电子芯片可以模仿出大脑神经元的排列模式，将我们的神经传导复制成电子活动。理论上说，这种电子芯片将使人类大脑各部分的交流达到更为有效的程度，甚至能够使人们不用紧盯电脑屏幕或阅读电脑屏幕上的文字就能获取想要的数据。电脑实时交流虽然不能像语言那样表达复杂的意思，但终有一天会在信息快递方面成为佼佼者。

超级电脑是否会让我们变傻：书面文字在既能说话又无所不知的掌中电脑面前能否继续生存呢？很多正设计21世纪超级电脑系统的研究人员认为，书面文字未来生存空间很小。人们会屈服于电脑系统升级和技术进步带来的方便，把庆祝书面文字的消亡作为人类进化过程中的重要一步。未来几十年，书面文字爱好者也许会发现，面对技术领先、喜欢立即掌握高深知识的下一代，他们无法再继续捍卫书面文字的生存。对那些遇到问题就会通过人机对话寻求答案的新一代来说，向他们宣扬一篇散文的优美句子可能无异于对牛弹琴。如果书面语言仅仅是一种传递信息的手段，那么它应该也会被一种能更好、更快履行这一职责的技术所取代。但是，作为技术的受益者和创造者，我们人类应该强调的是，这种技术取代必须被证明是真正可取的。新设备和新系统不一定各方面都比原有的更优越，比如格林机关枪之于来复枪；过滤嘴香烟之于烟斗。我们有责任为子孙后代验证，数字媒体的出现是否令人类的交流方式变得更聪明、更有说服力和更有建设性，即便在一个技术强大的年代，拥抱数字媒体和放弃阅读能力是否更有助于提高人类生活质量呢？

（原载美国《未来学家》2009年11月～12月）

改变，从阅读开始
朱永新

1. 一个人的精神发育史就是他的阅读史

我们很少认真思考：每个人的精神是怎么成长起来的？个体精神成长的历程是怎样的？如果把精神成长与躯体成长做个比较的话，躯体的成长更多是受遗传和基因的影响，个体的精神成长却不完全依靠基因和遗传，而与后天阅读息息相关。

个体的精神发育历程是整个人类精神发育历程的缩影。每一个个体在精神成长过程中，都要重复祖先经历的过程。这一重复，是要通过阅读来实现的。

人类的历史有很多的精神丰碑，要达到或者超越那些精神高峰，阅读和思考是唯一的途径。只有通过阅读，通过与孔子、孟子等先贤达人的对话，才能达到他们那个时代的精神高度；只有通过阅读，通过和文艺复兴时期的大师们交流，才能达到他们那个时代的思想境界。

人类精神的阶梯就这样随着重复阅读不断延伸。如果没有这样的重复，人类的精神就会退化，就会衰落。没有阅读，我们这一代人的精神境界可能还远不如文艺复兴时代的大师们，甚至还不如更早以前的历史阶段。

我推崇书籍阅读而不是网络阅读。人类最伟大的思想在书里。尽管我国目前的网络阅读人数已经超过了纸质阅读人数，但我认为，人类最伟大的思想还处在离线状态。网络上更容易吸引眼球的是信息、广告和娱乐的内容，人类的理解，特别是人类理性的洞察力，通过网络很难获得，智慧的内容在网络上更是凤毛麟角。对人类思想的进化而言，对个人思想的发展而言，从信息到知识到智慧，就像一个金字塔，它是精神与智力逐步升级发展的过程。唯有通过书籍阅读，我们每一个人的智慧才能一步步地通往精神的"金字塔"之巅。将每一个人的智慧汇总起来，才能体现我们这个时代的精神高度。

没有阅读就不可能有个体心灵的成长，不可能有个体精神的完整发育。

通过阅读，我们不一定变得更加富有，但我们一定可以变得更加智慧。

通过阅读，我们不一定能改变我们的长相，但一定可以改变我们的品位和气象。有些人相貌普普通通，但"听君一席话，胜读十年书"，令人如沐春风，你会觉得他深邃厚重，觉得自己得到很多启迪。人的相貌基于遗传无法改变，但是人的精神可以通过阅读而从容，而气象万千。

通过阅读，我们不一定能延长我们生命的长度，但一定可以改变我们生命的宽度，增加我们生命的厚度。人的生命长度有基因等先天因素在起作用，而后天阅读可以让我们的精神世界更加宽阔而充实。

通过阅读，我们可以在有限的生命当中欣赏无限的美景，体验精彩人生。

通过阅读，我们不一定能实现我们的人生梦想，但一定可以帮助我们更接近我们的人生梦想。

阅读，对个体的精神成长至关重要。

2. 一个民族的精神境界取决于这个民族的阅读水平

很久以来，我们一直都仅将阅读看作个体的行为。这样的认识是片面的。我认为，一个国家、一个民族的共同阅读决定了其精神力量，而精神的力量对

于一个国家软实力与核心竞争力的培育,起着关键作用。国际阅读协会在一份报告中曾经指出,阅读能力的高低直接影响到一个国家和民族的未来。

犹太民族是值得我们关注和研究的民族。在以色列本土,大概有600多万犹太人,全世界的犹太人加起来不超过3000万人。这个在公元70年以后就失去了祖国,到处流浪并寄人篱下的民族,为什么会产生那么多世界级杰出人物?

看看这些伟大的名字——马克思、爱因斯坦、弗洛伊德、海涅、卓别林、毕加索、门德尔松、柏格森、胡塞尔、大卫·李嘉图、卢森堡、基辛格、斯皮尔伯格、玻尔、费米、罗斯柴尔德家族、摩根、洛克菲勒、巴菲特……在全美200名最有影响的名人中和100多名诺贝尔奖得主中,占美国总人口2%~3%的犹太人占了一半;在全美名牌大学教授中,犹太人占1/3;全美律师中,犹太人占1/4,华盛顿和纽约两地的大律师事务所合伙人中,犹太人占40%;美国的百万富翁中,犹太人占1/3;全美文学、戏剧、音乐的一流作家中,犹太人占60%。不胜枚举。

人类的物质世界和精神世界,几乎都被犹太人改变过——马克思的唯物史观,改变过或依然在改变着人类对社会和历史的观点;弗洛伊德的精神分析学说,改变了人类对自身的认识;爱因斯坦的相对论,改变了人类对物理世界和时空的认识。《货币战争》一书甚至认为,是犹太人掌握着当今世界的金融命脉。

一个民族获得这些杰出成就,靠的是什么?是智慧。而智慧的背后,是犹太人精神成长历程中对于书籍宗教般的情怀。犹太人嗜书如命,将阅读置于很高的地位:每4500个犹太人就拥有一个图书馆;在以色列,平均每6个人就订一份英文报纸;犹太人会在书上涂一层蜂蜜,让孩子一生下来就知道书是甜的,他们还喜欢将书放在枕边。这种对书的迷恋和敬畏之情,非常值得我们关注。

我认为,阅读对我们不断强化文化认同,凝聚国家民心,振奋民族精神,提高公民素质,淳化社会风气,建构核心价值等都具有不可替代的作用。

我们曾经提出建设中华民族共同的精神家园,提出构建社会主义的核心价值体系,但是讲了这么多年,我们却一直没有寻找到最有效的方式。倡导阅读也许是最佳切入口。

我们所处的时代,几乎与所有快速成长的时代一样,有很大进步,但也有很多问题。今天,我们的社会缺乏共同的语言,而缺乏共同语言,又怎么可能有共同的理想、共同的道德标准和共同的价值观呢?

作为一个民族共同的精神密码,共同的语言从哪里来?从我们的历史中来,从我们对于世界文明包括中国经典的共同阅读中来。没有共同的语言,没有共同的思想和价值,我们的民族也只能是一盘散沙。

我们曾经或者依然拥有共同的神话和历史、共同的英雄和传说、共同的精灵与天使、共同的图画和音乐、共同的诗歌和小说,但很长时间以来,我们冷落了这些共同的精神财富。这种冷落给我们带来了严重的后果:共同信仰的缺失、文明道德的滑坡、共同愿景的混乱,社会主义核心价值体系和思想基础的建设,举步维艰。

为了寻找我们的历史,寻找我们自己,我们需要共读神话和历史。通过共读盘古开天、女娲补天、后羿射日、嫦娥奔月、精卫填海、夸父逐日、炎黄的战争与结盟,我们才能真正成为中华民族祖先的文化后裔;通过阅读希腊神话、希伯来神话,通过阅读美洲发现的历史,通过阅读南北战争解放黑人的美国历史,我们才能了解其他民族的历史和传说,才能让整个人类的文明在更大的生活圈里融为一体。

共同的阅读,是能够形成我们这个民族共同语言和共同精神密码的关键,共同的阅读,是形成我们这个民族核心价值体系的唯一途径。

我很喜欢的《朗读手册》这本书,书里面有一句话:"阅读是消灭无知、贫穷与绝望的终极武器,我们要在它们消灭我们之前歼灭它们。"

为了我们这个民族的精神力量的养成,为了我们未来的终极前途,我们应该上升到国家战略的高度来认识阅读。

3. 一个没有阅读的学校永远不可能有真正的教育

很多人说,我们天天不都在读书吗?天天都在看教科书、教辅书。但是,这些并不是我的阅读观所提倡的真正意义上的书,这些书相当于母亲的乳水,对孩子来说很重要,很安全又容易吸收。但如果一个孩子终生都吃母乳,我相信他肯定是一个发育不良的孩子。每个孩子在两三岁之后就要开始自主进食,甚至更早。

学校教育尤其是义务教育阶段,通过最有效率的课堂教育方式,将人类的知识高度集约化、效率化和组织化,在有效的时间内教给我们的孩子,作用就相当于母乳。但教科书不是真正意义上的原生态的思想。一个人的精神发育如果离开了自主阅读,离开了对于人类经典的阅读,就不可能走得很远,精神发育肯定不健全。

我一直认为学校教育最关键的一点是,让学生养成阅读的习惯、兴趣和能力。如果一个学校将这个问题解决了,主要的教育任务应该说就算完成了。如果一个孩子在十多年的教育历程中,还没有养成阅读的兴趣和习惯,一旦他离开校园就很容易将书本永远丢弃到一边,这样的教育一定是失败的。相反,一个孩子在学校里成绩虽然普普通通,但对阅读养成了浓厚的兴趣,养成了终生学习和阅读的习惯,他的未来一定会比考高分的孩子走得更远。学校教育不仅要像提供母乳一样给孩子们提供最初的滋养,最重要的是要通过提倡自主阅读让孩子们学会自由飞翔。

苏联教育思想家苏霍姆林斯基说，一个学校可以什么都没有，只要有了为学生和教师精神成长的书，那就是学校。只要有了书，孩子们就有了阳光，有了成长的空间。苏霍姆林斯基的学校比我们现在很多村小的硬件设施还要差得多，但他每天都要和老师、孩子们一起读书，让孩子们真正走进图书的精彩世界。

一个人的精神饥饿感是在中小学形成的。古代的士大夫说"三日不读，面目可憎"，这正是精神的饥饿感造成的。人的很多习惯和能力的养成是有关键时期的，在这个时期如果适当地给予刺激，只要一学习就能够掌握。精神饥饿感的形成也有关键时期，一旦错过这个关键时期，再想养成阅读习惯，就很困难了。

现在，我国学校和学生的图书拥有量是很可怜的，民众阅读相当匮乏。我国每年出版的图书超过30万种，但是户均消费图书只有1.75本。作为世界上最大的图书生产国，我们却又是人均阅读量最少的国家之一。

不仅仅是普通民众，大学生也没有阅读习惯。据复旦大学的一个调查：大学生阅读本专业经典著作的只有15.2%，阅读人文社会科学经典著作的仅有22.8%，阅读专业期刊的只有9.3%，阅读外文文献的更是只有5.2%。而美国的大学生，平均每周阅读量至少是500页。美国大学是怎么上的呢？不是满堂灌，不是学生"课堂上记笔记、考前背笔记、考后全忘记"，美国的大学首先是重视阅读，在有了共同语言的前提下再进行接下来的课程，这是建立在阅读基础上的对话。而我们的老师甚至二三十年来都拿着同样的备课稿去给学生们讲课，这被人戏称为"拿着一张教育的旧船票每天重复昨天的故事"。

没有阅读的学校，培养出来的学生也很难有阅读的习惯；没有阅读习惯，我们培养的学生就是半成品甚至是废品。面对未来的社会和挑战，他们将很难有完整的精神生活和充实的人生。

让我们的学校，都成为阅读的天堂吧。

4. 一个书香充盈的城市必定是一个美丽的城市

城市的美丽固然表现在它的建筑、规划和绿化上，但一座城市的真正的美，还在于这座城市里的人的品位和气质。人的品位和气质是怎么来的？是通过书籍阅读而来。我认为，最优秀的城市就应该拥有最善于阅读的市民。

一个城市最美丽的风景应该是阅读的风景，一个文明的城市应该是学习型的城市。学习型城市的美丽不在于外在的山水树木、街道建筑的感官之美，而在于内在的思想之美、文化之美。学习型城市的美丽在于有着自我超越的市民、催人上进的组织、简单宁静的生活和自觉创新的文化。这是学习型城市的生命之美、灵动之美。

学习型城市的核心要素是学习型市民，市民的素质决定城市的竞争力。

著名的城市学家刘易斯·芒福德认为,推动人类进步的两个伟大发明是文字和城市。是文字和城市的出现让信息的交换和物质的交换得以跨越时间和空间进行,而这个过程正是通过阅读来实现的。阅读在城市发展和城市自我校正自我完善的过程中,具有怎样的重要作用,是不言而喻的。

我们应该继承中华民族的优良传统,以创建学习型城市、构建和谐社会为目标,通过广泛开展群众性阅读活动,倡导阅读理念,弘扬阅读文化,营造书香城市,让读书学习真正成为广大市民群众自觉追求的一种生活方式,自我发展的一种内在需求,进而确立现代市民意识,培育现代生活方式,养成现代文明行为,进一步提高文明素质,并通过阅读,让市民真正了解自己所居城市的文化,甚至积极参与塑造城市文化,从而促进城市文化由文化自觉状态走向文化创新状态,为中华民族的伟大复兴提供强大的动力支持和良好的人文环境。

我曾主持编写过《阅读,让城市更美丽》,这本书介绍了包括苏州市在内的很多国内外城市建设书香城市的经验。"阅读,让苏州更美丽",这是苏州阅读节的主题词。每年的9月28日,也就是孔子的诞辰日那天,就是苏州的阅读节。我也呼吁设立"国家阅读节",呼吁领导干部率先垂范,少一点烟酒味,多一些书卷气。

有书香的城市,有阅读氛围的城市,才是令人向往的美丽城市。

阅读对一个人、一个学校、一个城市、一个民族的价值和意义,我们怎样去强调它也许都不过分。

曾经有一位儿童作家这样说,我们种一棵树的目的是什么?我们需要一张桌子,可以种一棵树。但是,如果种一棵树只是为了制作一张桌子,就忽视、蔑视了一棵树的价值。一棵树,当然可以是一张桌子。但是,同时它可以不使水土流失,是一道好风景;是一片浓荫,可以让人遮阳避暑;可以让孩子玩耍,可以拴一根长长的线,让风筝在天上飞;可以让鸟鸣唱、筑巢;可以花团锦簇,果实累累;可以千秋傲立,成为沧海桑田的见证……这就是种一棵树的价值。阅读就是种树。阅读的价值就是一棵树的价值。

阅读,是一种主动的承继和发展的力量。阅读作为人类行为,它源自于书籍却不限于书籍,也通过阅读绘画、雕刻、音乐,以及阅读不同的人生,进而改变我们自己,改变我们的生活,改变我们的社会,改变我们的世界。

(原载《人民日报》)

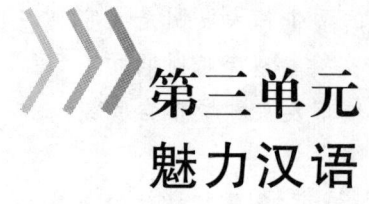

第三单元
魅力汉语

单元寄语

我们每天凭借汉语学习、工作、生活,传达和创造着多彩的世界,这着实是一件终生自豪而又幸运的事。深入学习汉语,你会发现汉语魅力无穷。

汉语历史悠久,无需赘言。但古老的汉语,经历了数千年的漫长发展,无论改朝换代,还是外族侵略,总是具有很强的稳定性、延续性,这在世界文化史上是非常罕见的。汉语是中华文明文化灿烂的光辉结晶,是世界上最古老,最悠久的语言,也是世界上唯一保持连续性的语言,被誉为"中国第五大发明"。

汉语影响深远,是世界上名副其实的第一语言,汉语是联合国规定的6种正式语言和工作语言之一。地球上,每5人中就有1人讲汉语。在中国内地、香港、澳门、台湾和新加坡,汉语是官方语言。汉语在亚洲的语言文化圈中扮演着重要的角色。日本和朝鲜半岛等国家语言在传统上与汉语汉字难解难分。有人统计过,在日本的哲学概念中,有74.3%来自汉语;日语中至今有1800个汉字;韩语中至今有1700个汉字……

今天,随着中国综合国力的不断增强,汉语在国际上的地位越来越高,世界上再次掀起"学汉语热",据统计,目前海外学习汉语的人数已超过3000万,100多个国家和地区2500多所大学在教授中文。汉语正在重新焕发出它的巨大生命力!

汉语有三美:音美,所以感耳;形美,所以感目;意美,所以感心。

汉语之美,美在音上。

一为凝练之美。汉语音具有独体单音性。所谓汉语的独体单音性是说汉语的音节、文字、意义基本上是一一对应的。比如说"美"这个汉语,读音是mei,一个字占一个空间,一个音节。如果用英语来表达"美",读音是beautiful,则有三个音节。小说家林语堂特别关注汉语单音节性特性,他认为:"这种极端的单音节性造就了极为凝练的风格……正是由于'单音节性'的存在,于是我们有了每行七个音节的标准诗律……体现出最微妙的语言价值,且意味无穷。"汉语音具有独体单音性,两两组合非常便宜,使得汉语从构词到造句、谋篇都具有极大的灵活性、构造性、可分析性。

二为音乐之美。汉语特别讲究平仄,平仄之分主要依据汉语音有着分明的四声。普通话的四声分阴阳上去,阴阳上为平声,去声为仄声。古典诗词在讲究平仄方面最突出,整篇诗词,平平仄仄,仄仄平平,音韵和谐,富有音乐之美。现代诗词在格律用韵方面尽管宽松了许多,但是读起来朗朗上口,听起来和谐悦耳,仍然是永恒的美学追求。汉语中一般性词语也注重音调和谐,倘若有个别不和谐的,则经过调节,达到和谐,于是汉语音中就有了变调现象。另外,汉语音中元音占较绝对优势,加之轻声现象,且缺乏末尾辅音,因此,我们说起话来,发音响亮,语调铿锵,抑扬顿挫,富于变化,凸显了汉语音的节奏感和可吟唱性。

汉语之美,美在形体。

汉语形体是方块汉字。方块汉字形象生动,追求一字传神。有人这么评价汉字的形象性:一个象形字,就是一幅画;一个会意字,就是一个故事;一个指事字,图文并茂;一个形声字,音像具备……这一方面说明了汉字的起源是从象形字演变而来,另一方面亦揭示了方块汉字具有形象之美特质。如"龙"(龍)字,在草书中就是一条张牙舞爪飞腾巨龙的形象,形体意境深远,透过这个飞腾的"龙"字,我们看到的是中国先民的龙图腾精神崇拜和中国古老的文化。再如,看到"川",会感觉到水流不息,感受到瀑布的壮观;看到"鸣",会感觉到鸟张嘴唱歌;看到"笑"字,会感受到两道眉毛扬起来;一个"舞"字,就把那舞蹈者轻盈的舞步,飘舞的衣裙以及绰约的舞姿表现得淋漓尽致。

方块汉字结构对称,追求和谐之美。汉字由各个部件构成,构成字的部件都合理地安排在方框内,相互平衡,使得每个字从视觉上看都疏密得当,重心平稳,结构对称,肥瘦适中。这些有影无形的图画,这些横竖钩点的奇妙组合,形成不同的神韵,这就是方块汉字的奥妙。许多字形是对称结构的,如"林",双木为林;"从"(從),一人在前,一人在后跟随谓之从;"炎",一火之谓火,火多谓之炎;这些形体都是由两个完全相同的字符组合而成,便产生了新的内涵。这种独特的对称形式,往往给人带来审美的愉悦,反映出中国人讲究的审美思维。同时,汉字是以线条为基本组成部分的文字,线条组合的丰富性和稳定性也决定了汉字造型的灵活和稳定,线条不同,结合不同。灵活之中显得稳重,对称之中表现和谐。

方块汉字讲究书写,追求艺术之美。汉字从以图画字到以字为画,逐步发展成一种可以欣赏的书写艺术。从夏商时期的甲骨文,到秦汉时期的隶书;从魏晋时期的行书,到隋唐时期的楷书,我们领略到数千年来书法艺术的发展与魅力。甲骨文的古朴,金文的高雅,篆书的委婉,隶书的端庄,楷书的方正,行书的潇洒,草书的飞动,无不显示出汉字的灵性与飘逸。这在世界上是独一无二的。

汉语之美,美在意蕴。

汉语是智慧的宝库,它蕴含着民族思想文化,民族的审美趣味,民族思维方式,陶冶我们的情感,启发我们的智慧,留给我们无尽的遐想。

首先,汉语个体——言简意赅。

言简表现为汉字的总量并不繁多。有人做过统计,目前,英语单词的数量超过百万,若用汉语表达这些英语,则只需4000个汉字。4000与百万相比,汉语言简可见一斑。意赅表现为汉字内涵丰富。汉字是表意文字,与刻板而枯燥的拼音文字来说,每个汉字都含有特定而又丰富的含义,可以毫不夸张地说,一个汉字就是一部大书,所体现的文化博大精深。譬如,冬天的"冬"字,本意是一段绳子的两端打个结表示结束,后来再引申为一年四季的最后一个季节,这才有了"冬季"和"冬天"的含义。再如,力量的"力",原本是一种农具,上面有一个便于着力的把手,是一个象形字。如果把这个象形字"力"字与另一个象形字"田"组合起来,便成为一个新的会意字:"力着于田是为男。"由此推衍,"女之执帚是为婦(简化字为'妇')"。这些都反映了农耕时代"男耕女织"的社会分工。

其次,汉语组合——奥妙无穷。

汉语虽然言简,但构词能力极强,经过两两或两三组合,形成丰富的词汇,或遣词造句,或诗词篇章。世间万物万情,大至宇宙人生,小至花虫鸟语,汉语均能准确反映,巧妙传情,奥妙无穷,令人叹为观止!

成语、俗语、谚语、歇后语、寓言是汉语在遣词造句方面的典范形式。它们言简意赅、形象生动、结构整饬、声调抑扬,几千年来,一直活跃在我们的语言中。比如,《亡羊补牢》、《掩耳盗铃》及《农夫和蛇》、《狗和倒影》,前两篇是中国的古代寓言,均为动词短语标题揭示了寓言蕴含的哲理;后两篇为古希腊的寓言,则用名词短语为标题直叙故事范围。两相比较,充分说明汉语具有很强的感染力和极强的表现力。

王维的"大漠孤烟直,长河落日圆"(《使至塞上》)中"直"与"圆"两字,使得单调、伤感之景产生了相反的美学效果。杜甫的"感时花溅泪,恨别鸟惊心"(《春望》)中"溅"、"惊"二字,巧用通感,用字新鲜,增添了诗人感时恨别的内心痛苦。再如"秋风萧瑟,洪波涌起。日月之行,若出其中,星汉灿烂,若出其里",气宇轩昂,令人胸襟开阔!"采菊东篱下,悠然见南山",那种天人和谐的韵味,令人心静如水!"最喜小儿无赖,溪头卧剥莲蓬"、"意欲捕鸣蝉,忽然闭口立"、"不解藏踪迹,浮萍一道开"……这些生动的诗句为我们展现了一幅幅童趣盈盈的画面，令我们忍俊不禁！再如"圆月"、"残月"、"田园"、"松柏"、"菊花"、"牡丹"等词语，这些词语已经形成了独特的文化意蕴，通向民族文化和民族审美心理的深层。

　　汉语言博大精深，难以一文表述它的全部魅力。汉语言的艺术魅力，值得我们一生体味！

谈语文修养

刘叶秋

　　这里所说语文,首先指语言和文字。语言用声,适应当时的需要;文字用形,以符号记录,行之久远;这就是"说"和"写"。大家用以交流思想,表情达意,片刻难离;人人全要好好地学习,正确地使用。古时"语"与"言","文"与"字",所指本不相同。如《论语·乡党》:"食不语,寝不言。"即以"语"和"言"对举。东汉许慎《说文解字》的"言"字解释说:"直言曰言,论难曰语。"认为自己叙述叫言,和人议论叫语。宋邢昺《论语疏》云:"直言曰言,答述曰语。"亦据许说而稍异其词。实际语和言,应该算做同义词,不必强为区别。所以后人往往连用二字以为一词。如《新五代史·四夷附录二》述契丹遣人至一处,见"居人多以木皮为屋,其语言无译者,不知其国地山川部族名号"。可知宋代"语言"已结合成词,这还未必是最早的出处。至于"文"和"字",许慎在《说文解字叙》内说:"仓颉之初作书,盖依类象形,故谓之文。其后形声相益,即谓之字。字者,言孳乳而浸多也。"像"日"、"月"、"山"、"川"等象形字,各为独立的形体,就叫做"文";像"江"、"河"等形声字,左为义符,右为声符;"武"、"信"等会意字,取"止戈为武"、"人言为信"之义,皆合两体以成,故谓之字。大约春秋以上,言"文"不言"字"。如《左传》宣公十五年"故文反正为乏";昭公元年"于文皿蟲为蠱"。与"正"相反为"乏",从皿众蟲为"蠱",都是会意字,而《左传》皆谓之"文"。据《史记·秦始皇本纪》琅琊台石刻的"器械一量,同书文字"两句来看,足征秦始皇时已把"字"与"文"同用,合为复词。从此,就不一定再单说"文"了。

　　"语言"和"文章"相结合,指发声成语,落笔为文,"语"和"文"本来是一回事情。南朝梁刘勰《文心雕龙·总术》云:"予以为发口为言,属笔曰翰。"正好说明语言和文章的作用相同,应该一致。说话简洁流畅,行文扼要清通,二合为一,不能算做苛求。但有人善于辞令,说起来口若悬河;写起来就词不达意,难成片断。有人下笔千言,似乎不假思索,而说话期期艾艾,重复颠倒,毫无条理。这大概和才具的长短、思路的迟速以及口齿的清楚与否,都有关系。一般说来,写文章,除去当堂限时的命题作文之外,皆可从容构思,斟酌修改。发言则应对咄嗟,衔接顷刻;欲其精练流畅,非思维敏捷、反应迅速莫办。能说不能写的,常常是学养不足,不善归纳,缺乏有计划的写作练习所致。《世说新语·文学》记东晋乐广善于清言而不长于手笔,他要辞让河南尹,请潘岳代撰辞表。潘岳根据乐广叙述的意思,加以错综,即成佳作。足见说和写,容许各有所长,不足为异。不过要使说写兼精,并非不可能的事情,只要加强思维锻炼、写作练习,就能办到。凡说成片断的话,注意搞清思路，安排层次，连贯前后，删除重复，以较准确的词语来表达，不要说了上句再想下句，自可简洁流畅。这样，久而久之，成了习惯，一开口即气充辞沛，滔滔不绝；记录下来，稍加润色，成文亦不费事了。唐韩愈在《答张籍书》中说："所谓著书者，义止于辞耳，宣之于口，书之于简，何择焉。"他也认为语文一致，说写无别，说得简洁，写得精练，本来应该统一起来。当然，无论说和写都以"立意"为先，要中心明确，言之有物，否则有多好的口才和写作技巧，也无法使空洞的内容感人。

"语言"，包括较广，连文字学、音韵学、训诂学、语法修辞学等等，都算在其内。作语文编辑，对这些学科，必须具备应有的知识，了解历史，掌握规律，通达古今之变，知其源流演化，才能正确地使用语言文字，维护其纯洁和健康。不过，只学这些，知识面往往有偏，还应多读文学作品，以资调剂。有一位编辞典多年的老编辑曾对我说："整天编稿，接触的只有字词；查阅古书，不过寻章摘句。偶撰短文，也似作词条那样，枯燥乏味，毫无文采。看看从前写的东西，好像不是出于我手，真得多读一些诗文名篇，小说戏曲佳作，来治治我的贫血病了。"其言切中要害，足以发人深省。我所以强调"语言"同"文学"相结合，意义即在于此。换句话说，就是希望搞"语言"的人，不要仅限于专业的研究，宜多读文学作品，以扩大视野，活跃思维，增长学问，丰富情趣。如此，即写考据文章，亦能生动有致，富于辞采了。这里摘引唐王勃《滕王阁诗序》一段文字来看：

> 时维九月，序属三秋；潦水尽而寒潭清，烟光凝而暮山紫。俨骖騑于上路，访风景于崇阿；临帝子之长洲，得仙人之旧馆。层峦耸翠，上出重霄；飞阁流丹，下临无地。鹤汀凫渚，穷岛屿之萦回；桂殿兰宫，列冈峦之体势。披绣闼，俯雕甍；山原旷其盈视，川泽盱其骇瞩。闾阎扑地，钟鸣鼎食之家；舸舰迷津，青雀黄龙之舳。虹销雨霁，彩彻区明；落霞与孤鹜齐飞，秋水共长天一色。

这篇文章，以四言句为基调，藻绘纵横，文笔优美；音节合于乐律，形象有如画图；一气呵成，意绪若悬河泻水；结构谨密，浑然似无缝天衣。必须阅读全篇，从头至尾地仔细玩味，始能见其洋溢之才华与高超的写作技巧。倘或仅从对仗和修辞的角度，欣赏其"落霞与孤鹜齐飞，秋水共长天一色"一联，而忽略由整体上领略其意境，那就是见小而失大了。另如苏轼的前后《赤壁赋》，所叙游踪甚简，只就一时细事，眼前景物，随机触发："壬戌之秋，七月既望，苏子与客泛舟游于赤壁之下。清风徐来，水波不兴。举酒属客，诵明月之诗，歌窈窕之章，少焉月出于东山之上，徘徊于斗牛之间。"《前赤壁赋》的开头，即如行云流水，非常自然；《后赤壁赋》写与二客得鱼酒之后，"于是携酒与鱼，复游于赤壁之下。江流有声，断岸千尺，山高月小，水落石出，曾日月之几何，而江山不可复识矣"。本来无意重临，忽然又至，而时序迁流，景物已殊，数语道及前游，衔接此际观感，亦妙在绝无斧凿之痕。这两篇赋，信手挥洒，均似无意于作文，而其中有人有物，有情有景，活泼生动，一片神行。作者的哲学思想、生活体验、学问修养以及敏锐的观察、非凡的才思，融为一体，显现于字里行间，使我们如见其人，如闻其语，展示了一个极为崇高的文学境界。我们要是只赞美其片言只语，对"山高月小，水落石出"之类的句子作语法分析，而不识其为散文赋之绝唱，那也算糟蹋了这两篇杰作。我所以强调"语言"同"文学"结合，是为了说明两者本为一体，不容分割，文采既富，眼力自高，写文章当然不会只剩干巴巴的几条筋了。

阅读提示

刘叶秋（1917～1988），北京人，长期担任商务印书馆编辑。《辞源》主编之一。著有《中国古代的字典》、《常用字书十讲》、《类书简说》、《古典小说论丛》、《魏晋南北朝小说》、《历代笔记概述》、《中国字典史略》等。文章节选自刘叶秋《编辑的语文修养》（书海出版社1988年版）第一、第二两章。"语文"一语可以有多种理解，就"语言文章"来理解，是指说和写、说话和作文；发声为语，落笔为文，语文一致，说写无别，是很高的境界。就"语言文学"而言，则需要多读文学作品，提高修养，增加文采。

南腔与北调

易中天

方言首先分南北。

南北方言不一样。

中国历来就有关于南方和北方的种种说法：南辕北辙、南征北战、南来北往、南下北上等等。这些说法，都不能颠倒或互换。比如南辕北辙就不能说成北辕南辙，南征北战就不能说成南战北征，同样，南腔北调也不能说成南调北腔。

奇怪！为什么南是腔而北是调呢？想来大约也是南北方言多寡有别又性质有异之故。南方方言种类多而北方方言种类少。汉语七大方言（也有说八大的），吴、湘、赣、客、粤、闽（或闽南、闽北）都是南方方言，属于北佬的只有一种，也没法拿省份来命名，干脆就叫北方方言。

北方方言品种虽然单一，覆盖面却大得吓人。北方方言四大块（即四大次方言区），曰华北，曰西北，曰西南，曰江淮，简直就是铺天盖地。除广西、新疆、西藏、青海、内蒙古等少数民族地区外，长江以北，长江以南镇江到九江，云、贵、川，湖北大部，湖南西北，广西西北，都是北方方言的一统天下，大约占据了全国汉语地区四分之三的地盘。就连海南岛，也有一小块北方方言区。说汉语的人当中，也有七成是说北方方言的，这可真是四分天下有其三了。

这样广阔的领域，如此众多的人口，说起话来，原本应该南腔北调的，然而实际上内部分歧却相当之小。从满洲里到昆明，空中直线距离三千五百公里，从南京到酒泉，也有两千公里，相互通话却没什么困难。因为北方方言虽说也算得上是五花八门，但语法结构差别很小，词汇方面比较一致，语音分歧也不很大。比方说，都没有浊塞音、浊塞擦音，没有b、d、g、m四个辅音韵尾等等。也就是说，腔都差不多，就是调门不大一样。区分各地方言，只要琢磨那调就行了（方言学家李荣就用入声字的归并来区分北方方言各次方言区）。这也不奇怪，北方方言是"官话"么！官家不比民间，说话可以随便。官家要统一意志，怎么能七嘴八舌？要令行禁止，怎么能言语不通？所以官话趋同。

南方那边呢？就复杂多了，南北方言都有。云、贵、川、鄂都属北方方言区，吴、湘、赣、粤、闽则是南方方言区，其中还夹杂着许多"客家方言岛"（也是南方方言）。客家方言岛到处都是，除广东的东部北部外，福建、台湾、江西、广西、湖南、四川都有。所以广东一省，就至少有三种方言：属于粤语的"白话"（广州话）、属于闽语的潮汕话和梅县一带的客家话。其实中国南方说是八大方言,只怕八十也不止。光是福建,就号称"八闽互不交通"。这不就八种了?这还是往大里说,往小里算,还不定多少。

南方方言为什么要列出这么多品种呢?因为它们不但调不同,连腔都不一样。比如吃饭的"吃",北方人说起来,怎么听也是"吃",也就是调门有高有低,声调有长有短。南方人呢?说什么的都有,七、恰、夹、塞、噎、携,反正不是"吃"。腔相同,事情就好办一些。所以北方人和北方人说话,或北方方言区内人说话,虽说也会有不清楚的时候,但好歹大致能听懂。因为哪怕是东北话和云南话,也只有百分之二十的语音不同(粤方言与北方方言语音上的差别则多达百分之七十)。当然,听不明白的时候也有,但那多半是弄不清那些"专用名词"的意思。比如一个天津人告诉你,某某人"干活崴泥,说话离奚,背后念三音",你也会一头的雾水。因为你实在想不到"崴泥"就是不出力,"离奚"就是不着谱,"念三音"就是讲怪话,可"崴泥"、"离奚"、"念三音"这几个字你还是听得懂。对方再一解释,也就什么都明白了。

听南方人讲话,麻烦就大了。首先是用词五花八门,比如第三人称,北方方言区都叫"他",南方呢,有叫"伊"的(吴语、闽语),有叫"渠"的(赣语、粤语、客家话),还有叫"伲"、"其"的(吴语)。你,至少也有"侬"(吴语)和"汝"(闽语)两种;又比如祖母,北方基本上一律叫"奶奶",南方呢,有叫"娘娘"(温州)的,有叫"婆婆"(南昌)的,有叫"妈仔"(厦门)的,有叫"阿嬷"(广州)的,有叫"依嬷"(福州)的,有叫"细爹"(岳阳)的,甚至还有叫"娭毑"(长沙)的,你弄得清?最可笑的,是广州人管父亲叫"老豆"。老爸如果是老豆,那咱们是什么?豆芽菜呀?写成"老窦"也不对,老爸是大窟窿,咱们是小窟窿?

就算是用同一个词,也未必听得懂。"有"是"乌","无"是"馍",到底是有还是没有?再说也不是所有的南方人都把"没有"叫"馍",也有叫"猫"的。他们也常常分不清 l 和 n 这两个声母,an 和 ang 这两个韵母。结果,在他们嘴里,男子变成了"狼子",女子变成了"驴子"。闽南人更好玩,干脆把人统统叫做"狼",整一个"与狼共舞"。一个闽侯人在朗读《愚公移山》时,因为实在改不过腔来,便把那段名言"我死了还有子,子死了还有孙,子子孙孙是没有穷尽的",念成了"我死了还有煮,煮死了还有酸,煮煮酸酸是没有穷尽的"。这还是说"普通话"。要是说家乡话,那就更麻烦了。湖南人把"捆扎"叫"tía",把"劳累"叫"nía",连个同音字都找不到,你听得懂?

南方人说话还颠三倒四。比如"死人咸",就看不懂。死人只会臭,怎么会咸呢?腌鱼啊?原来,这是闽南话,意思是"咸得要命"、"咸死人了"。因为闽南人喜欢把话倒过来讲,就弄得我们不知所云。其实北方也有类似的说法,比如"死咸死咸",只不过当中并不夹一个人字,就好懂些。

所以,听南方话就跟听外语似的,恨不得找个翻译来才好。

阅读提示

易中天(1947～　),湖南长沙人,现任厦门大学人文学院中文系教授,长期从事文学、艺术、美学、心理学、人类学、历史学研究。主要著作有《〈文心雕龙〉美学思想论稿》《艺术人类学》等。随着社会的开放,交通的发达,人员流动的频繁,普通话正在迅速普及,方言土语则呈逐渐消失的态势。方言中有文化,有乡情;有土楼戏台,有渔歌互答;是一段难以忘却的记忆,是一段割舍不断的历史。在社会进步的大潮中,如何处理普通话和方言的关系,如何保护一些"濒危"方言,成为一个新的问题。

古今言殊

吕叔湘

一

世界上万事万物都永远在那儿运动、变化、发展,语言也是这样。语言的变化,短时间内不容易觉察,日子长了就显出来了。比如宋朝的朱熹,他曾经给《论语》做过注解,可是假如当孔子正在跟颜回、子路他们谈话的时候,朱熹闯了进去,管保他们在讲什么,他是一句也听不懂的。不光是古代的话后世的人听不懂,同一种语言在不同的地方经历着不同的变化,久而久之也会这个地方的人听不懂那个地方的话,形成许许多多方言。

古代人说的话是无法听见的了,幸而留传下来一些古代的文字。文字虽然不是语言的如实记录,但是它必得拿语言做基础,其中有些是离语言不太远的,通过这些我们可以对古代语言获得一定的认识。为了具体说明古代和现代汉语的差别,最好拿一段古代作品来看看。下面是大家都很熟悉的《战国策》里的《邹忌讽齐王纳谏》这一篇的头上一段:

> 邹忌修八尺有余,而形貌昳丽。朝服衣冠,窥镜,谓其妻曰:"我孰与城北徐公美?"其妻曰:"君美甚,徐公何能及君也?"城北徐公,齐国之美丽者也。忌不自信……旦日,客从外来,与坐谈,问之客曰:"吾与徐公孰美?"客曰:"徐公不若君之美也。"

把这一段用现代话来说一遍,就会发现有很大的差别。不能光看字形。光看字形,现代不用的字只有四个:昳、曰、孰、吾。可是联系字的意义和用法来看,真正古今一致的,除人名、地名外,也只有12个字:八、我、能、城、国、不、客、从、来、坐、谈、问。大多数的字,不是意义有所不同,就是用法有些两样。大致说来,有三种情形。

第一种情形是意义没有改变,但是现在不能单用,只能作为复音词或者成语的一个成分。有的构词的能力还比较强,如:形、貌、衣、镜、北、何、自、信、日、外;有的只在极少数词语里出现,如:丽(美丽、壮丽)、朝(朝霞、朝气、朝发夕至)、窥(窥探、窥测)、妻(夫妻、妻子)、甚(欺人太甚)。

第二种情形是意义没有改变,可是使用受很大限制。例如:作为连词的"而"、"与",只见于一定的文体;表示从属关系的"之"只用于"百分之几"、"原因之一"等等;起指代作用的"者"只用于"作者"、"读者"等等；"美"现在不大用于人，尤其不用于男人（"美男子"口语不说，也不能拆开）；"有余"现在能懂，但不大用，"八尺有余"现在说"八尺多"。

第三种情形是这里所用的意义现代已经不用，尽管别的意义还用。例如：修(长)、服(穿、戴)、谓(对……说)、其(他的；"其余"、"其中"、"其一"里的"其"是"那"的意思)、公(尊称)、及(比得上)、君(尊称)、也(助词；现代的"啊"只部分地与"也"相当)、且("且日"，"明日"，这里作"次日"讲)、之(他)、若(比得上)。还有一个"尺"字，似乎应该属于古今通用的一类，可是这里说邹忌身长八尺有余，显然比现在的尺小，严格说，"尺"的意义也已经改变了（汉朝的一尺大约合现在七寸半，这里的尺大概跟汉朝的差不多）。

在语法方面，也有不少差别。例如"我孰与城北徐公美？"就是古代特有的句法，底下"吾与徐公孰美？"才跟现代句法相同。"君美甚"现在说"您漂亮得很"，当中必须用个"得"字。"忌不自信"也是古代的句法，现代的说法是"邹忌不相信自己（比徐公美）"，不能把"自己"搁在动词前边，搁在前边就是"亲自"的意思（如"自己动手"），不是动作对象的意思（"自救"、"自治"、"自杀"等，是古代句法结构遗留在现代语里的合成词）。"客从外来"现在说"有一位客人从外边来"，"客人"前边得加个"一位"，头里还要来个"有"字，否则就得改变词序，说成"从外边来了一位客人"。"与坐谈"也是古代语法，现在不能光说"和"，不说出和谁，也不能愣说"坐谈"，得说成"坐下来说话"。"不若君之美"的"之"字，按照现代语法也是多余的。

这短短的一段古代的文字，大多数的字都是现在还用的，可是仔细一分析，跟现代汉语的差别就有这么大。

二

语言的变化涉及语音、语法、语汇三方面。语汇联系人们的生活最为紧密，因而变化也最快，最显著。有些字眼儿随着旧事物、旧概念的消失而消失。例如《诗经·鲁颂》的《駉》这一首诗里提到马的名称就有16种："骊"(身子黑而胯下白的)，"皇"(黄白相间的)，"骊"(纯黑色的)，"黄"(黄而杂红的)，"骓"(青白杂的)，"駓"(黄白杂的)，"骍"(红黄色的)，"骐"(青黑成纹像棋道的)，"骅"(青黑色而有斑像鱼鳞的)，"骆"(白马黑鬃)，"駵"(红马黑鬃)，"雒"(黑马白鬃)，"骃"(灰色有杂毛的)，"騢"(红白杂毛的)，"驔"(小腿长白毛的)，"鱼"(两眼旁边毛色白的)。全部《诗经》里的马的名称还有好些，再加上别的书里的，名堂就更多了。这是因为马在古代人的生活里占重要位置，特别是那些贵族很讲究养马。这些字绝大多数后来都不用了。别说诗经时代，清朝末年离现在才几十年，翻开那时候的小说像《官场现形记》之类来看看，已经有很多词语非加注不可了。

有些字眼随着新事物、新概念的出现而出现。古代席地而坐，没有专门供人坐的家具，后来生活方式改变了，坐具产生了，"椅子"、"凳子"等字眼也就产生了。椅子有靠背，最初就用"倚"字，后来才写做"椅"。凳子最初借用"櫈"字，后来才写做"凳"。桌子也是后来才有的，古代只有"几"、"案"，都是很矮的，适应席地而坐的习惯，后来坐高了，几案也不得不加高,于是有了新的名称,最初就叫"卓子"("卓"是高而直立的意思),后来才把"卓"写做"桌"。

外来的事物带来了外来语。虽然汉语对于外来语以意译为主,音译词(包括部分译音的)比重较小,但是数目也还是可观的。比较早的有葡萄、苜蓿、茉莉、苹果、菠菜等等,近代的像咖啡、可可、柠檬、雪茄、巧克力、冰淇淋、白兰地、啤酒、卡片、沙发、扑克、哔叽、尼龙、法兰绒、道林纸、芭蕾舞等等,都是极常见的。由现代科学和技术带来的外来语就更多了,像化学元素的名称就有一大半是译音的新造字,此外像摩托车、马达、引擎、水泵、卡车、吉普车、拖拉机、雷达、爱克斯光、淋巴、阿米巴、休克、奎宁、吗啡、尼古丁、凡士林、来苏水、滴滴涕、逻辑、米(米突)、克(克兰姆)、吨、瓦(瓦特)、卡(卡路里)等等,都已经进入一般语汇了。

随着社会的发展,生活的改变,许多字眼的意义也起了变化。比如有了桌子之后,"几"就只用于"茶几",连炕上摆的跟古代的"几"十分相似的东西也叫做"炕桌儿",不叫做"几"了。又如"床",古代本是坐卧两用的,所以最早的坐具,类似现在的马扎的东西,叫做"胡床",后来演变成了椅子,床就只指专供睡觉用的家具了。连"坐"字的意义,古代和现代也不完全一样〔连"坐"字的意义,古代和现代也不完全一样〕,前面把"坐"算在古今意义一致的字里边,这里又说古今也不完全一样,是因为:"坐"作为身体动作的一种状态,区别于"立"、"卧"等等,古今一致;但"坐"的方式或姿势则古今不同。字义方面这种情形是常见的,例如"书",古今样式不同,但作为供人阅读的文字记载是古今一致的。古代席地而坐,两膝着席,跟跪差不多,所以《战国策》里说伍子胥"坐行蒲服,乞食于吴市",坐行就是膝行(蒲服即匍匐);要是按现代的坐的姿势来理解,又是坐着又是走,那是绝对不可能的。

再举两个名称不变而实质已变的例子。"钟"本是古代的乐器,后来一早一晚用钟和鼓报时,到了西洋的时钟传入中国,因为它是按时敲打的,尽管形状不同,也管它叫钟,慢慢地时钟不再敲打了,可是钟的名称不变,这就跟古代的乐器全不相干了。"肥皂"的名称出于皂角树,从前把它的荚果捣烂搓成丸子,用来洗脸洗澡洗衣服,现在用的肥皂是用油脂和碱制成的,跟皂角树无关。肥皂在北方又叫"胰子",胰子原来也是一种化妆用品,是用猪的胰脏制成的,现在也是名同实异了。

也有一些字眼的意义变化或者事物的名称改变,跟人们的生活不一定有多大关系。比如"江"原来专指长江,"河"原来专指黄河,后来都由专名变成通名了。又如"菜",原来只指蔬菜,后来连肉类也包括进去,到菜市场去买菜或者在饭店里叫菜,都是荤素全在内。这都是词义扩大的例子。跟"菜"相反,"肉"原来指禽兽的肉,现在在大多数地区如果不加限制词就专指猪肉,这是词义缩小的例子("肉"最初不用于人体,后来也用了,在这方面是词义扩大了)。"谷"原来是谷类的总名,现在北方的"谷子"专指小米,南方的"谷子"专指稻子,这也是词义缩小的例子。

词义也可以转移。比如"涕",原来指眼泪,《庄子》里说:"哭泣无涕,中心不戚。"可是到汉朝已经指鼻涕了,王褒字子渊,蜀资中(在今四川资阳北)人。西汉辞赋家。《僮约》里说:"目泪下,鼻涕长一尺。"又如"信",古代只指送信的人,现在的信古代叫"书",《世说新语》:"俄而谢玄淮上信至,(谢安)看书竟,默默无言。""信"和"书"的分别是很清楚的。后来"信"由音信的意思转指书信,而信使的意思必得和"使"字连用,单用就没有这个意思了。

词义也会弱化。比如"很",原来就是凶狠的"狠",表示程度很高,可是现在已经一点也不狠了,例如"今天很冷"不一定比"今天冷"更冷些,除非"很"字说得特别重。又如"普遍",本来是无例外的意思,可是现在常听见说"很普遍",也就是说例外不多,并不是毫无例外。

如果我们换一个角度来看事物怎样改变了名称,那么首先引起我们注意的是,像前边分析《战国策》那一段文字的时候已经讲过的,很多古代的单音词现代都多音化了。这里再举几个人体方面的例子:"耳"成了"耳朵","眉"成了"眉毛","鼻"成了"鼻子","发"成了"头发"。有的是一个单音词换了另外一个单音词,例如"首"变成"头"(原来同义),"口"变成"嘴"(原来指鸟类的嘴),"面"变成"脸"(原来指颊),"足"变成"脚"(原来指小腿)。有些方言里管头叫"脑袋"、"脑壳",管嘴叫"嘴巴",管脸叫"面孔",管脚叫"脚板"、"脚丫子",这又是多音化了。

动词的例子:古代说"食",现代说"吃";古代说"服"或"衣",现代说"穿";古代说"居",现代说"住";古代说"行",现代说"走"。形容词的例子:古代的"善",现代叫"好";古代的"恶",现代叫"坏";古代的"甘",现代叫"甜";古代的"辛",现代叫"辣"。

字眼的变换有时候是由于忌讳:或者因为恐惧、厌恶,或者因为觉得说出来难听。管老虎叫"大虫",管蛇叫"长虫",管老鼠叫"老虫"或"耗子",是前者的例子。后者的例子如"大便"、"小便"、"解手"、"出恭"(明朝考场里防止考生随便进出,凡是上厕所的都要领块小牌子,牌子上写着"出恭入敬")。

三

语法方面,有些古代特有的语序,像"吾谁欺"、"不我知"、"夜以继日",现代不用了。有些现代常用的格式,像"把书看完"这种"把"字式,"看得仔细"这种"得"字式,是古代没有的。可是总起来看,如果把虚词除外,古今语法的变化不如词汇的变化那么大。

语音,因为汉字不是标音为主,光看文字看不出古今的变化。现代的人可以用现代字音来读古代的书,这就掩盖了语音变化的真相。其实古今的差别是很大的,从几件事情上可以看出来。第一,旧诗都是押韵的,可是有许多诗现在念起来不押韵了。例如白居易的诗:"离离原上草,一岁一枯荣(róng)。野火烧不尽,春风吹又生(shēng)。远芳侵古道,晴翠接荒城(chéng)。又送王孙去,萋萋满别情(qíng)。"这还是唐朝的诗,比这更早一千多年的《诗经》里的用韵跟现代的差别就更大了。其次,旧诗里边的"近体诗"非常讲究诗句内部的平仄,可是许多诗句按现代音来读是"平仄不调"的。例如李白的诗:"青山横北郭,白水绕东城。此地一为别,孤蓬万里征。"这首诗的题目是《送友人》。下面还有四句是:"浮云游子意,落日故人情。挥手自兹去,萧萧班马鸣。""郭"、"白"、"一"、"别"四个字原来都是入声,归入仄声,可是现在"郭"、"一"是阴平,"白"、"别"是阳平,于是这四句诗就成为"平平平仄平,平仄仄平平,仄仄平平平,平平仄仄平"了。又其次,汉字的造字法里用得最多的是形声法,常常是甲字从乙字得声,可是有许多这样的字按现代的读音来看是不可理解的。例如"江"从"工"得声,"潘"从"番"得声,"泣"从"立"得声,"提"从"是"得声,"通"从"甬"得声,"路"从"各"得声,"庞"从"龙"得声,"移"从"多"得声,"谅"从"京"得声,"悔"从"每"得声,等等。从上面这些事例看来,汉字的读音,无论是声母、韵母、声调,都已经有了很大的变化了。

▌阅读提示

　　吕叔湘(1904~1998),江苏丹阳人,著名语言学家。著作有《语文常谈》、《语法研究入门》等。文章综合运用了分类、比较、举例、引用等多种说明方法,形象地说明了语言的演变过程。作者先举例展示语言演变的概貌,说明语言是随着社会的发展而不断变化着的;接着以语汇变化为重点,阐述语汇变化的各种不同方式,说明语汇变化最快、最显著的特点;最后用举例的形式简要说明语法和语音的变化。本文语言明白晓畅,平易近人,很少使用专业术语,却把关于语言演变的道理讲得准确清晰,很值得我们学习。

双语言时代(节选)

周有光

一、国家共同语和国际共同语

孔子说:"登东山而小鲁,登太山而小天下。"今天还要添上一句:"登月球而小地球。"超音速飞机从地球上任何一个城市到任何一个城市,都可以早发而夕至。地球的确太小了,不能再说是"大地",已经成为一个小小的村庄,叫做地球村。

孔子有弟子三千人,来自言语的四方。他对弟子们讲学,说的是什么语言呢?孔子周游列国,不带翻译。他向诸侯宣讲仁义,说的是什么语言呢?他不说本乡的"老三"土话,而说当时的"天下共同语",叫做"雅言"。孔子的语言是"双语言":雅言和方言。

在地球村里,民族繁多,言语各异。如果东村说的话西村听不懂,西村说的话东村听不懂,那么地球就成哑巴村了。地球必须有大家公用的共同语。

用什么语言作为地球村的共同语呢?"世界语"行吗?不行。所谓"世界语"就是"爱斯不难读"(Esperanto)。这种人造语规则简单,学习容易,但是应用范围不广,图书资料稀少,只相当于一个小语种,不能适应现代政治、贸易和科技等领域的复杂需要,所以联合国六种工作语言中没有它的地位。

地球村的共同语不是开会决定的,而是由历史逐渐形成的。英语已经事实上成为地球村的共同语。三百年来"日不落"的大英帝国"日落"了,留下来一份遗产"英语",正像罗马帝国瓦解之后留下来的"拉丁语"。"公历"失去了宗教特色,"米制"失去了法国特色,"英语"失去了狭义的国家特色。英语不仅没有阶级性,也没有国家的疆界。它是一条大家可走的公路,谁利用它,谁就得到方便。

二次大战后,有一百多个殖民地独立成为新兴国家。在语言工作上,它们面对两项历史任务:一方面要建设国家共同语,另一方面要使用国际共同语。日常生活和本国文化用国家共同语,国际事务和现代化用国际共同语。文化和经济发达的国家,早已实现了双语言。现代是双语言时代。

二、英语的洪水泛滥

"英语"原意"地角语言"。5世纪中叶(中国南北朝),欧洲大陆一个部落叫做"地角人"(Engle),从石勒苏益格(Schleswig,现在德国北部)渡海移居不列颠(Britain)。他们的"地角语"(Englisc,古拼法)代替了当地的凯尔特语(Celtic)。于是地区称为"英格兰",语言称为"英语"(English,现代拼法)。

英语在5～6世纪时候,用原始的"鲁纳"(runa)字母书写。7世纪时候(中国唐代时期),基督教从爱尔兰传入英格兰,英语开始拉丁化。拉丁字母跟英语的关系,好比汉字跟日语的关系。英语的拉丁化是很晚的,到中国的唐代时候才初步成形。

英语不是先有拼写规则然后拼写的。而是在随意拼写逐渐约定俗成的。拼法不规则的原因主要有:1.字母少而音素多,造成一音多拼;2.语音变而拼法不变,遗留古文痕迹;3.强调拼法反映希腊和拉丁的词源,人为地造成言文不一致现象;4.部分语词采用法语拼法;5.不断借入外来词,拼写法变得非常庞杂。15世纪(明代中叶),英语发生语音的重大变化。刚刚写定的文字无法系统地改变,混乱的写法流传下来成为今天拼写定型的基础。

民国初年,英国"海盗牌香烟"的广告曾经贴满中国的街头。英国本来是个强盗之国。1588(明万历年间),英国发挥海盗精神,用海上游击战术,以一群零散的小兵舰打败了西班牙的"无敌舰队",从此成为海洋第一霸主。此后400年间,英国建立了一个人类史上最大的殖民帝国,被称为"大英帝国"。英国打破历史传统,努力开创新的历史局面,在政治上开创民主制度,在经济上开创工业化生产方式,英语在全世界语言中独占鳌头。

英语虽然拼法不规则,但是同一个语词有一定的拼法和读音,例外只是少数。语法比其他欧洲语言简单。英语从四面八方吸收有用的外来词,江河不择细流,成为词汇最丰富的语言。它用26个现代拉丁字母而不加符号,方便打字和电脑处理。

两次世界大战,从英国殖民地独立成为现代大国的美国,不仅在军事上取得胜利,并且在战后开创了信息化的新时代。英语的流通扩大,美国是最主要的推动力量。起源于美国的多媒体电脑和国际互联网络,不断造出以英语为基础的新术语。信息化和英语化几乎成了同义词。英语通过电视和电脑,正在倾泻进全世界每个知识分子的家庭。英语的洪水泛滥全球。

三、法语的争霸战

原来,法语和俄语都跟英语争当语言霸主。苏联瓦解之后,俄语退出了争霸舞台,法语孤军作战。

一次世界大战之前,法国是欧洲大陆最强的国家,法语是国际的通用语,国际会议几乎都用法语。当时,不会法语就难以做外交官。直到如今,邮政领域还在某种国际事务中使用法语。可是,一次大战中法国失败,由于美国参战,然后转败为胜。1922年,举行华盛顿国际会议时候,美国有礼貌跟法国商量,可否在会议中同时使用英语。法国不好意思说"不"。这一答应,改变了语言的国际形势。

二次大战法国再次失败,又由于美国参战,然后转败为胜。成立联合国时候,议定以"英、法、西、俄、中"五种语言为工作语言,后来又增加一种阿拉伯语。联合国原始文件所用语言,英语占80%,法语占15%,西班牙语占4%,俄语、中文和阿拉伯语合计占1%。法语的应用不到英语的五分之一(参看周耀文《论语言融合》1995)。今天多数国际会议,名义上用英法两语,事实上只用英语。

二次战后,范围仅次于英帝国的法帝国也瓦解了。法国利用法语作纽带,团结原来的殖民地组成了一个"法语国际"。推广法语,跟英语作斗争,这是法国的重大国策。为此,法国设立国家法语委员会,由总统直接领导。法国规定,在法国销售的外国货物,广告必须用法语。法国宣传,法语是最优美的艺术语言,是人类最高尚的文化语言。凡是以法语为第一外国语的国家或地区,法国愿意给以津贴和帮助。

可是,历史的变化跟法国的愿望背道而驰。印度支那三国原来是法国殖民地,通行法语,由于准备加入东南亚联盟,都放弃法语,改用英语。新闻报道说,越南为了加入东盟,从国家主席到一般公司职员,人人都在学习英语。柬埔寨的大学生上街游行,要求学习英语。印度支那的第一外国语由法语变为英语,这是"法语国际"的重大挫折。

最近又发生新的不利于法语的情况。从法国殖民地独立起来的阿尔及利亚,宣布从1998年起,学校改为英语为第一外国语。法国一向把阿尔及利亚当作自己的一个省份看待,这里也要改用英语,那是心腹大患,使法国难于忍受。"法语国际"只剩下半个"法语非洲"了,据说那里也在酝酿改学英语。

法语跟英语的斗争,为什么处处失败呢?原因可能是:1.法帝国的地区和经济实力原来比英国小。 2.英国有美国作为英语的"继承国",法国没有那样强大的"继承国"。 3.两次大战中法国失败,由于英语国家的帮助才转败为胜。 4.信息化时代的科技新术语大都来自说英语的美国,法国的科技力量无法跟它相比。这些原因不是短期所能改变。

德国语言政策跟法国很不一样。德国商人乐意用英语做生意,这样能多销货物;德国科学家乐于用英语发表论文,这样能有更多读者。德国人说,我们争效果,不争语言。在欧洲,法语人口和德语人口的比例大约是7:9,法语人口少于德语人口,但是相差不大。欧洲各大企业在业务中使用的语言,除英语之外,原来使用法语超过德语,但是1996年的调查说明,情况改变了,德语第一次超过了法语。可见,法语的国际流通性正在萎缩。法语是否可能萎缩成一国之语呢?这是法国的重大忧虑。

不过,法国没有认输,还在乐观地继续斗争。其实,法国没有人不学英语,法国本身事实上早已是双语国家了。

下面略谈亚洲几个国家的双语情况。

四、东南亚的双语言

"东南亚"是一个人文地理的新名词。这里有十个国家(新加坡、马来西亚、印度尼西亚、文莱、菲律宾、泰国、越南、柬埔寨、老挝、缅甸),土地共计448万平方公里(接近半个中国),人口共计4.26亿(超过中国的三分之一),从印度洋到太平洋,横跨赤道的七分之一。这些国家组成"东南亚联盟"(东盟),原来包括六个国家(新马印文菲泰),再扩大为十个国家(增加越柬老缅)。

东南亚的西面有五个国家(泰缅越柬老),都是佛教国家,语言彼此不同,文字用各自的印度式变体字母。泰国有传统的文字,以英语为第一外国语。缅甸原来是英国的殖民地,有简易的传统文字,几乎人人识字,以英语为中等和高等教育语言。越南在独立之后,废除了汉字,以拉丁化"国语字"为正式文字。柬埔寨和老挝有各自的传统文字。印度支那原来是法国殖民地,正在改用英语作为第一外国语,向其他东盟国家看齐。

东南亚的东面也有五个国家(新菲马印文),他们的语言和文字在二次战后有全新的发展。新加坡规定四种官方语言:英语不是外国语,而是全无官方语言;华语(普通话)为华人的官方语言,提倡"多说华语、少说方言";塔米尔语为印度族的官方语言;马来语为马来人的官方语言,同时又是新加坡的国语,唱国歌用马来语。菲律宾规定拉丁化的他加禄语(Tagalog)为国语,以英语为行政和教育语言,英语的作用已深入民间生活。马来西亚和印度尼西亚大都信奉伊斯兰教,但是废除阿拉伯字母,采用拉丁字母;两国在独立之后共同采用标准马来语作为官方语言,原来拼写法并不相同(印尼用荷兰式,马来西亚用英国式),后来统一了正词法,并且为新加坡和文莱所采用。印尼原为荷兰殖民地,通用荷兰语;独立后荷兰退出印尼,改以英语为第一外国语。

东盟经济已经走上快速发展的道路。新加坡是"东亚四小龙"(港台韩新)之一。文莱是石油富国。泰国发展显著。马印正在起飞。菲律宾已经初具规模。这里有一片欣欣向荣的朝气,是举世瞩目的上升地区。

东南亚旧称南洋,是华侨和华裔最多的地方,据说有3000万人以上,很多人已经"落地生根",忘记了家乡语言,改用了当地的姓名。他们主要经营工商业,成为当地发展经济的重要动力。

东南亚各国的政治制度不同(社会主义、军人专制),宗教有各自的传统(佛教、伊斯兰教、基督教)。但是,这些歧异并不妨碍他们团结起来共同发展经济,并且在共同的国际事务中采取协调的政策。

东南亚一致实行英语和本国语言的双语言,方便相互联络和发展国际贸易,这是走上一体化道路的第一步。荷兰语和法语的退出,使东南亚实现了统一的英语化。英语在东南亚不仅在国际事务中发挥作用,而且部分地进入了民间生活。

五、印度的双语言

印度原来是英国的殖民地。1950年独立之后,反对英帝国主义,同时反对英语。印度宪法规定"印度语"是唯一的国语,准备在此10年之后完全不用英语。

但是,印度是一个9亿人口的大国,民族多、语言多、方言多、文字多,印地语只占人口的三分之一。印第语之外,印度不得不规定十一种"邦用"官方语言。印度低估了建设全国共同语言的困难,曾一度陷入语言问题的重大混乱。

过去200年间,英语是印度的行政语言和教育语言,国会开会用英语。这无法在可见的短时期内改变为本国语言。结果是，英语悄悄地继续流通，担当了全国共同语和国内各民族之间的纽带语言。

到了 70 年代，印度的国际关系和语言感情发生了变化，英语从帝国主义的语言，变为有利可图的商品。长期以英语为教育语言，使印度受过教育的国民人人都懂英语。这个条件成为参加国际事务和进行国际贸易的有利条件。利用英语条件，印度每年争取联合国的国际会议多次在印度举行，借以赚取外汇。在宪法中没有地位的英语，现在公开地保留了无冕之王的地位，成为事实上唯一的全国共同语。印度是一个英语和本国（本邦）语言的双语国家。

六、日本的双语言

日本善于吸收外来文化，择优而从，青出于蓝。一位日本教授说：在古代，日本学习中国 1000 年；在近代，日本学习西洋 200 年；古代使用中文和日文，近代使用英语和日语。二次战后，日本的双语又有新发展。

日本在一次战前，贸易利用英语，科技利用德语。二次战后，充分利用英语，引进新技术，发展国际贸易，把军事战败国变成经济战胜国。

日本投降（1945），美国将军麦克阿瑟（Douglas MacArthur）成为日本的"太上王"。他命令日本实行"语文平民化"。在逐步改革之后，实现了减少汉字数目，简化汉字笔画，改进假名字母的用法，使日文从汉字中间夹用少数假名，变为假名中夹用少数汉字。日本在明治维新（1868）时期已经普及国语，把文言改为白话，同时限制使用 1945 个常用汉字，此外以假名代替。中学生只学习 1945 个常用汉字，外加人名用字 166 个，合计 2111 字。小学六年级只学习 996 个汉字（比千字文还少 4 个）。大众小说只用 800 个汉字，其余用假名。日本的知识分子，除非研究中国历史和东方文化，一般只用 2000 个常用汉字。"语文平民化"的目的是：对人民大众，普及义务教育，提高文化水平；对知识分子，节省语文时间，更多地学习科技和实用知识。

在美国的影响下，英语教学在日本逐步普及和提高。两种语言接触，必然发生"洋泾浜"现象。广东话的洋泾浜是有名的，可是跟日语的洋泾浜一比，就小巫见大巫了。日本的外来语原来很多，现在更多得无法形容了。日本学者说，日本学习中国文化时候，从汉语吸收大量外来语，时间久远，习以为常，已经忘记了那是外来语了。今天从英语吸收大量外来语，是日本吸收外来语的第二高潮。

大半个世纪之前，日本放弃"意译"科技术语，改为"音译"科技术语，用片假名拼写。这使日本术语的读音接近国际化，但是片假名写成一长串，群众难学难记。有人主张改为意译，引起意译和音译的争论。一位日本教授说，音译固然有缺点，意译的缺点更大。

日本人喜欢出国旅游。据说近来每年出国人次超过总人口的一半。世界各地的旅游点都能看见川流不息的日本人。旅游使日本人增进见识，提高文明。国际旅游需要国际共同语，旅游是推广英语的一种动力。

日本的大企业要求职员英语过关,经常测试职员的英语水平。目的是使职员能够独自在国际互联网络上取得外国资料,提高生产技术。这是真正的进入信息化时代。日本的电脑普及率已经超过了欧洲。国际互联网络极大部分都用英语。英语成为在日本大企业中担任职务的必要条件。

为了进一步提高英语水平,日本从1997起,小学生提前从三年级开始学习英语。西欧有些国家实行"扫除外语(英语)文盲"。日本还没有这样做,但是英语越来越被重视,乎要跟日语并驾齐驱了。日本有人感叹说:"日本"快要没有了,只剩下"Japan"了。

七、中国的双语言

中国的双语言,原来是指推广普通话:从只会说方言,到又会普通话。普通话是学校的社会语言,方言是家乡和乡土语言,这是"国内双语言"。现在又有了第二种含义:从只会说普通话,到又会说英语,这是"国际双语言"。

民国元年(1912)开始,我国兴办新式学校,以"国英算"为三门主课,"国英"(国文和英文)就是国际双语言。但是当时只有少数人上学,课程要求很低,还没有双语言的概念。

新中国成立之后,俄语一度成为我国的主要外语。改革开放以来,事实上已经恢复了以英语为第一外国语。青年们热心出国留学,主要是去美国,一股英语热在青年中自动燃起。但是人数很少,不能说我国也开始了国际双语言。

改革开放以来,我国重视教育,提出"科技是第一生产力"的口号。建水坝,筑铁路,兴工业,促外贸,向建设现代化国家的道路前进。我国的现代化要追赶两个时代,工业化时代和信息化时代,任务非常艰巨。现代化的基础是教育,教育的工具是语言。我们还没有来得及考虑双语言政策问题,但双语言是现代化无法避免的需要。"国内双语言"还没有实现,能够开始进行"国际双语言"吗?

一方面改进汉语教学,一方面提高英语水平,是可能的吗? 可能的。但是要革除成规,借鉴先进,去掉无效课程,减轻学习负担,提高实用水平。如果教育水平不能赶上先进国家,要想建成跟先进国家相颉颃的现代化国家,就难于想象了。

目前,我国科学院的各个自然科学研究所,以及有条件的大学和机构,已经利用多媒体电脑,接上国际互联网络,随时从美国国会图书馆和其他资料库取阅科技和文化资料。在电脑上遇到不懂的英语词汇,可以利用电脑词典(例如Roboword)查看中文意义,一按鼠标,立刻查到,实在方便。这是我国进入国际互联网络和实行双语言的起点。

双语言不是独立于社会的附加物,而是现代化社会有机体的一个部分。双语言是一种现代化的指标。从双语言的水平,可以在一定条件下测知国家现代化的程

阅读提示

　　周有光(1906～　),江苏常州市人,是中国著名的语言学家、文字学家、经济学家,通晓汉、英、法、日四种语言。周有光青年和中年时期主要从事经济、金融工作,担任过复旦大学经济学教授,1955年,他的学术方向改变,开始专职从事语言文字研究。周有光著述丰富,先后出版专著30余种,代表作有《中国拼音文字研究》、《汉字改革概论》、《世界字母简史》等。"双语言是一种现代化的指标。从双语言的水平,可以在一定条件下测知国家现代化的程度"。的确如此,一个现代社会应该是双语的社会,一个现代的人应该是运用双语的人。要想成为精通双语的人,首先学好用好母语,其次要学好英语。

文言与文化

汪荣祖

时至今日,读文言或能读文言的人愈来愈少,这样下去,很可能文言会变成有字天书,即使要读也无法读了。假如文言真要"功成身退"(已故胡适博士语),则中国文化也真要成为"博物馆里的古董"了(已故美国列文森教授语)。因为中国文化所凝结的文献典籍,自上古到民初都是用文言书写的,没有文言这一钥匙,又安能开启文化堂奥之门?

有人说,现在提倡读文言太不合时宜了,重要的古书古文可以译成白话。为了普及教育以及大众的兴趣,白话翻译是需要的,但"白译"并不能取代文言。假如翻译能取代原文,则我们何必学英文,读中译本好了。再说,最近出版的《白话史记》,很受人注目。我们可说这是《史记》的"现代化",但从文学的观点看,显然是《史记》的"庸俗化",读《白话史记》只能听太史公讲故事,绝不能领略到太史公的疏荡有奇气。

有人说,文言太难,只要有少数专家能通就好了。说到难,读书岂是易事。若能循序渐进,凡中智以上都可学有所成。学文言总不会比学英语与数学还难,英、数很难,为什么要学呢?至于说,一旦文言成为少数专家的专利品,也就是中国文化"寿终正寝"之日。今天仍有巴比伦文化的专家,但巴比伦文化早已"一命呜呼"了。我们要使中国文化永远活着,至少大专毕业生,不论文、理、工、商、法都要能读得懂文言,非如此不足以随意浏览古籍,传递文化的火炬。

假如再有人认为读文言是浪费时间,殊不知宝贵的时间一过,中国文化成了巴比伦文化,则死灰难以复燃,再叹时乎、时乎! 将不再来矣。

▍阅读提示

汪荣祖(1940~),原籍徽州,生于上海。美国西雅图大学博士,长期在美国弗吉尼亚州立大学任教,史学家,著有《陈寅恪评传》、《追寻失落的圆明园》、《康章合论》、《史学九章》等。本文虽短但意深。有感于对于文言、文言典籍学习的几种误解(不合时宜,难学,浪费时间),该文一一辩驳,最后不无忧心地慨叹:中国传统文化是否会因文言断绝而成"死灰"? 可谓语重心长。

略论语言的形式美

王 力

　　语言的形式之所以能是美的,因为它有整齐的美,抑扬的美,回环的美。这些美都是音乐所具备的,所以语言的形式美也可以说是语言的音乐美。在音乐理论中,有所谓"音乐的语言";在语言形式美的理论中,也应该有所谓"语言的音乐"。音乐和语言不是一回事,但是二者之间有一个共同点:音乐和语言都是靠声音来表现的,声音和谐了就美,不和谐就不美。整齐、抑扬、回环,都是为了达到和谐的美。在这一点上,语言和音乐是有着密切的关系的。

整齐的美

　　在音乐上,两个乐句构成一个乐段。最整齐匀称的乐段是由长短相等的两个乐句配合而成的,当乐段成为平行结构的时候,两个乐句的旋律基本上相同,只是以不同的终止来结束。这样就形成了整齐的美。同样的道理应用在语言上,就形成了语言的对偶和排比。对偶是平行的、长短相等的两句话;排比则是平行的、但是长短不相等的两句话,或者是两句以上的、平行的、长短相等的或不相等的话。

　　远在二世纪,希腊著名历史学家普鲁塔克就以善用排比的语句为人们所称道。直到现在,语言的排比仍然被认为是修辞学的重要手段之一。但是,排比作为修辞手段虽然是人类所共有的,对偶作为修辞手段却是汉语的特点所决定的。古代汉语以单音词为主。现代汉语虽然双音词颇多,但是这些双音词大多数都是以古代单音词作为词素的,各个词素仍旧有它的独立性。这样就很适宜于构成音节数量相等的对偶。对偶在文艺中的具体表现就是骈体文和诗歌中的偶句。

抑扬的美

　　在音乐中,节奏是强音和弱音的周期性的交替,而拍子则是衡量节奏的手段。譬如你跳狐步舞,那是四拍子,第一拍是强拍,第三拍是次强拍,第二、第四两拍都是弱拍;又譬如你跳华尔兹舞,那是三拍子,第一拍是强拍,第二、第三两拍都是弱拍。

　　节奏不但音乐里有,语言里也有。对于可以衡量的语言单位,我们也可以有意识地让它们在一定时隙中成为有规律的重复,这样就构成了语言中的节奏。诗人们常常运用语言中的节奏来造成诗中的抑扬的美。西洋的诗论家常常拿诗的节奏和音乐的节奏相比,来说明诗的音乐性。在这一点上说,诗和音乐简直是孪生兄弟了。

从传统的汉语诗律学上说,平仄的格式就是汉语诗的节奏。这种节奏,不但应用在诗上,而且还应用在后期的骈体文上,甚至某些散文作家在他们的作品中也灵活地用上了它。

汉语诗的节奏的基本形式是平平仄仄、仄仄平平。这是四言诗的两句。上句是两扬两抑格,下句是两抑两扬格。平声长,所以是扬,仄声短,所以是抑。上下两句抑扬相反,才能曲尽变化之妙。《诗·周南·关雎》诗中的"参差荇菜,左右流之",就是合乎这种节奏的。每两个字构成一个单位,而以下字为重点,所以第一字和第三字的平仄可以不拘。《诗·卫风·伯兮》诗中的"岂无膏沐,谁适为容",同样是合乎这种节奏的。在《诗经》时代,诗人用这种节奏,可以说是偶合的,不自觉的,但是后来就渐渐变为自觉的了。曹操《短歌行》的"譬如朝露,去日苦多","周公吐哺,天下归心";《土不同》的"心常叹怨,戚戚多悲";《龟虽寿》的"神龟虽寿,犹有竟时","养怡之福,可得永年",这些就不能说是偶合的了。这两个平仄格式的次序可以颠倒过来,而抑扬的美还是一样的。曹操的《土不同》的"水竭不流,冰坚可蹈";《龟虽寿》的"烈士暮年,壮心不已",就是这种情况。

有了平仄的节奏,这就是格律诗的萌芽。这种句子可以称为律句。五言律句是四言律句的扩展,七言律句是五言律句的扩展。由此类推,六字句、八字句、九字句、十一字句,没有不是以四字句的节奏为基础的。

直到今天,不少的民歌,不少的地方戏曲,仍旧保存着这一个具有民族特点的、具有抑扬的美的诗歌节奏。汉语的声调是客观存在的,利用声调的平衡交替来造成语言中的抑扬的美,这也是很自然的。

有人把意义的停顿和语言的节奏混为一谈,那当然是不对的。但是,它们二者之间却又是有密切关系的。

先说意义的停顿和语言的节奏的分别。任何一句话都有意义的停顿,但并不是每一句话都有节奏;正如任何人乱敲钢琴都可以敲出许多有规则的声音并造成许多停顿,但是我们不能说乱敲也能敲出节奏来。再说,意义的停顿和语言的节奏也有不一致的时候,例如杜甫《宿府》的"永夜角声悲自语,中天月色好谁看",意义的停顿是"角声悲"和"月色好",语言的节奏是"悲自语"和"好谁看"(有些诗论家把这种情况叫做"折腰")。

再说意义的停顿和语言的节奏的关系。这是更重要的一方面。这对于我们理解骈体文和词曲的节奏是有着极其重要的意义的。

在骈体文的初期,文学家们只知道讲求整齐的美,还来不及讲求抑扬的美。但是,像上文所举的曹丕《与朝歌令吴质书》那样,以"心"对"耳",以"场"对"馆",以"泉"对"水",恰好都是以平对仄,节奏的倾向是相当明显的。至于下文的"节同时异,物是人非",那简直是声偶俱工了。到了南北朝的骈体文,越来越向节奏和谐方面发展,像上文所举沈约《谢灵运传论》:"若前有浮声,则后须切响",已经同后期的骈体文相差无几。从庾信、徐陵开始,已经转入骈体文的后期,他们把整齐的美和抑扬的美结合起来,形成了语言上

的双美。但是,我们必须从意义的停顿去看骈体文的节奏,然后能够欣赏它。像曹丕所说的"浮甘瓜于清泉,沉朱李于寒水",决不能割裂成为"浮甘|瓜于|清泉,沉朱|李于|寒水",而必须按照意义停顿,分成"浮甘瓜|(于)清泉,沉朱李|(于)寒水",以"瓜""李"为重点,然后以平对仄的节奏才能显露出来。

新诗的节奏不是和旧体诗词的节奏完全绝缘的。特别是骈体文和词曲的节奏,可以供我们借鉴的地方很多。已经有些诗人在新诗中成功地运用了平仄的节奏。现在试举出贺敬之同志《桂林山水歌》开端的四个诗行来看:

> 云中的神啊,雾中的仙,
> 神姿仙态桂林的山!
> 情一样深啊,梦一样美,
> 如情似梦漓江的水!

这四个诗行同时具备了整齐的美、抑扬的美、回环的美。整齐的美很容易看出来,不必讨论了;回环的美下文还要讲到,现在单讲抑扬的美。除了衬字("的"字)不算,"神姿仙态桂林山"和"如情似梦漓江水"十足地是两个七言律句。我们并不说每一首新诗都要这样做;但是,当一位诗人在不妨碍意境的情况下能够锦上添花地照顾到语言形式美,总是值得颂扬的。

不但诗赋骈体文能有抑扬的美,散文也能有抑扬的美,不过作家们在散文中把平仄的交替运用得稍为灵活一些罢了。我从前曾经分析过王安石的《读孟尝君传》,认为其中的腔调抑扬顿挫,极尽声音之美。例如:"孟尝君|特|鸡鸣|狗盗|之雄(耳),岂足|以言|得士?"这两句话的平仄交替是那样均衡,决不是偶合的。前辈诵读古文,摇头摆脑,一唱三叹,逐渐领略到文章抑扬顿挫的妙处,自己写起文章来不知不觉地也就学会了古文的腔调。我们今天自然应该多作一些科学分析,但是如果能够背诵一些现代典范白话文,涵咏其中,抑扬顿挫的笔调,也会是不召自来的。

回环的美

回环,大致说来就是重复或再现。在音乐上,再现是很重要的作曲手段。再现可以是重复,也可以是模进。重复是把一个音群原封不动地重复一次,模进则是把一个音群移高或移低若干度,然后再现。不管是重复或者是模进,所得的效果都是回环的美。

诗歌中的韵,和音乐中的再现颇有几分相像。同一个音(一般是元音,或者是元音后面再带辅音)在同一个位置上(一般是句尾)的重复,叫做韵。韵在诗歌中的效果,也是一种回环的美。当我们听人家演奏舒伯特或托赛利的《小夜曲》的时候,翻来覆去总是那么几个音群,我们不但不觉得讨厌,反而觉得很有韵味;当我们听人家朗诵一首有韵的诗的时候,每句或每行的末尾总是有同样的元音(有时是每隔一句或一行),我们不但不觉得单调,反而觉得非常和谐。

散文能不能有韵?有人把诗歌称为韵文,与散文相对立,这样,散文似乎就一定不能有韵语了。实际上并不如此。在西洋,已经有人注意到卢梭〔卢梭:法国启蒙思想家、哲学家、教育家、文学家。〕在他的《新爱洛伊丝》〔《新爱洛伊丝》:卢梭的一部书信体小说。〕里运用了韵语。在中国,例子更是不胜枚举。《易经》和《老子》大部分是韵语,《庄子》等书也有一些韵语。古医书《黄帝内经》(《素问》、《灵枢》)充满了韵语。在先秦时代,韵语大约是为了便于记忆,而不是为了艺术的目的。到了汉代以后,那就显然是为了艺术的目的了。如果骈体文中间夹杂着散文叫做"骈散兼行"的话,散文中间夹杂着韵语也可以叫做"散韵兼行"。读者如果只看不诵,就很容易忽略过去;如果多朗诵几遍,韵味就出来了。如大家所熟悉的范仲淹的《岳阳楼记》:"若夫霪雨霏霏,连月不开,阴风怒号,浊浪排空;日星隐耀,山岳潜形;商旅不行,樯倾楫摧;薄暮冥冥,虎啸猿啼。登斯楼也,则有去国怀乡,忧谗畏讥,满目萧然,感极而悲者矣。至若春和景明,波澜不惊,上下天光,一碧万顷;沙鸥翔集,锦鳞游泳;岸芷汀兰,郁郁青青。而或长烟一空,皓月千里,浮光跃金,静影沉璧,渔歌互答,此乐何极!登斯楼也,则有心旷神怡,宠辱偕忘,把酒临风,其喜洋洋者矣。"这里"霏"和"开"押韵(不完全韵),"空"和"形"押韵(不完全韵),"摧"和"啼"押韵(不完全韵),"讥"和"悲"押韵,"明"、"惊"和"顷"、"泳"、"青"押韵(平仄通押),"璧"和"极"押韵,"忘"和"洋"押韵。作者并不声明要押韵,他的押韵在有意无意之间,不受任何格律的约束,所以可以用不完全韵,可以平仄通押,可以不遵守韵书的规定(如"讥"和"悲"押,"明"、"惊"和"青"押,"璧"和"极"押)。这一条艺术经验似乎是很少有人注意的。

韵脚的疏密和是否转韵,也有许多研究。《诗经》的韵脚是很密的:常常是句句用韵,或者是隔句用韵。即以句句用韵来说,韵的距离也不过像西洋的八音诗。五言诗隔句用韵,等于西洋的十音诗。早期的七言诗事实上比五言诗的诗行更短,因为它句句押韵(所谓"柏梁体"),事实上只等于西洋的七音诗。从鲍照起,才有了隔句用韵的七言诗,韵的距离就比较远了。

双声、叠韵也是一种回环的美。这种形式美在对仗中才能显示出来。有时候是双声对双声,如白居易《自河南经乱……》:"田园寥落干戈后,骨肉流离道路中",以"寥落"对"流离",又如李商隐《落花》:"参差连曲陌,迢递送斜晖",以"参差"对"迢递";有时候是叠韵对叠韵,如杜甫《秋日荆南述怀》:"苍茫步兵〔步兵:指三国时文学家阮籍,他曾做过步兵校尉。〕哭,展转仲宣〔仲宣:即王粲〕哀",以"苍茫"对"展转",又如李商隐《春雨》:"远路应悲春晼晚〔晼晚:太阳将下山〕,残宵犹得梦依稀",以"晼晚"对"依稀";又有以双声对叠韵的,如杜甫《咏怀古迹》第一首:"支离东北风尘际,漂泊西南天地间",以"支离"对"漂泊",又如李商隐《过陈琳〔陈琳:汉末文学家,"建安七子"之一。〕墓》:"石麟埋没藏春草,铜雀荒凉对暮云",以"埋没"对"荒凉"。双声、叠韵的运用并不限于联绵字,非联绵字也可以同样地构成对仗。杜甫是最精于此道的。现在随手举出一些例子。《野人送朱樱》:"数回细写愁仍破,万颗匀圆讶许同",以"细写"对"匀圆";《吹笛》:"风飘律吕〔律吕:古代的音乐术语,六律、六吕的合称。〕相和切,月傍关山几处明",以"律吕"对"关山";《咏怀古迹》第二首"怅望千秋一洒泪,萧条异代不同时",以"怅望"对"萧条"("萧条"是联绵字,但

"怅望"不是联绵字),第三首:"一去紫台连朔漠,独留青冢向黄昏〔一去紫台连朔漠,独留青冢向黄昏:这是杜甫咏王昭君的诗句。紫台,紫宫,宫廷。连,联婚。朔漠,北方的沙漠。青冢,指昭君墓,在现在内蒙古自治区呼和浩特市南二十里。〕",以"朔漠"对"黄昏";第四首"翠华想象空山里,玉殿虚无野寺中",以"想象"对"虚无"。这都不是偶然的。

上面所说的语言形式的三种美——整齐的美,抑扬的美,回环的美——总起来说就是声音的美,音乐性的美。由此可见,有声语言才能表现这种美,纸上的文字并不能表现这种美。文字对人类文化贡献很大,但是我们不要忘记它始终是语言的代用品,我们要欣赏语言形式美,必须回到有声语言来欣赏它。不但诗歌如此,连散文也是如此。叶圣陶先生给我的信里说:"台从将为文论诗歌声音之美,我意宜兼及于文,不第言古文,尤须多及今文。今文若何为美,若何为不美,若何则适于口而顺于耳,若何则仅供目治,违于口耳,倘能举例而申明之,归纳为若干条,诚如流行语所称大有现实意义。盖今人为文,大多说出算数,完篇以后,惮于讽诵一二遍,声音之美,初不存想,故无声调节奏之可言。试播之于电台,或诵之于会场,其别扭立见。台从恳切言之,语人以此非细事,声入心通,操觚者必须讲究,则功德无量矣。"叶先生的话说得对极了,可惜我担不起这个重任,希望有人从这一方面进行科学研究,完成这个"功德无量"的任务。

朱自清先生曾经说过这样的一段话:"过去一般读者大概都会吟诵,他们吟诵诗文,从那吟诵的声调或吟诵的音乐得到趣味或快感,意义的关系很少……民间流行的小调以音乐为主,而不注重词句,欣赏也偏重在音乐上,跟吟诵诗文也正相同。感觉的享受似乎是直接的、本能的,即使是字面儿的影响所引起的感觉,也还多少有这种情形,至于小调和吟诵,更显然直接诉诸听觉,难怪容易唤起普遍的趣味和快感。至于意义的欣赏,得靠综合诸感觉的想象力,这个得有长期的修养才成。"我看利用语言形式美来引起普遍的趣味和快感,这是非常重要的一件事。不注重词句自然是不对的,但重视语言的音乐性也是非常应该的。我们应该把内容和形式很好地统一起来,让读者既能欣赏诗文的内容,又能欣赏诗文的形式。

▍阅读提示

王力(1900～1986),广西壮族自治区博白县人,中国语言学家。王力先生一生从事语言科学的教学和研究工作,为发展中国语言科学、培养语言学专门人才作出了重要贡献。他在音韵学、汉语语法、汉语语汇、汉语史等方面都有精湛的研究,一生撰写了大量的论文和论著。本文是作者在中山大学和暨南大学的一次演讲记录。原文共四个部分。本文主要节选第二、三、四部分,语言形式之美有三:整齐的美,抑扬的美,回环的美。文中从语言和音乐相通的角度对语言形式提出要求,一方面有对语言表达的语音要求,另一方面汉语又具有满足这种要求的先天条件,因而二者可谓一拍即合。

应用能力训练

【口语交际】

四字词语或成语快速接龙,首字粘、末字粘均可。例如:文不加点→文不对题;前程似锦→锦上添花。前后时间不超过 5 秒,谁停顿谁表演节目。

【写作训练】

撰写对联、创作相声、小品、歌词。

【实践活动】

搜集安徽地方民谣。

【延展阅读】

(1)杨立英:《如何应对"网络语言"的挑战?》,载《中国教育报》2006 年 2 月 14 日第 3 版。
(2)雷颐:《新词与方言:"哇"声一片又何妨?》,载《南方周末》2005 年 12 月 22 日 D27 版。
(3)邵敬敏、马喆:《网络时代汉语嬗变的动态观》,载《语言文字应用》2008 年第 3 期。

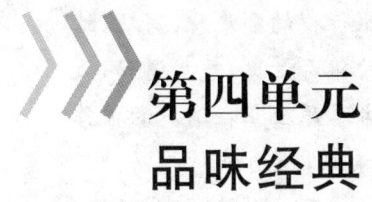

第四单元
品味经典

单元寄语

意大利哲学家克罗齐曾说过:"一切历史都是当代史。"这句话的意思有两层:历史绝不能脱离当代生活,只有和当下结合起来,才为人所理解;历史也只存在于我们的当前,没有当前的生命,就没有过去的历史。文学也是如此。文学经典诚然是过去的东西,但读者的价值观念和审美趣味是当代的。因而,我们对经典的品味,必然要建立在当代视野下。

本章旨在以当代之眼去审视中外经典文学作品,在传统与现代的文化碰撞中审视当代文化。然而,漫漫中外文学史,经典作品不在少数,如何对它们进行赏析呢?侧重点又是什么呢?

我们侧重于把握文学作品的不同风格,对作品进行分类赏析。正如人有不同的气质与性格,文学作品也有着不同的风格。苏轼有一次问别人:"我的词和柳永相比如何?"那人回答道:"柳郎中词,只合十七八女郎,执红牙板,歌'杨柳岸,晓风残月'。学士词,须关西大汉,铜琵琶、铁棹板,唱'大江东去'。"这充分说明了不同的文学作品,其风格特征是不一样的:柳永的词柔婉,适合妩媚少女演唱;苏轼的词刚健,需由彪形大汉唱咏。

按照文学理论中对风格的划分,文学作品的风格包括八种:刚健、柔婉、繁丰、简约、谨严、疏放、平淡、绚烂。本章课文编排便是沿用这八种不同风格的划分,冀以通过对古今中外不同作家文学风格的辨认、赏析,提高大家的阅读水平,进而通过实践,形成自己的写作风格。本章分为四个部分:

一、刚健·柔婉

刚健是刚强、雄伟的风格形态;柔婉是柔和、优美的风格形态。在这一部分中,我们选取了具有相反特点的两组文章。

一组是描写刚健景象的。其中，韩愈的《山石》按照行程的顺序，叙写从"黄昏到寺"、"夜深静卧"到"天明独去"所见、所闻和所感的雄奇景象，气势遒劲，风格壮美，一直为后人所称道。姜戎《狼图腾》选取了蒙古草原上正在消失的狼作为描写对象，不仅为读者展现了一幅刚健阔大的草原景象，还通过对图腾崇拜和自然进化的思考，引发人们对于民族文化危机的关注。荷马史诗《伊利亚特》通过对战争场面的描写，使人们的内心有激烈振荡之感，进而对史诗中的英雄产生无比的崇敬，对自由产生强烈的向往。

另一组恰恰相反，主要描写了一些柔婉的景物。其中，有凄紧的霜风、冷落的关河、红衰翠减的秋景、无语东流的长江水（柳永《八声甘州》）；有娇而敏感，却又混沌无涯的春天（张晓风《春之怀古》）；也有让作家为之倾心、反复描写的"诗的故乡"——伊豆半岛（川端康成《我的伊豆》）。

刚健的景象与柔婉的景物交相辉映，共同构建了中外文学经典之中的景之韵、象之美。

二、繁丰·简约

繁丰是不节约词句、任意衍说、说到似乎无可再说而后止的风格形态；简约是力求语词简洁扼要的风格形态。这一部分，我们注重相同文体、相似题材的作品之间，相反风格的对照比较。

其中，吴均的《与朱元思书》与陶宏景的《答谢中书书》都是书信体的散文，描写的都是山水景物，但因其笔法的繁简不同，造成完全不同的阅读效果。沈从文的《常德的船》与周作人的《中秋的月亮》，亦同样是写日常生活中最常见的自然景物，通过或繁或简的描写感悟一种生活况味，引发人们对于生活及生命本质的思考。巴尔扎克《高老头》与海明威《老人与海》，主人公同样是老人，但一个是被残酷的现实和无情的生活粉碎了，一个却在精神上赢得了胜利，成为不朽的"硬汉"。两者在风格上完全不同，一个是不厌其烦地用最为细致的描写还原生活；一个是采用"冰山原则"和"电报体"，务以最简洁明了的方式展开叙述。

三、谨严·疏放

谨严源自作家严谨的态度和细心的检点，它在内容上庄正严肃，结构上精心布局，语言上字斟句酌；疏放则是纯任自然，不加雕琢，不论粗细，随意形成。

谨严的作品对世界的认识比一般作品更为深刻，出于严密的逻辑和深入的思考，往往能够见微知著，通过最寻常的事物讲述最深奥的道理。比如，苏轼以"日"为喻，强调认真学习、循序渐进的必要性；钱钟书从"笑"说起，针对当时流行的幽默文学，指出什么是真正的幽默，一方面幽默风趣，一方面发人深省；

培根谈司法,以随笔的形式展示了法官应当秉持的心态,与实践紧密相连。

疏放的作品对于自我和他人的体察往往是自然随意的,因而特别真实。读者通过阅读这类作品,能够近距离地贴近作家内心世界,了解他们对于他人及自我的认识。比如,杜甫的《饮中八仙歌》无首无尾,章法突兀,表现了李白等八人各有特点的醉态和嗜酒如命、放浪不羁的性格;顾城的《我是一个任性的孩子》集中体现了顾城的审美理想——追求一个纯净、和谐,没有矛盾,使人心情愉快的另一世界;柯勒律治的《忽必烈汗》是诗人梦中所作,浪漫神秘,充满了想象,是诗人无意识的真实显现。

通过两种不同风格作品的学习,学生们可以加深对于世界的认识以及对于他人和自身的了解,培养对小事背后的规律的体察以及对于人性的理解。

四、平淡·绚烂

平淡少用辞藻,以求清真、质朴、通俗、朴素、真切,是真实自然的;绚烂尽用辞藻,力求富丽,浓烈繁华,绚丽多彩,它往往是富丽生活和充沛情感在作品中的体现。

平淡静好是一种真实的人生状态,甘于平淡是最不易做到的事。这里选录了三篇中外的文学经典,作家都是旨在追求一种平淡的生活,并且亲身躬行。陶渊明"不为五斗米折腰",退隐于田园,过着"采菊东篱下"的悠然自得的生活;丰子恺受其师李叔同影响,以佛教思想陶冶性情,抗战时定居重庆,住城郊沙坪小屋,卖字画为生,种瓜豆,养鹅鸽,饮渝酒,怡然自得;梭罗在康科德附近的瓦尔登湖畔度过了一段隐居的生活,搭起木屋,开荒种地,写作看书,过着非常简朴、原始的生活。因而,在这些作家的笔下,人生平淡的境界也有百般滋味供人品尝。

秾华艳异是对生活的刻骨体认,最能拨动人心灵深处的琴弦。这里亦选录了三篇中外的文学经典,作家的情感热烈奔放,笔下的世界更是秾华艳异。《牡丹亭》的作者汤显祖秉持"至情观",认为"情不知所起,一往而深",情达到极致时甚至"生者可以死,死者可以生",其笔下的杜丽娘便是为了爱奋不顾身、甚至起死回生的女性;《红高粱》的作者莫言将自己强烈的情感带入到写作中,通过自己的笔去"揭示别人的恶,也袒露自我心中的恶",其笔下广袤狂野的高粱地被描绘成一个辽阔绚丽的空间;《莎乐美》的作者王尔德继承了唯美主义热情地拥抱生活、追求生活的艺术传统,向往一种非理性的生活方式,主张为了艺术而艺术,他笔下的莎乐美是美艳、性感、危险、颓废的,颠覆了以往基督教传统文化中的莎乐美形象,使之从此成为现代艺术中经常出现的人物形象。作家秾华艳异的笔触和热烈奔放的情感,同样给读者以震撼,展现出一种另类的景象。

以上八种风格的文学经典,我们希望能够通过当代大学生读者生气盎然的读解,激活案牍累叠之中深深含蕴的美,使之充盈于学生们的情感与生活之中。并希望通过欣赏古今中外的文学经典,能够使大家领略文学的审美价值,培养审美鉴赏能力,进而能够诗意地栖居于现代社会,现实精彩人生。

山　石

[唐]韩愈

　　山石①荦确行径微②黄昏到寺蝙蝠飞。升堂坐阶新雨足,芭蕉叶大栀子肥③僧言古壁佛画好,以火来照所见稀。铺床拂席置羹饭④,疏粝亦足饱我饥⑤。夜深静卧百虫绝,清月出岭光入扉⑥。天明独去无道路,出入高下穷烟霏⑦。山红涧碧纷烂漫⑧,时见松枥皆十围⑨。当流赤足踏涧石,水声激激风生衣。人生如此自可乐,岂必局束为人鞿⑩? 嗟哉吾党二三子⑪,安得至老不更归⑫!

▌阅读提示

　　韩愈(768~824),字退之,河内河阳(今河南省孟州市)人。自谓郡望为昌黎,后世称韩昌黎。唐代古文运动的倡导者,与柳宗元并称"韩柳",有"文章巨公"和"百代文宗"之名,著有《昌黎先生集》40卷,《外集》10卷。《山石》是一首记游诗,写作年代不可考。方世举《韩昌黎诗集编年笺注》断为贞元十七年(802)韩愈离开徐州到洛阳途中所作。韩愈在诗中采用"赋"的表现方法,平实地记叙事情的过程,体现了其"以文为诗"的特色。

---

① 山石,这是取诗的首句开头两字为题,乃旧诗标题的常见用法,它与诗的内容无关。
② 荦(luò)确,险峻不平貌。微,窄狭。
③ 栀子,茜草科常绿灌木,夏日开花。栀,一作"支",字同。
④ 羹(gēng)饭,泛指菜饭。
⑤ 疏粝(lì),粗糙的食品。
⑥ 扉(fēi),门户。
⑦ 天明二句,写清晨独行在烟雾迷茫的深山中。无道路,辨不清道路。穷,尽。烟霏,流动的烟云。
⑧ 山红,指山花。涧碧,指溪水。纷,繁盛。烂漫,光彩照人的样子。
⑨ 枥(lì),同"栎",植物名,一种落叶乔木。
⑩ 局束,犹言局促、拘束。为人鞿(jī),为别人所控制,不得自由。鞿,套在马口上的缰绳。
⑪ 吾党二三子,指和自己志趣相投的那些朋友。
⑫ 不更归,更不归的倒文。

狼图腾(节选)

姜 戎

　　或云,突厥之先出于索国,在匈奴之北。其部落大人曰阿谤步,兄弟十七人,其一曰伊质泥师都,狼所生也。谤步等性并愚痴,国遂被灭。泥师都既别感异气,能征召风雨。娶二妻,云是夏神冬神之女也。一孕而生四男……此说虽殊,然终狼种也。

——《周书·突厥》

　　厚厚的黑云,冲出北部边境的地平线,翻滚盘旋,直上蓝天,像浓烟黑火般地凶猛。瞬间,云层便吞没了百里山影,像巨大的黑掌向牧场头顶压来。西边橙黄的落日还未被遮没,裹携着密密雪片的北风,顷刻就扫荡了广袤的额仑草原。横飞的雪片,在斜射的阳光照耀下,犹如亿万饥蝗,扇着黄翅,争先恐后地向肥美富庶的牧场扑来。

　　蒙谚:狼随风窜。几十年来一直在国境内外运动游击的额仑草原狼群,随着这场机会难得的倒春寒流,越过界桩,跃过防火道,冲过边防巡逻公路,杀回额仑边境草原。境外高寒低温,草疏羊稀,山穷狼饥。这年境内狼群的雪下冬储肉食被盗,境外春荒加剧,狼群又难以捕获到雪净蹄轻的黄羊。大批饿狼早已在边境线完成集结。这一轮入境的狼群眼睛特别红,胃口特别大,手段特别残忍,行为特别不计后果。每头狼几乎都是怀着以命拼食的亡命报复劲头冲过来的。然而额仑草原正忙于在境内掏挖狼窝,对外患却疏于防范。

　　在额仑西北部一片优良暖坡草场,这几天刚刚集合起一个新马群。这是内蒙古民兵骑兵某师某团在额仑草原十几个马群中,精选的上等马,有七八十匹。这些天只等体检报告单了,只要没有马鼻疽,就可立即上路。战备紧张,看管军马责任重大。牧场军代表和革委会专门挑选了四个责任心、警觉性、胆量和马技俱佳的马倌,让他们分两拨,二十四小时轮流值班,昼夜守护。二队民兵连长巴图任组长,为了防止军马恋家跑回原马群,巴图又让所有马群远离此地几十里。前些日子一直风和日暖,水清草密,还有稀疏的第一茬春芽可啃。准军马乐不思蜀,从不散群。四个马倌也尽心尽力,几天过去,平安无事。

　　越境的狼群,有组织攻击的第一目标就是肥壮的军马群。那天,毕利格老人以为军马群已按规定时间送走,白毛风一起,他还暗自庆幸。后来才知马群被体检报告耽误了一天。而接送报告的通讯员,那天跟着军代表包顺贵上山去掏狼崽了。这年春天被掏出狼崽格外多,不下十几窝,一百多只。丧崽哭嚎的母狼加入狼群,使这年的狼群格外疯狂残忍。

风声一起,巴图立即弓身冲出马倌远牧的简易小毡包。这个白天本来轮到他休班,巴图已经连续值了几个夜班,人困马乏,但他还是睡不着,一整天没合眼。在马群中长大的巴图,不知吃过多少次白毛风和狼群的大亏了。连续多日可疑的平安,已使他神经绷得紧如马头琴弦,稍有风吹草动,他的头就嗡嗡响。大马倌们都记得住血写的草原箴言:在蒙古草原,平安后面没平安,危险后面有危险。

巴图一出包马上就嗅出白毛风的气味,再一看北方天空和风向,他紫红色的宽脸顿时变成紫灰色,琥珀色的眼珠却惊得发亮。他急忙返身钻进包,一脚踹醒熟睡的同伴沙茨楞,然后急冲冲地拿手电、拉枪栓、压子弹、拴马棒、穿皮袍、灭炉火,还不忘给正在马群值班的马倌拿上两件皮袄。两人背起枪,挎上两尺长的大电筒,撑杆上马,向偏北面的马群方向奔去。

西山顶边,落日一沉,额仑草原便昏黑一片。两匹马刚冲下山坡,就跟海啸雪崩似的白毛风迎头相撞,人马立即被吞没。人被白毛风呛得憋紫了脸,被雪砂打得睁不开眼,马也被刮得一惊一乍。两匹马好像嗅到了什么,脑袋乱晃,总想掉头避风逃命。两人近在咫尺,可是巴图伸手不见五指,他急得大喊大叫,就是听不到沙茨楞的回音。风雪咆哮,湮没了一切。巴图勒紧马嚼子,擦了一把额头上的汗霜,定了定心,然后将套马杆倒了一下手,夹握住大电筒,打开开关。平时像小探照灯、能照亮百米开外马匹的光柱,此刻的能见度最多不过十几米。光柱里全是茂密横飞的白毛,不一会,一个雪人雪马出现在光柱里,也向巴图照射过来一个惨白模糊的光柱。两人用灯光画了个圈,费力地控制着又惊又乍的马,终于靠在了一起。

巴图拽住沙茨楞,撩开他的帽耳,对他大喊:站着别动,就在这儿截马群。把马群往东赶,一定要躲开架子山的大泡子。要不,就全毁了。

沙茨楞也对着巴图的脸大喊:我马惊了,像是有狼。就咱四个咋顶得住?

巴图大叫:豁出命也得顶……

说完,两人高举电筒,向北面照去,并不断摇晃光柱,向另两个同伴和马群发信号。

一匹灰鬃灰马突地闯进两束光柱里,几步减速,猛地急停在巴图身边,仿佛遇到了救星。大灰马惊魂未定,大口喘着气,脖子下有一咬伤,马胸上流满了血,伤口处冒着热气,在伤口下又滴成了一条一条的血冰。沙茨楞的坐骑一见到血,惊得猛地蹿起,接着又一低头,一梗脖子,不顾一切地顺风狂奔。巴图只得急忙夹马追赶。那匹大灰马也顿时跑没了影。

等到巴图好容易抓住沙茨楞的马缰绳时,马群刚刚冲到他们的身旁。模糊的电筒光下,所有能看见的马,都像那匹大灰马,吓破了胆,惊失了魂。马群顺风呼号长嘶,边跑边踢,几百只发抖发疯的马蹄,卷起汹涌的雪浪,淹没了马腰下面更凶悍的激流狂飚。当巴图和沙茨楞都提心吊胆地把光柱对准马群身下时,沙茨楞吓得一个前冲,抱住了马脖子,差点没从马上滚栽下来。虽然雪浪中手电光照更模糊,但两个马倌的锐眼都看见了马群下面的狼。马群边上几乎每一匹马的侧后都有一两头大狼在追咬。每头狼浑身的皮毛被白毛风嵌满了雪, 全身雪白。狼的腰身比平时也胀了一大圈,大得吓人,白得吓人。白狼群,鬼狼群,吓死马倌的恶狼群。平时见到手电光被吓得扭头就跑的狼,此刻胸中全部憋满仇恨,都像那头狼王和母狼一样霸狂,毫无惧意。

巴图心虚冒汗,觉得自己是撞见了狼神,正要受腾格里的惩罚。虽然,额仑草原每一个牧民最终都将天葬于狼腹,临死前自己盼望,死后家人亲朋也盼望尸身被狼群处理干净,魂归腾格里。千年如此,千年坦然。但是,每个还健康半健康活着的人却都怕狼群,都不肯在自己寿期未尽之时就让狼咬死吃掉。

巴图和沙茨楞迟迟不见另外两个马倌,估计他们可能被白毛风冻伤,被吓破了胆的坐骑带走。那两个马倌是白班,没枪,没手电,也没穿厚皮袍。巴图狠了狠心说:别管他们,救马群要紧!

马群还在巴图打出的光柱里狂奔。七八十匹准军马,那可是全场十几个马群和几十个马倌的心肝肉尖——它们血统高贵,马种纯正,是历史上蒙古战马中闻名于世的乌珠穆沁马,史称突厥马。它们都有漂亮的身架,都有吃苦耐劳,耐饥耐渴,耐暑耐寒的性格,跑得又快又有长劲。平时这些马大多是那些大马倌和场部头头们的坐骑。这次为了战备,调拨给民兵骑兵师,牧场有苦难言。这群马一旦喂了狼,或是淤死在水泡子里,那些马倌还不像狼一样,非得把他撕了不可。巴图一想起那些平时就不服管的大小马倌,他的血气一下子就冲上了头。

巴图看见沙茨楞有些犹豫,便一夹马冲过去,照他的脑袋就是一杆子。又用自己的马别住了沙茨楞的马,把他别到马群旁边,然后拿着手电向他的脸狠狠晃了几下,大叫:你敢跑,我就毙了你! 沙茨楞大叫:我不怕,可骑的这匹马怕! 沙茨楞用缰绳狠抽了几下马头,才控制了马,然后打开手电,挥着套马杆向马群冲靠过去。两人用电筒光引领马群,用套马杆拼命抽打一些不听指挥、顺风狂奔的马,把马群往偏东方向挤。巴图估摸此地离大泡子越来越近,顶多不过二十几里地。军马群,一色儿高头宽胸的阉马,没有普通马群那些怀驹母马、生个子马、小马老马的拖累,马群的奔速极快,照这种速度用不了半个钟头,整个马群全得冲进烂泥塘里。要命的是前面的大泡子南北窄,东西宽,长长地横在前面,如果风向不变,很难绕过。巴图感到那泡子像一张巨头魔的大嘴,正等着风怪和狼神给它送去一顿肥马大宴。

白毛风的风向丝毫不变,正北朝南,继续狂吼猛刮。巴图在黑暗中,能从马踏草场的变化中感觉地形高低、地脉走向和地质松软程度,判断出自己所处的位置和风向。巴图急得火烧火燎,他觉着那些被掏空狼窝、失去狼崽的母狼们比狼王更疯狂。他顾不上自己已被狼群包围,顾不上狼随时可能撕咬他的坐骑,顾不上可能马失前蹄摔到这些饥狼仇狼疯狼群中去。他不顾一切地大喊大叫,用套马杆狂打狂抽。他只剩下一个心思,那就是稳住军心,把散乱的马群集中起来,赶出正南方向,绕开大泡子。再把马群赶到蒙古包集中地,用狗群、人群来对付狼群。

马群在电筒光的引领下,在两个始终不离马群的马倌的抽打吼叫下,渐渐恢复了神志,也好像有了主心骨。一匹大白马自告奋勇,昂头长嘶,挺身而出作为新马群的头马。巴图和沙茨楞立即把光柱对准了头马。有了头马,马群兴奋起来,迅速恢复蒙古战马群本能的团队精神,组织起千百年来对付狼群的传统阵形。头马突然发出一声口令长嘶,原来已被狼群冲乱的队形便突然向头马快速集中,肩并肩,肚靠肚,挤得密不透风。几百只马蹄不约而同地加重了向下的力度,猛踩、猛跺、猛踢、猛刨。狼群猝不及防,凶猛的狼一时间失掉了优势。几条被裹夹到马群中马肚下的狼,被栅栏一样的马腿前后左右密密圈住,跳不出,逃不掉。有的狼被密集的马蹄踩瘸了腿、踩断了脊梁、踢破了脑袋,发出凄厉的鬼哭狼嚎,比白毛风还要瘆人。巴图稍稍松了一口气,他估计起码得有两三条狼被马蹄踢死踢伤,他能记得这块地界,等风过天晴他就能回来剥狼皮了。马群在大开杀戒以后,迅速调整队形,怯马在内,强马在外。用爆发有力、令狼胆寒的铁蹄,组成连环铁拳似的后卫防线。

离大泡子越来越近了,巴图对刚刚组成的马群正规队形感到满意,这种队形尚可指挥,只要控制住头马,就可能在剩下不多的时间里把马群赶到泡子东边。但是,巴图仍然心存恐惧,这群狼非同一般,疯狼不能打,越打越凶,越杀越疯,疯狼的报复心草原上无人不怕。刚才狼的惨叫,狼群一定都听见了,后面这段路便危机四伏。巴图看了看马群,已有不少马被咬伤。这群马,个个是好马、是战马,是与狼群搏杀出来的马,就是伤马也拼命跟群跑,拼死保持队形的严整,尽量不给狼群攻击的机会。

可是,这群马却有一个致命的弱点,一色儿都是骟马,而缺少凶猛好斗,能主动攻击大狼的儿马子(雄种马)。在蒙古草原,每个大马群都有大大小小十几个马家族,每个家族都有一匹儿马子。那些留着齐膝、甚至拖地长鬃、比其他大马高出一头、雄赳赳的儿马子,才是马群里真正的头马和杀手。一遇到狼,马群立即在儿马子的指挥下围成圈,母马小马在内,大马在外,所有儿马子则在圈外与狼正面搏斗,它们披散长鬃,喷鼻嘶吼,用两个后蹄站起来,像座小山一样悬在狼的头顶,然后前半身猛地向下,用两只巨大的前蹄刨砸狼头狼身。狼一旦逃跑,儿马子便低头猛追,连刨带咬,其中最庞大、凶猛、暴烈的儿马子能咬住狼,把狼甩上天、摔在地,再刨伤刨死。在草原,再凶狂的狼也不是儿马子的对手。无论白天黑夜,儿马子都警惕地护卫马群,即使马群遭遇狼群、雷击、山火惊了群,儿马子也会前后左右保护自己的家族,尽量减少家族妻儿老少的伤亡,率领马群跑向安全之地。

此刻,巴图是多么想念儿马子。可是眼前白毛风里的这匹临时头马,和马群里所有的马却都是阉马,虽然体壮有力,但雄性已失,攻击性不强。巴图暗暗叫苦,正规军队有好几年没来牧场征集军马了,人们差不多都忘掉了军马群里没有儿马子的后果。就算有人想到,也以为反正军马几天就走,军马一走就不关牧场的事了。这几乎不可能出岔子的事情,竟然还是让狼钻了空子,巴图不得不佩服狼王的眼光,它大概早就发现了这是一群没有儿马子的马群。

巴图冲到马群侧前方狠抽头马,逼它向东,同时倒换出手,把半自动步枪挎到前胸,打开保险,但不到万不得已他不敢开枪。这群军马还是新兵,一开枪不光吓不走狼群,反倒会把马惊炸了群。沙茨楞也跟着巴图做好了一切准备。白毛风越刮越狂,两人的胳膊已经累得挥不动长长的套马杆了,大泡子也越来越近,在平时,这里已经可以闻到泡子的碱味了。急红了眼的巴图决定以毒攻毒,鼓起全身力气敲了一下头马的脑袋,接着拼命地打出一个尖厉的饮水口哨,通人性的头马和马群好像突然明白了主人的警告,正南方就是马群两天去饮一次水的大泡子。春来连续干旱,湖水已退到泡子中央,而泡子周圈全是烂泥塘,只有一两处被牲畜饮水踩实的通道还算安全,其它地方都是要命的陷阱,开春以来已有不少头大牲畜淤死或饿死在泥塘里了。以往马群饮水时,都是在马倌口哨的引导下,马群才敢战战兢兢地顺着马倌淌过的不陷蹄的通道,深入泡子去喝水。即使在白天,任何马都不敢以眼下这个速度冲向大泡子的。

巴图的口哨果然灵验,熟悉草场的马群立即意识到南面巨大的危险。群马长嘶,颤抖哀鸣。整群马只停了一下,就开始集体转向,顶着狂猛的侧风向东南方向拼死冲锋。南有陷阱泥塘,北有狂风恶狼,只有东南是唯一一条有可能逃命的活路。每匹马都瞪着凄惶的大眼睛,低头猛跑,大口喘气,一声马嘶也听不见了,马群中笼罩着跟死亡赛跑一样的紧张和恐怖。

马群刚一转向,战局陡变。马群队形一朝东南,拳脚最少、防御最弱的马群侧面,就立即暴露在顺风冲击的狼群面前,而马群最具杀伤力的密集后蹄却被置于无用之地。狂猛的侧风也立刻减缓了马群的速度,削弱了马群抵抗狼群的武器。但是,侧风却使狼群如虎添翼。一般情况下,狼群速度高于马群速度,顺风逆风都是如此。在顺风时,狼快可马也不慢,狼要腾空扑上马身马背撕咬,不敢从马尾后面直接跃起,弄不好碰上一匹聪明马,它会突然加速,让狼扑上马蹄,非死即伤。狼只能从马的侧面侧身斜扑,才可能得逞。但狼侧身斜扑会影响速度,如果马速很快,狼就算扑到了马,也抓咬不住马,至多在马身上留下几处抓痕,狼的捕杀成功率也会降低。此刻,当马群不得不改变方向的时候,就给了狼群绝好的捕杀机会。狼群顺风追慢马,用不着侧身斜扑,只要狼在马侧面直身一跃,狂风就正好将狼刮到马背、马身或马颈上。狼就会用它的利爪不要命地抠住马身,用它的锋利钢牙迅猛凶悍地攻击马的要害部位,得手后立即跳离马身。如果马打算就地打滚甩掉狼,对付一条狼还行,可对付群狼只会更快送命。它一旦滚躺下来,一群狼就会一拥而上把它撕碎。

马群发出凄厉的长嘶,一匹又一匹的马被咬破侧肋侧胸,鲜血喷溅,皮肉横飞。大屠杀的血腥使疯狂的狼群异常亢奋残忍,它们顾不上吞吃已经到嘴的鲜活血肉,而是不顾一切地撕咬和屠杀。伤马越来越多,而狼却一浪又一浪地往前冲,继续发疯发狂地攻杀马群。每每身先士卒的狼王和几条凶狠的头狼更是疯狂残暴,它们蹿上大马,咬住马皮马肉,然后盘腿弓腰,脚掌死死抵住马身,猛地全身发力,像绷紧的硬钢弹簧,斜射半空,一块连带着马毛的皮肉就被狼活活地撕拽下来。狼吐掉口中的肉,就地一个滚翻,爬起身来,猛跑几步,又去蹿扑另一匹马。追随头狼的群狼,争相仿效,每一条狼都将前辈遗留在血管中的捕杀本能,发挥得淋漓尽致、凶猛痛快。

马群伤痕累累,鲜血淋淋,喷涌的马血喷撒在雪地,冰冷的大雪又覆盖着马血。残酷的草原,重复着万年的残酷。狼群在薄薄的蒙古高原草皮上,残酷吞噬着无数鲜活的生灵,烙刻下了一代又一代残酷的血印。

在惨白模糊的电筒光柱下,两个马倌又一次目击了几乎年年都有的草原屠杀。但这一次令人更加不能接受,因为这是一群马上就要参军入伍,代表额仑草原骄傲和荣誉的名马,是从一次一次草原屠杀中狼口脱险的运气好马,也是马倌这么多年拼死拼活,提心提命养大的心肝宝贝。就这样眼睁睁地看着狼群连杀带糟蹋,巴图和沙茨楞连哭都哭不出来,他俩全身憋满的都是愤怒和紧张,但他们必须忍住、压住、镇住,竭力保住剩下的马群。巴图越来越揪心,以他多年的经验,他感到这群狼绝不是一般的狼群,它们是由一条老谋深算、特别熟悉额仑草场的狼王率领的狼群,那些怀恨肉食被盗的公狼疯了,丧子的母狼们更是疯得不要命了,可是,狼王却没有疯。从狼群一次又一次压着马群往南跑,就可以猜出狼王倒底想干什么,它就是铆着劲,不惜一切代价想把马群撵到南边的大泡子里去,这是草原狼王的惯招。巴图越想越恐惧,他过去见过狼群把黄羊圈进泥泡子,也见过狼群把牛和马赶进泡子,但数量都不算大。狼把一整群马圈进泡子的事,他只听老人们说过,难道他今晚真是撞见了这么一群狼?难道它们真要把整个马群都一口吞下?巴图不敢往下想。

巴图用电筒招呼了沙茨楞,两个马倌豁出命从马群的西侧面绕冲到马群的东侧面,直接挡住狼群,用套马杆、用电筒光向狼群猛挥、猛打、猛晃。狼怕光,怕贼亮刺眼的光。两个人和两匹马,在微弱无力的手电筒光下前前后后奔上跑下,总算挡住了马群东侧一大半的防线。马群从巨大的惊恐中稍稍喘了口气,迅速调整慌乱的步伐,抓紧最后的机会,向大泡子的东边冲去。马群明白,只要绕过泡子,就可以顺风疾奔,跑到主人们的接羔营盘,那里有很多蒙古包,有很多它们认识的人,有很多人的叫喊声,有很多刺眼的光,还有马群的好朋友——凶猛的大狗们,它们一见到狼就会死掐,主人和朋友们都会来救它们的。

然而狼是草原上最有耐心寻找和等待机会的战神,每抓住一次机会,就非得狠狠把它榨干、榨成渣不可。既然它们都发了狠,又抓住了这次机会,它们就会把机会囫囵个地吞下,不惜代价地力求全歼,绝不让一匹马漏网。马群已经跑到了接近泡子边缘的碱草滩,疾奔的马蹄刨起地上的雪,也刨起雪下的干土、呛鼻呛眼的碱灰硝尘。人马都被呛出了眼泪,此刻人马都知道自己已经处于生死存亡的危险边缘。周围草原漆黑一片,看不到泡子,但可以感觉到泡子。人马都不顾碱尘呛鼻,泪眼模糊,仍然强睁眼睛迎着前方。一旦马蹄扬起的尘土不呛眼了,就说明马群已冲上大泡子东边的缓坡,那时整个马群就会自动急转弯,擦着泡子的东沿,向南顺风狂跑了。

人、马、狼并行疾奔,狼群暂停进攻,巴图却紧张得把枪杷攥出了汗,十几年的放马经验,使他感到狼群就要发起最后的总攻了,如果再不攻,它们就没有机会了,而这群狼是决不会放弃这个复仇机会的。但愿碱土硝灰也呛迷了狼眼,使它们再跟马群瞎跑一段。只要马群一上缓坡,他就可以开枪了,既可以惊吓马群拐弯快逃,又可杀狼吓狼,还可以报警求援。巴图费力地控制自己微微发抖的手,准备向狼群密集区开枪,沙茨楞也会跟着他开火的。

未等巴图控住自己的手,马群发出一片惊恐的嘶鸣,自己的马也像绊住了腿。巴图揉了揉发涩的泪眼,把电筒光柱对准前方,光影里,几头大狼挤在一起慢跑,堵在他的马前,狼不惜忍受马蹄的踩踏,也要挡住巴图的马速。巴图回身一看,沙茨楞也被狼堵在后面,他在拼命地控制受惊的马,狼已经急得开始攻击人的坐骑。巴图慌忙用电筒向沙茨楞猛摇了几个圈,让他向前边靠拢,但沙茨楞的马惊得又踢又尥根本靠不过来。几头大狼轮番追咬撕抓沙茨楞的马,马身抓痕累累,沙茨楞的皮袍下襟也被狼撕咬掉。沙茨楞已经惊得什么都不顾了,他扔掉了使不上劲的套马杆,把粗长的电筒棒当作短兵器使用,左右开弓,向扑上来的狼乱砸一气。灯碎了,电筒瘪了,狼头开花了,但还是挡不住狼的车轮战。一条大狼终于撕咬下马的一条侧臀肉,马疼得嘘嘘乱嘶,它再也不敢随主人冒险,一口咬紧马嚼铁,一梗脖子一低头,放开四蹄向西南方向狂奔逃命,沙茨楞已无论如何也拽不动这匹临阵脱逃的马的马头。几头大狼看到已把一个碍手碍脚的人赶跑,追了几步就又急忙掉头杀回马群。

此刻马群中只剩巴图一个人,一小群大狼立即开始围攻巴图的马。巴图的大黑马噗噗地喷着鼻孔,瞪大眼睛,勇猛地蹬、踢、尥、咬,不顾咬伤抓伤拼死反抗。狼越围越多,前扑后冲,集中狼牙猛攻大黑马。巴图落入如此凶险境地,他心里明白,此刻想逃也逃不掉,只有一拼。巴图也扔掉了自己的宝贝套马杆,他在剧烈颠颇的马背上,用一只手紧紧扶住前鞍桥,另一只手悄悄解开拴在鞍条上的箍铁马棒,把马棒一头的牛皮条套在手腕上,再把马棒沉沉地拿在手。他横下一条心,迅速地把自己从一个马倌变换成一个准备赴死的蒙古武士,与狼拼命,与狼决死战。他准备使用他好久未用的祖传打狼的绝技和损招。他的这根马棒像骑兵的军刀一样长,是他先祖传下来专门用来打狼和杀狼的武器,毕利格又传给了他。韧质的棒身有锹把一般粗,下半截密密地箍着熟铁铁箍,铁箍缝里残留着黑色的污垢,那是几代人杀狼留下的狼的血污。几头大狼在马的两侧轮番蹿扑大黑马,这是在马上用马棒打狼最有利的位置,也是巴图此夜所能得到的绝佳杀狼机会,关键就看胆量和手上的准头了。

巴图定了定心,沉了沉气,悄悄把亮光挪到右边,然后把马棒举过头顶,看准机会,抡圆了胳膊,狠狠地砸向狼的最坚硬但又最薄弱,也是最致命的部位——狼牙。一头向上猛蹿,张牙舞爪的大狼,被向下猛击的马棒迎头齐根打断四根狼牙,巴图的马棒给了狼剧烈钻心的疼痛和比天还大的损失。

大狼一头栽倒雪地上,不停吮着满嘴的血,抬头冲天没命地哭嚎,凄厉惨绝,比要了它的命还痛苦。在古老的蒙古草原，对狼来说，狼牙等于狼命。狼的最凶狠锐利的武器就是它的上下四根狼牙，如果没有狼牙，狼所有的勇敢、强悍、智慧、狡猾、凶残、贪婪、狂妄、野心、雄心、耐性、机敏、警觉、体力、耐力等等一切的品性、个性和物性，统统等于零。在狼界，狼瞎一只眼、瘸一条腿、缺两只耳朵还都能生存。但如果狼没了狼牙，就从根本上剥夺了它主宰草原的生杀大权，更遑论狼以杀为天，还是狼以食为天了。狼没了牙，狼就没了天。狼再也不能猎杀它最喜欢的大牲口了，再也不能防卫猎狗的攻击和同类的争夺了，再也不能撕咬切割，大块吃肉、大口喝血了，再也不能在严酷的草原及时足够地补充能量了。它在草原上所有的骄傲和雄心、它在狼群中的地位和同类的尊敬，将统统化为乌有。它只能暂时苟延残喘地活着，有口无牙地活着，活活地看着同类的屠杀和欢宴，把它最不愿看的东西全吞在眼里。它以后只剩下一条路——死亡，慢慢瘦死、冻死、饿死、气死、窝囊死。

巴图在马群一匹又一匹被撕杀的腥风中，恨不得就用这种剧毒的方式把狼杀掉一半，也让狼尝尝草原人的凶狠残忍。他抓住一些狼还没有反应过来的空档，又看准了一个下手机会，狠狠地砸下去，但这次没有击中狼牙，而打在狼的鼻尖上，整个狼鼻一下子被掀离鼻骨，大狼滚倒在雪地里，疼得全身缩成了一个狼毛球。巴图的杀狼绝技和威力，两头大狼的凄绝哭嗥，立即把巴图身边的群狼全都镇慑住了，它们突然猛醒，再不敢蹿扑，但仍然挤在巴图马前，阻挡他靠近马群。

巴图击退了身边狼群的进攻，再向前面的马群看去，原先攻击马群的大狼已全部集中到马群的东侧前面，它们似乎感到时间紧迫，同时也感觉到了后面狼群的失利。狼群发出怪风刮电线一样的呜呜呜呜震颤嗥叫，充满了亡命的恐惧和冲动。在狼王的指挥下，狼群发狠了，发疯了，整个狼群孤注一掷，用蒙古草原狼的最残忍、最血腥、最不可思议的自杀性攻击手段，向马群发起最后的集团总攻。一头一头大狼，特别是那些丧子的母狼，疯狂地纵身跃起，一口咬透马身侧肋后面最薄的肚皮，然后以全身的重量作拽力、以不惜牺牲自己下半个身体作代价，重重地悬挂在马的侧腹上。这是一个对狼对马都极其凶险的姿势。对狼来说，狼挂在马的侧腹上，就像挂在死亡架上一样，马跑起来，狼的下半身全被甩到马的后腿侧下方，受惊的马为了甩掉狼，会发疯地用后蹄蹬踢狼的下半身，一旦踢中，狼必然骨断皮开，肚破肠流。只有那些牙齿锋利、个大体重的狼，可以不用借力，只用自身的利牙和体重撕开马肚皮，然后落地保命。这一毒招对马来说，更加凶险要命，它如果踢不掉狼，就会因负重而掉队，最后被群狼围杀；它如果踢中了狼身，却又给狼牙狼身加大了撕拽的力量，有可能被猛地撕开肚皮，置自己于死地。

被杀的马群和自杀的狼群，都在凄惨绝望中颤抖。

被踢烂下身，踢下马的狼，大多是母狼。它们比公狼体轻，完全靠自己体重的坠挂，难以撕开马的肚皮，只有冒死借马力。母狼们真是豁出命了，个个复仇心切、视死如归、肝胆相照、血乳交融。它们冒着被马蹄豁开肚皮、胸脯、肝胆和乳腺的危险，宁肯与马群同归于尽。

一条被马蹄踢破腹部,踢下了马的饿疯了的公狼,龇牙咧嘴地蜷缩在雪地上嗥叫,可它还是拼命地用两条前腿挣扎着,爬向倒地未死的马,撕咬生吞那匹囫囵个的大马,绝不放弃最后一次机会。只要它的嘴还在、牙还在,它就不管自己有没有肚子,照吞不误。鲜活的马肉被狼大口咽下,直接吞到雪地上,没有肚皮容量限制的狼,一定是世界上最贪心、胃口最大的狼,也一定是一次吞下最多马肉的狼。这是狼在临死之前最痛快最惨烈的最后一次晚餐。

而那些被狼从肚侧大剖腹的马,本来就是大腹便便的饱马,胃包里装满了草原春天的第一茬青草和上年的秋草,饱胀而饱含水分,下坠分量很重。被撑薄的马肚皮一旦被狼牙豁开,巨大的胃包和肥柔的马肠就呼噜一下滑坠到雪地上。仍在惯性飞奔的两条马后腿,跟上来就是狠狠的几蹄,踏破了自己的胃囊,缠住了自己的肚肠。刹那间,胃包崩裂,胃食飞溅,柔肠寸断。惊吓过度的马仍在奔跑,后蹄把腹腔中的胃袋胃管食道肝胆统统踩绕在蹄下,最后把胸腔中的气管心脏肺叶也一起踩拽出来。大马可能是踩破了自己的肝胆,胆破致死;也可能是踩碎了自己的心脏,心碎而死;或者是踩扁了自己的肺,窒息而亡。狼的自杀是极其残忍痛楚的,因此狼也就不会让它的陪命者死得痛快。狼就是用这种方式让马也陪它一同尝尝自杀的滋味。马虽然是被狼他杀的,但马也是半自杀的。马死得更痛苦、更冤屈、也更悲惨。

狼群这最后一轮疯狂的自杀攻击,彻底摧垮了马群有组织的抵抗。草原已成大屠场,一匹匹被马蹄掏空胸腹的大马,在雪地上痉挛翻滚,原本满腔热血热气的胸膛,刹那间,被灌满一腔冰雪。陆续倒地的马,不断地挣扎,汹涌喷溅的马血,染红了横飞的暴雪雪砂。成千上万血珠红砂,横扫猛击落荒而逃的马群,越刮越烈的血雪腥风,还要继续将它们赶向最后的死亡。

巴图被狼的自杀复仇战惊吓得手脚僵硬,冷汗也结成了冰。他知道大势已去,他已无法挽救败局。但他仍想保住几匹头马,便使劲勒住马嚼子,憋住马劲,然后猛地一夹马肚,一松嚼子,马嗖地跃过挡在他前面的狼,冲向头马。但马群已被狼群冲散,兵败如山倒,所有的马都顺风狂逃,吓破了胆的马已经忘记了南边还有泡子,都以冲刺的速度冲向大泡子。

接近泡子的下坡地势加快了马群的冲速,越刮越猛的白毛风又以排山倒海的推力,把马群加速到了冲跃腾飞态势,整个马群就像轰轰隆隆飞砸下山的滚木巨石,冲进了大泥塘。刹那间,薄冰迸裂,泥浆飞溅,整个马群踏破冰壳全部陷入泥塘,马群绝望长嘶,拼死挣扎,马对狼的恐惧和仇恨已达极顶,陷进泥塘的马群稍稍犹豫一下,便众心一致地拼尽最后的力气,在黏稠的泥浆里倒着四蹄向泥塘深处爬,即便越陷越深,也全然不顾,它们宁可集体自杀葬身泥塘,也不愿以身饲狼,不让它们的世仇最后得逞。这群被人去了势、剜去了雄性的马群,即使已到生命的尽头,仍在拼死作出最后的反抗,以集体自杀来反击狼群复仇的自杀进攻。它们都是古老蒙古草原上最强悍的生命。

但残酷的草原蔑视弱者,依然不给弱者最后的一点点怜悯。入夜后骤降的气温已经将泥塘表面迅速冻成一层薄薄的冰壳,泡子的边缘虽已冻透,但靠里面泥塘的表面,还没有冻结到能承受马群的厚度,当马群踏破泥冰陷入泥塘时,它们遇到了比平时更黏稠的泥浆。暴雪酷寒使泥浆更冷更胶着,也就使泥浆更绊腿阻身。马群拼命地往泥塘深处爬、刨、拱。每挪一步,马身与泥浆缝隙里就被灌进更多的雪沙和寒风,整个马群将泥塘搅拌得更加寒冷和黏稠。马群终于精疲力竭,动弹不得。冲在前面的马,陷得还露出马背马颈马头,便再也陷不下去了。冲在后面的马,四条腿全部陷没,马肚皮贴着泥浆,整个躯体全部暴露在外,也陷不下去。此刻,整个马群就像刑场屠场上的死囚,已被寒冷胶稠和渐渐冰封的泥塘五花大绑,捆得结结实实。欲死不得的马群哀伤绝望地嘶叫,冰雪泥塘上腾起一片白茫茫的哈气,在结满条条汗冰的马毛上又罩上了一层白霜。马群已经明白,此时谁也救不了它们了,谁也阻止不了狼群对它们最后的集体屠杀。

巴图用力地勒着马小心地跑到泡子边,大黑马一踏到泥冰,立刻惊恐得喷着鼻孔,低下了头,紧张地望着冰雪泥塘,不敢再往前迈一步。巴图用电筒向泡子里面照,只有在白毛风稍稍减弱的空档,才能隐隐约约看到马群的影子。几匹马无力地摇晃着脑袋,向它们的主人作垂死的呼救。巴图急得用马靴后跟猛磕马肚,逼着黑马再往前走。大黑马小心翼翼地往前走了五六步,前蹄就踏破冰壳陷到泥浆里,惊得它急忙拔腿后跳,一直跳到泡子岸边的实地才站住。巴图再用马棒敲打马臀,黑马死活也不肯往前走了。巴图很想下马,他想爬到马群旁边用枪来守护马群,但是,他如果下了马,人马分离,陷到狼群里,就会失掉了居高临下挥舞马棒和大黑马铁蹄的优势,狼群也就不怕他了,人马都会被狼群撕碎。而且,他只有十发子弹,纵然他有天大的本事,一枪打死一条狼,他也不可能打死所有的狼。即使他能赶走狼群,但是到下半夜,越来越冷的白毛风也会把整个马群和泥塘冻在一起的。那么如果他立即赶回大队报警求援呢?这么大的白毛风,家家都在拼死拼活守护羊群,大队根本抽不出足够的劳力和牛车把马群拽出泥塘。巴图脸上挂满了冰泪,面向东方,仰天哀求:腾格里,腾格里,长生的腾格里,请给我智慧,请给我神力,帮我救出这群马吧!但是腾格里鼓起腮帮子仍然狂吹猛吼,以更猛烈的白毛风刮散了巴图的声音。

巴图用羔皮马蹄袖擦去冰泪,把马棒带扣在手腕上,然后,松开枪背带,用左手托起枪身和电筒,等着狼群,此刻,他惟一剩下的念头,就是再多杀几条狼。

过了很久,巴图冻得已经坐不稳马鞍。忽然,狼群像一股幽风低低地从他身后刮进泥塘,在泥塘的东部边缘停下来,隐没在腾起的迷茫雪雾里。稍顷,一条较细的狼忽而钻出,小心地走向马群,试探着每一步爪下冰面的硬度。巴图嫌狼小,没有开枪。狼走了十几步,忽地抬起头加快了速度,朝马群一路小跑。还未等它跑到马群,突然从湖岸边刮来一股白色的龙卷风,冲向马群,然后围着马群呼呼快速旋转,卷得满湖白雪茫茫,天地不分。就像一大群长毛白发的野蛮土著食人番,围着圈中的篝火和捆绑的活兽活人,狂歌狂舞、开胃开怀、欢心欢宴。

巴图被雪沙卷得睁不开眼,他只觉得冷,冷得全身发抖。嗅觉异常灵敏的大黑马被雪砂卷得浑身战栗,断断续续,哆哆嗦嗦地低头哀嘶。沉沉黑夜,漫漫白毛又一次遮盖了血流成冰的草原屠杀。

快被冻僵的巴图麻木地关掉光亮,让自己完全陷入黑暗,然后低下头,把枪口对向大泡子,但他突然又把枪口抬高一尺,慢慢地开了一枪、两枪、三枪……

阅读提示

姜戎(1946～　),本名吕嘉民,北京人,曾任中国劳动关系学院教师。1967年自愿赴内蒙古额仑草原插队。作品《狼图腾》引发广泛关注。《狼图腾》是世界上迄今为止唯一一部描绘、研究蒙古草原狼的"旷世奇书"(本文有删节)。阅读此书,将是我们这个时代享用不尽的关于狼图腾的精神盛宴。因为它的厚重,因为它的不可再现。因为任由蒙古铁骑和蒙古狼群纵横驰骋的游牧草原正在或者已经消失,所有那些有关狼的传说和故事正在从我们的记忆中退化。

伊利亚特(节选)

[古希腊] 荷马

宙斯把战场安置在海船旁，
让特洛亚人和阿开奥斯人进行殊死的搏杀，
与此同时，天神抬起明亮的眼睛向远方遥望，
扫视着擅长养马的色雷斯人，长于短兵相接的米西亚人，
喝马奶长大的希佩摩尔戈斯人以及耿直的
阿开奥斯人生长的土地。
他不再把目光投向特洛亚，
十分相信，没有哪位天神敢违背他的意愿
去帮助特洛亚人或阿开奥斯人。

权力无限的海神波塞冬却注意着战争，
坐在林木繁茂的萨摩色雷斯峰顶，
注视着伊达山的全貌、
普里阿摩斯的都城和阿开奥斯人的海船。
他从海面浮出之后，
就一直坐在那里，看到可怜的阿开奥斯人即将毁灭，
怜悯之情油然而生，并对宙斯的丑恶行为愤恨不已。

海神猛然从山顶上站了起来，
急速离开，脚下的山峰和森林
在他的踩踏下震颤不已。
他迈了三大步，第四步就到了目的地达埃盖，
在那里的海水深处有他的宫殿，
金光灿烂，永不毁败。
他回到宫殿里，把快如旋风、
金鬃飘洒的一对铜蹄骏马驾上战车，
披上黄金铠甲，抓起精心制成的金鞭，

登上战车，扬鞭策马，破浪而去。
得知他的到来，海中的各种生物都从自己的家中
出来欢迎他。大海向两侧让开，辟出一条道路，
海神的战马飞样地奔驰着，
战车的青铜轮轴一点都未被浸湿。
海神驾着战车直接冲向阿开奥斯人的海船。
在深深的海底，在特涅多斯岛和石崖林立的英布罗斯岛之间，
有一个宽阔幽深的岩洞，
海神波塞冬就在那里勒住了骏马，
卸下马轭，取来仙料，让它们咀嚼，
然后在它们的后腿上套上金质绳索，以防他们跑掉，
让它们呆在原地，静候主人的归来。
波塞冬独自一人急冲冲地朝阿开奥斯人的营帐走去。

有如一团火焰或是一股旋风
普里阿摩斯之子赫克托尔率领着特洛亚士兵
连续猛攻，全军上下齐如一心，
深信会缴获敌人的海船，
并杀死所有的阿开奥斯人。
波塞冬从深海中出来，化作卡尔卡斯，
模仿着他的洪亮的声音，激励着阿开奥斯人。
他先对好战的大小埃阿斯说道：
"埃阿斯啊！面对强敌，不要畏缩
要勇往直前，这样你们就能拯救阿开奥斯人。
在其它地段，众多的特洛亚人尽管冲过了护墙，
但我相信阿开奥斯人将顽强地抵抗住他们。
唯有这里，我很担心，
那个战争狂赫克托尔，自称是宙斯之子，
领着一群特洛亚人勇猛地进攻
恐怕阿开奥斯人难以抵挡。
希望有哪位天神稳定你们的慌乱情绪，
使你们能高扬斗志，顽强抵抗，
即使是宙斯亲自来帮助他们，
你们仍然能够把蛮横狂暴的赫克托尔打退！"

说罢,海神举起金枚,触了触他们的身体,
注入了强大的力量和拼战的勇气,
使他们的手脚和臂膀轻松无比,充满活力。
然后他腾空而起,如同一只在天空翱翔的雄鹰,
从绝壁顶端扇动巨翅,向下猛冲,
去捕捉平原上的其它飞鸟。
就这样,海神离他们而去。
奥伊琉斯之子,小埃阿斯首先看出他是天神,
就对特拉蒙之子,大埃阿斯说道:
"埃阿斯,刚才向我们说话的并非鸟卜师卡尔卡斯,
而是一位来自奥林卑斯山顶的天神,
他化身为卡尔卡斯,激励我们奋力拼战。
他绝对是一位天神,我从他转身离去时
的脚步和步伐,立刻认了出来,准没错!
现在,我的心里充满了高昂的斗志,
我的力量正在不断的增长,
我的双手和双腿急切地要去杀敌。"

特拉蒙之子埃阿斯这样答道:
"我也一样,我的紧握住枪矛的大手正在颤抖,
我的力量正在增长,我的心情如此激动,
我的双腿不受我控制地要迈步向前,
我渴望着同普里阿摩斯之子,疯狂的赫克托尔决一死战。"

他们两兴高采烈地交谈着,
十分喜悦天神向他们注入了无穷的力量。
此时,海神正在船边,鼓励那些在后方心灰意懒的阿开奥斯人。
他们看到无数的特洛亚人翻过护墙,
感到大势已去,十分悲哀,
看着生龙活虎的特洛亚士兵冲杀过来,
禁不住流下热泪,认为死神就在身边。
海神专心地致力于激励这些悲哀的将士。
首先,他激励透克罗斯、勒伊托斯、
佩涅勒奥斯、托阿斯和得伊皮罗斯
以及咆哮沙场的墨里奥涅斯和安提洛科斯。

他用长着翅膀的语言对他们说道:
"可耻啊!你们这些未经过战火煎熬的阿尔戈斯新兵,
现在,你们应该奋力地保卫海船,
假使你们畏缩不前,就会被特洛亚人统统歼灭。
可悲呀!阿开奥斯人!一件怪事正在发生着,
而以前我连想都未想过,
特洛亚人竟然逼到了我们的海船前,
而以前,他们如同胆小如鼠的雌鹿
在林中拼命逃窜,以求夺过凶残的豺狗、
金钱豹和恶狼的搏杀。
以前特洛亚士兵就是这样,
面对我们强大的攻势,毫无还手之力。

然后,现在他们竟然远离城堡,
深入到海边对我们大开杀戒。
这只是由于我们统帅的过错和将领们的怠慢,
心怀对统帅的不满,他们不愿拼全力地保卫海船
甚至身丧海边也在所不惜。
然而,即使阿特柔斯之子,权力广大的阿伽门农
确实犯了不可原谅的错误,
当众侮辱了捷足的佩琉斯之子阿基琉斯,
我们怎能无视自己的责任,临阵退缩?
让我们消除和统帅之间的隔阂吧,
真诚地抚慰每一位勇士受伤的心灵。
你们是阿开奥斯人中杰出的斗士,
实在不应当这样萎靡不振。
那些胆小如鼠,贪生怕死的小人
我不屑一顾,只对你们,我要提出警告。
朋友们啊!再畏缩不前,
无可挽回的败局和毁灭就会发生。
在这如火如荼的激战中,
你们不为自己的行为感到脸红吗?
眼下,疯狂的赫克托尔已撞开了墙门,折断了门闩,
率领大军拼杀在我们的海船旁边。"

波塞冬的话语让阿开奥斯人重振雄威,
在大小埃阿斯的周围摆出无可挑剔的阵势,
即使是战神或者善于激励士气的雅典娜
也小看不得。这些都是全军之中
挑选出来的最杰出的将士,严整以待,
准备迎接特洛亚人和赫克托尔的搏杀。
盾牌一个连着一个,如同坚固的铁桶;
人挨着人,头盔碰着头盔,闪亮一片;
密密麻麻的长枪在人群之中颤动,
就是这样一个气贯长虹的强大阵势,
士兵们个个摩拳擦掌,准备拼命搏杀。

赫克托尔一马当先,率领着众多的特洛亚人
飞奔而来,如同石壁上的一块巨石,
被水流涌动的冰河猛然冲下,
撞击在壁崖底部的岩石上,
又弹跳起来,继续向下滚动,压倒了树木,震动着山峦,
蛮横地冲杀撞击,不可阻挡,
终于冲到了平原之上,才收敛了威风。
赫克托尔本以为会顺利地冲过护墙、营帐
和海船,一鼓作气直杀至海边。
然而,在这里遇到了强大的阵势,
不得不收住猛烈的攻势。
阿开奥斯的儿子们手握长枪,
誓死要保卫自己的海船,他们奋力拼杀,
逼着对手连连后退,心中发怵,
但赫克托尔依然精神百倍,大声呼喊:
"特洛亚人,吕西亚人和勇敢的达尔达尼亚人,
立住阵脚,阿开奥斯人不会支持大众,
尽管他们的阵势强如铁桶,也挡不住我手中长枪的进攻,
如果赫拉的丈夫,伟大的闪电神在护佑着我。"

他的话语让大家勇力倍增。
普里阿摩斯之子得伊福波斯
迈着迅速的步伐,

拿着浑圆的盾牌，
穿行在队伍之中。他未注意到，
对方的墨里奥涅斯正举着长枪向他瞄准。
后者的长枪正好击中了牛皮大盾，
但是没有穿透，枪头与枪杆就断裂开来。
得伊福波斯受到这一枪的冲击，
不禁心惊肉跳。
投枪的墨里奥涅斯迅速撤回军阵，
心下懊恼不已，既失去了胜利又失去了武器。
他向阿开奥斯人的营帐奔去，
为了去取另外一支粗壮的长枪。

在震耳欲聋的喧嚣声中，将士们继续拼战。
特拉蒙之子透克罗斯首先击中了
拥有众多马群的门托尔之子英布里奥斯，
阿开奥斯人远征之前，他居住在佩代昂，
娶了普里阿摩斯的私生女墨得西卡斯特。
达那奥斯人一登陆，
他便来到伊利昂，成为特洛亚人中杰出的勇士。

普里阿摩斯爱他如同自己的儿子，邀他一起住在宫里。
特拉蒙之子的长枪恰巧刺中他的耳下，
又旋拔了出来，英布里奥斯轰然倒地，
如同山顶的一棵高大的梣树，
被铜斧伐倒，茂密的枝叶纷纷摇散。
就像这样，他倒在地上，身上的铠甲琅琅作响。
透克罗斯立刻去剥夺他的铠甲，
赫克托尔向他掷出了长枪，
他向旁边一闪，侥幸躲过，
可是枪头却击中了安菲马科斯的胸膛，
他是阿克托尔之孙，克特阿托斯之子。
他轰然倒地，身上的铠甲琅琅作响。
赫克托尔迅速奔去，
剥下尸首头上闪亮的头盔。
正在这时，埃阿斯向他掷出长枪，

但是没有让赫克托尔受伤,
是全身坚实的青铜铠甲救了一命,
枪头击在了盾牌中心,强大的冲力让赫克托尔连连后退。
趁此机会,阿开奥斯人抢回了尸首。
来自雅典的战将斯提基奥斯和墨涅斯透斯
把安菲马科斯的尸首抬回军阵,
同时,大小埃阿斯抬了英布里奥斯,
如同两只雄狮从凶狠的猎狗那里,
抢得一只山羊,并紧紧地叼在嘴里。
就像这样,大小埃阿斯高抬着英布里奥斯,
剥掉了尸首的铠甲,斩断了脑袋,
出于对安菲马科斯之死的愤恨,
把那颗脑袋像掷球一样
掷到赫克托尔跟前。

▌阅读提示

《伊利亚特》相传由古希腊盲诗人荷马创作,与《奥德赛》一起统称为"荷马史诗"。关于荷马所生的年代,比较普遍的看法认为他可能生在公元前9世纪与8世纪之间,荷马史诗是他根据民间流传的短歌综合编写而成。《伊利亚特》共有15693行,是荷马史诗中直接描写特洛亚战争的英雄史诗,塑造了一系列古代英雄形象。它格调宏伟壮观,气势磅礴,节奏急促,具有阳刚之美。本文节选自第13卷,主要讲述海神波塞冬如何鼓舞阿开奥斯人与特洛亚人作战,而赫克托尔又如何带领特洛亚人进行反击的故事。文中出现大量的比喻,生动、准确、形象,具有立体感,增加了语言的色彩和史诗的魅力。

八声甘州

[宋]柳　永

　　对潇潇暮雨洒江天①,一番洗清秋。渐霜风凄紧②,关河冷落,残照当楼。是处红衰翠减③,苒苒物华休④。惟有长江水,无语东流。　　不忍登高临远,望故乡渺邈⑤,归思难收。叹年来踪迹,何事苦淹留⑥? 想佳人妆楼颙望⑦,误几回、天际识归舟。⑧ 争知我,倚栏杆处,正恁凝愁!

▍阅读提示

　　柳永(生卒年不详),原名三变,字景庄,后改名永,字耆卿,排行第七,又称柳七。北宋著名词人,婉约派代表作家,崇安(今福建武夷山市)人。宋仁宗朝进士,官至屯田员外郎,故世称柳屯田。其词多描绘城市风光和歌妓生活,尤长于抒写羁旅行役之情,创作慢词独多。在当时流传极其广泛,人称"凡有井水饮处,皆能歌柳词",对宋词的发展有重大影响。著有《乐章集》。《八声甘州》,一名《甘州》。这首词为思念家乡之作,主人公羁旅失意的苦闷之情、漂泊之恨,尽从"望"中透出。其中"霜风凄紧,关河冷落,残照当楼"三句,被苏轼认为"不减唐人高处"(宋赵令畤《侯鲭录》卷七)。

---

① 潇潇:雨势急骤貌。一作"萧萧",义同。
② 凄紧:一作"凄惨"。
③ 是处句:到处花叶凋零。李商隐《赠荷花》诗:"此荷此叶常相映,翠减红衰愁煞人。"翠,一作"绿"。
④ 苒苒:形容时光消逝。物华,美好的景物。
⑤ 渺邈:远貌。一作"渺渺",义同。
⑥ 淹留:久留。
⑦ 颙望:凝望。一作"长望"。
⑧ 误几回句:指多少回错把远处驶来的船只当作爱人的归舟。语出谢朓《之宣城郡出新林浦向板桥》"天际识归舟,云中辨江树"。

春之怀古

张晓风

春天必然曾经是这样的：从绿意内敛的山头，一把雪再也撑不住了，噗嗤的一声，将冷面笑成花面，一首澌澌然的歌便从云端唱到山麓，从山麓唱到低低的荒村，唱入篱落，唱入一只小鸭的黄蹼，唱入软溶溶的春泥——软如一床新翻的棉被的春泥。

那样娇，那样敏感，却又那样浑沌无涯。一声雷，可以无端地惹哭满天的云，一阵杜鹃啼，可以斗急了一城杜鹃花，一阵风起，每一棵柳都会吟出一则则白茫茫、虚飘飘说也说不清、听也听不清的飞絮，每一丝飞絮都是一株柳的分号。反正，春天就是这样不讲理，不逻辑，而仍可以好得让人心平气和的。

春天必然会是这样的：满塘叶黯花残的枯梗抵死苦守一截老根，北地里千宅万户的屋梁受尽风欺雪扰自温柔地抱着一团小小的空虚的燕巢。然后，忽然有一天，桃花把所有的山村水廓都攻陷了。柳树把皇室的御沟和民间的江头都控制住了——春天犹如旌旗鲜明的王师，因为长期虔诚的企盼祝祷而美丽起来。

而关于春天的名字，必然曾经有这样的一段故事：在《诗经》之前，在《尚书》之前，在仓颉造字之前，一只小羊在啮草时猛然感到的多汁，一个孩子放风筝时猛然感觉到的飞腾，一双患风痛的腿在猛然间感到舒适，千千万万双素手在溪畔在江畔浣纱时所猛然感到的水的血脉……当他们惊讶地奔走互告的时候，他们决定将嘴噘成吹口哨的形状，用一种愉快的耳语的声音来为这季节命名——"春"。

鸟又可以开始丈量天空了。有的负责丈量天的蓝度，有的负责丈量天的透明度，有的负责用那双翼丈量天的高度和深度。而所有的鸟全不是好的数学家，他们吱吱喳喳地算了又算，核了又核，终于还是不敢宣布统计数字。

至于所有的花，已交给蝴蝶去数。所有的蕊，交给蜜蜂去编册。所有的树，交给风去纵宠。而风，交给檐前的老风铃去一一记忆、一一垂询。

春天必然曾经是这样，或者，在什么地方，它仍然是这样的吧？穿越烟囱与烟囱的黑森林，我想走访那蹒跚在湮远年代中的春天。

阅读提示

张晓风(1941～)，出生于浙江金华，江苏铜山人。8岁随母亲一起赴中国台湾，毕业于台湾东吴大学，并曾执教于该校及香港浸会学院，任台湾阳明大学通识教育中心教授至2006年退休。张晓风创作过散文、新诗、小说、戏剧、杂文等，以散文最为著名。她的作品从描写生活琐事，渐渐转变为抒写家国情怀及社会世态，融入哲理，不断开拓。余光中也曾称其文字"柔婉中带刚劲"，将之列为"第三代散文家中的名家"。又有人称其文"笔如太阳之热，霜雪之贞，篇篇有寒梅之香，字字若璎珞敲冰"。

我的伊豆

[日] 川端康成

伊豆是诗的故乡,世上的人这么说。

伊豆是日本历史的缩影,一个历史学家这么说。

伊豆是南国的楷模,我要再加上一句。

伊豆是所有的山色海景的画廊,还可以这么说。

整个伊豆半岛是一座大花园,一所大游乐场。就是说,伊豆半岛到处都具有大自然的惠赠,都富有美丽的变化。

如今,伊豆有三个入口:下田,三岛修善寺,热海。不管从哪里进去,首先迎迓你的,是堪称伊豆的乳汁和肌体的温泉。然而,由于选择的入口不同,你定会感到有三个各不相同的伊豆呢。

北面的修善寺和南面的下田这两条通道,在天城山口相会合。山北称外伊豆,属田方郡,山南称内伊豆,属贺茂郡。南北两面不仅植物种类和花期各异,而且山南的天空和海色,都洋溢着南国的气息。天城火山脉东西约44公里,南北约24公里,占据着半岛的三分之一。海面的黑潮从三面包围着半岛。这山,这海,便是给伊豆增添光彩的两大要素。倘若把茶花当作海岸边的花,那么,石楠花就是天城山上的花。山谷幽邃,原生林木森严茂密,使你很难想象这原是个小小的半岛。天城山是闻名的狩鹿的场所,只有翻过这座山峦,才能尝到伊豆旅情的滋味。

开往热海的火车时髦得很,称为"罗曼车"。情死是热海的名产。热海是伊豆的都会,它是在关东温泉之乡中富有现代特征的城市。倘若把修善寺称为历史上的温泉,那么,热海便是地理上的温泉。修善寺附近,清静,幽寂;热海附近,热烈,俏丽。伊豆到伊东一带的海岸线,令人想起南欧来,这里显示着伊豆明朗的容颜。同是南国风韵,伊豆的海岸线多像一曲素朴的牧歌呵。

伊豆有热海、伊东、修善寺和长冈四大温泉,共有二三十个喷口,仅伊东就有数百处泉流。这些都是玄岳火山、天城火山、猫越火山、达磨火山的遗迹。伊豆,是男性火山之国的代表。此外,热海的间歇泉,下加茂峰的吹上温泉,拍击着半岛南端的石廊崎的巨涛,狩野川的洪水,海岸线的岩壁,茂盛的植物……所有这些,都带着男性的威力。

然而,各处涌流的泉水,使人联想起女乳的温暖和丰足,这种女性般的温暖与丰足,正是伊豆的生命。尽管田地极少,但这里有合作村,有无税町,有山珍海味,有饱享黑潮和日光馈赠、呈现着麦青肤色的温淑的女子。

　　铁路只有热海线和修善寺线,而且只通到伊豆的入口,在丹那线和伊豆环行线建成之前,这里的交通很是不便。代之而起的是四通八达的公共汽车。走在伊豆的旅途上,随时可以听到马车的笛韵和江湖艺人的歌唱。

　　主干道随着海滨和河畔延伸。有的由热海通向伊东,有的由下田通向东海岸,有的沿西海岸绵延开去,有的顺着狩野川畔直上天城山,再沿着海津川和逆川南下……温泉就散缀在这些公路的两旁。此外,由箱根到热海的山道,猫越的松崎道,山修善寺通向伊东的山道,所有这些山道,也都把伊豆当成了旅途中的乐园和画廊。

　　伊豆半岛西起骏河湾,东至相模湾,南北约59公里,东西最宽处约36公里,面积约406平方公里,占静冈县的五分之一。面积虽小,但海岸线比起骏河、远江两地的总和还长。火山重叠,地形复杂,致使伊豆的风物极富于变化。

　　现在,人们都这么说,伊豆的长津吕是全日本气候最宜人的地方,整个半岛就像一个大花园。然而在奈良时代,这里却是可怕的流放地。到源赖朝举兵时,才开始兴旺发达起来。幕府末期,曾一度有外国黑船侵入。这里的史迹不可胜数,其中有范赖、赖家遭受禁闭的修善寺,有掘越御所的遗址,有北条早云的韭山城等。

　　请不要忘记,自古以来,伊豆在日本造船史上,发挥着重大的作用,这正因为伊豆是大海和森林的故乡呵。

▮阅读提示

　　川端康成(1899～1972),日本新感觉派作家、著名小说家。代表作有《伊豆的舞女》、《雪国》、《千只鹤》等。1968年获诺贝尔文学奖。本文抒写伊豆的自然风光,着力点不在于描绘伊豆景物的外在形貌,而是表现伊豆山海的神韵。作者抓住了伊豆富于变化的美丽和独具特色的风采,绘声绘色地加以描述,把伊豆的美写得更有诗意,更富于个性化。作者对伊豆风光的个性特征做出了更深入的开掘,认为伊豆既具有气势恢弘、威严深重的男性美,又具有风姿绰约、温柔淑静的女性美。其中,女性的美,正是伊豆的生命。

与朱元思书

[梁] 吴 均

　　风烟俱净,天山共色,从流飘荡,任意东西。自富阳至桐庐①,一百许里②,奇山异水,天下独绝。水皆缥碧③,千丈见底;游鱼细石,直视无碍。急湍甚箭④,猛浪若奔。夹嶂高山,皆生寒树,负势竞上⑤,互相轩邈⑥,争高直指,千百成峰。泉水激石,泠泠作响⑦;好鸟相鸣,嘤嘤成韵⑧。蝉则千转不穷⑨,猿则百叫无绝。鸢飞戾天者望峰息心⑩,经纶世务者窥谷忘反⑪。横柯上蔽⑫,在昼犹昏;疏条交映,有时见日。

▍阅读提示

　　吴均(469~520),字叔庠,吴兴故鄣(今浙江省安吉县)人。南朝文学家、史学家,撰《通史》,未成而死。他擅长诗歌、散文,文体清拔,自成一家,常描写山水景物,时人效之,号"吴均体"。有《吴朝请集》和小说《续齐谐记》。书,信函,是古代的一种文体。《与朱元思书》是作者写给朱元思讲述行旅所见的信。

---

① 富阳、桐庐,均属今浙江省。
② 许:约计之辞。
③ 缥:苍青色。
④ 急湍:流得很急的水。甚箭,"甚于箭",比箭还要快。
⑤ 负势:恃势。势,指山水的气势。
⑥ 互相轩邈:犹彼此争较谁高谁远的意思。轩,高。邈,远。
⑦ 泠(líng)泠:清脆的流水声。
⑧ 嘤(yīng)嘤:鸟鸣声。
⑨ 转:同"啭",鸣。
⑩ 鸢:鹰类猛禽。戾,通"唳",至。出自《诗经·大雅·旱麓》:"鸢飞戾天,鱼跃于渊。"郑玄以为"鸢飞戾天"是比喻恶人远去,这里指在政治上追求高位的人。
⑪ 经纶:经营之意。经纶世务,指从政做官。这句说,那些忙于做官的人,看了这些山谷,也会流连忘返。
⑫ 柯:树枝。

常德的船

沈从文

常德就是武陵,陶潜的《搜神后记》上《桃花源记》说的渔人老家,应当摆在这个地方。德山在对河下游,离城市 20 余里,可说是当地唯一的山。汽车也许停德山站,也许停县城对河另一站。汽车不必过河,车上人却不妨过河,看看这个城市的一切。地理书上告给人说这里是湘西一个大码头,是交换出口货与入口货的地方。桐油、木料、牛皮、猪肠子和猪鬃毛,烟草和水银,五倍子和雅片烟,由川东、黔东、湘西各地用各色各样的船只装载到来,这些东西全得由这里转口,再运往长沙武汉的。子盐、花纱、布匹、洋货、煤油、药品、面粉、白糖,以及各种轻工业日用消耗品和必需品,又由下江轮驳运到,也得从这里改装,再用那些大小不一的船只,分别运往沅水各支流上游大小码头去卸货的。市上多的是各种庄号。各种庄号上的坐庄人,便在这种情形下成天如一个磨盘,一种机械,为职务来回忙。邮政局的包裹处,这种人进出最多。长途电话的营业处,这种坐庄人是最大主顾。酒席馆和妓女的生意,靠这种坐庄人来维持。

除了这种繁荣市面的商人,此外便是一些寄生于湖田的小地主,作过知县的小绅士,各县来的男女中学生,以及外省来的参加这个市面繁荣的掌柜、伙计、乌龟、王八。全市人口过 10 万,街道延长近 10 里,一个过路人到了这个城市中时,便会明白这个湘西的咽喉,真如所传闻,地方并不小。可是却想不到这咽喉除吐纳货物和原料以外,还有些什么东西。作这种吐纳工作,责任大,工作忙,性质杂,又是些什么人。假若一旦没有了他们,这城市会不会忽然成为河边一个废墟?这种人照例触目可见,水上城里无一不可碰头,却又最容易为旅行者所疏忽。我想说的是真正在控制这个咽喉,支配沅水流域的几万船户。

这个码头真正值得注意令人惊奇处,实也无过于船户和他所操纵的水上工具了。要认识湘西,不能不对他们先有一种认识。要欣赏湘西地方民族特殊性,船户是最有价值材料之一种。

一个旅行者理想中的武陵,渔船应当极多。到了这里一看,才知道水面各处是船只,可是却很不容易发现一只渔船。长河两岸浮泊的大小船只,外行人一眼看去,只觉得大同小异,事实上形制复杂不一,各有个性,代表了各个地方的个性。让我们从这方面来多知道一点,对于我们也许有些便利处。

船只最触目的三桅大方头船,这是个外来客,由长江越湖来的,运盐是它主要的职务。它大多数只到此为止,不会向沅水上游走去。普通人叫它做"盐船",名实相副。船家叫它做"大鳅鱼头",《金陀粹编》上载岳飞在洞庭湖水擒杨幺故事,这名字就见于记载了,名字虽俗,来源却很古。这种船只大多数是用乌油漆过,所以颜色多是黑的。这种船按季候行驶,因为要大水大风方能行动。杜甫诗上描绘的"洋洋万斛船,影若扬白虹",也许指的就是这种水上东西。

比这种盐船略小,有两桅或单桅,船身异常秀气,头尾突然收敛,令人入目起尖锐印象,全身是黑的,名叫"乌江子"。它的特长是不怕风浪,运粮食越湖。它是洞庭湖上的竞走选手。形体结构上的特点是桅高,帆大,深舱,锐头。盖舱篷比船身小,因为船舷外还有护舱板,弄船人同船只本身一样,一看很干净,秀气斯文,行船既靠风,上下行都使帆,所以帆多整齐,船上用的水手不多,仅有的水手会拉篷,摇橹,撑篙,不会荡桨,——这种船上便不常用桨。放空船时妇女还可代劳掌舵。这种船间或也沿河上溯,数目极少,船身材料薄,似不宜于冒险。这种船在沅水流域也算是外来客。

在沅水流域行驶,表现得富丽堂皇,气象不凡,可称为巨无霸的船只,应当数"洪江油船"。这种船多方头高尾,颜色鲜明,间或且有一点金漆装饰,尾梢有舵楼,可以安置家眷。大船下行可载三四千桶桐油,上行可载两千件棉花,或一票食盐。用橹手26人到40人,用纤手三十人到六七十人,必待春水发后方上下行驶,路线系往返常德和洪江。每年水大至多上下三五回,其余大多时节都在休息中,成排结队停泊河面,俨然是河上的主人,船主照例是麻阳人,且照例姓滕,善交际,礼数清楚。常与大商号中人拜把子,攀亲家,行船时站在船后檀木舵把边,庄严中带点从容不迫神气,口中含了个竹马鞭短烟管,一面看水,一面吸烟。遇有身份的客人搭船,喝了一杯酒后,便向客人一五一十叙述这只油船的历史,载过多少有势力的军人、阔佬,或名驰沅水流域的妓女。换言之,就是这只船与当地"历史"发生多少关系!这种船只上的一切东西,无一不巨大坚实。船主的装束在船上时看不出什么特别处,上岸时却穿长袍(下脚过膝三四寸),罩青羽绫马褂,戴呢帽或小缎帽,佩小牛皮抱肚,用粗大银链系定,内中塞满了银元。穿生牛皮靴子,走路时踏得很重。个子高高的,瘦瘦的。有一双大手,手上满是黄毛和青筋。会喝酒,打牌,且豪爽大方,吃花酒应酬时,大把银元钞票从抱肚掏出,毫不吝啬。水手多强壮勇敢,眉目精悍,善唱歌、泅水、打架、骂野话。下水时如一尾鱼,上岸接近妇人时像一只小公猪。白天弄船,晚上玩牌,同样做得极有兴致。船上人虽多,却各有所事,从不紊乱。舱面永远整洁如新。拔锚开头时,必擂鼓敲锣,在船头烧纸烧香,煮白肉祭神,燃放千子头鞭炮,表示人神和乐,共同帮忙,一路福星。在开船仪式与行船歌声中,使人想起两千年前《楚辞》发生的原因,现在还好好的保留下来,今古如一。

比洪江油船小些,形式仿佛比较笨拙些(一般船只用木板作成,这种船竟像用木柱作成),平头大尾,一望而知船身十分坚实,有斗拳师的神气,名叫"白河船"。白河即酉水的别名。这种船只即行驶于沅水由常德到沅陵一段,酉水由沅陵到保靖一段。酉水滩流极险,船只必经得起磕撞。船只必载重方能压浪,因此尾部如臀,大而圆。下行时在船头缚大木桡一两把。木桡的用处是船只下滩，转头时比舵切于实际。照水上人俗谚说："三桨不如一篙，三橹不如一桡。"桡读作招。酉水浅而急，不常用橹，篙桨用处多，因此篙多特别长大，桨较粗硕，肥而短。船篷用粽子叶编成，不涂油。船主多永顺保靖人，姓向姓王姓彭占多数。酉水河床窄，滩流多，为应付自然，弄船人所需要的勇敢能耐也较多。行船时常用相互诅骂代替共同唱歌，为的是受自然限制较多，脾气比较坏一点。酉水是传说中古代藏书洞穴所在地，多的是高大宏敞充满神秘的洞穴。由沅陵起到酉阳止，沿酉水流域的每个县分总有几个洞穴。可是如沅陵的大酉洞，二酉洞，保靖的狮子洞，酉阳的龙洞，这些洞穴纵有书籍也早已腐烂了。到如今这条河流最多的书应当是宝庆纸客贩卖的石印本历书，每一条船上照例都有一本"皇历"。船家禁忌多，历书是他们行动的宝贝。河水既容易出事情，个人想减轻责任，因此凡事都俨然有天作主，由天处理，照书行事，比较心安，也少纠纷，船只出事时有所借口。酉水流域每个县分的船只，在形式上又各不相同，不过这些船不出白河，在常德能看到的白河油船，形体差不多全是一样。

沅水中部的辰溪县，出白石灰和黑煤，运载这两种东西的本地船叫做"辰溪船"，又名"广舶子"。它的特点和上述两种船只比较起来，显得材料脆薄而缺少个性。船身多是浅黑色，形状如土布机上的梭子，款式都不怎么高明。下行多满载一些不值钱的货，上行因无回头货便时常放空。船身脏，所运货又少时间性，满载下驶，危险性多，搭客不欢迎，因之弄船人对于清洁、时间就不甚关心。这种船上的席篷照例是不大完整的，布帆是破破碎碎的，给人印象如一个破落户。弄船人因闲而懒，精神多显得萎靡不振。

洞河（即泸溪）发源于乾城苗乡大小龙洞，和凤凰苗乡乌巢河，两条小河在乾城县的所里市相汇。向东流，到泸溪县，方和沅水同流，在这条河里的船就叫"洞河船"，河源主流由苗乡梨林地方两个洞穴中流出，河床是乱石底子，所以水特别清，水性特别猛。船身必需从撞磕中挣扎，河身既小，船身也比较轻巧。船舷低而平，船头窄窄的。在这种船上水手中，我们可以发现苗人。不过见着他时我们不会对他有何惊奇，他也不会对我们有何惊奇。这种人一切和别的水上人都差不多，所不同处，不过是他那点老实、忠厚、纯朴，戆直性情——原人的性情，因为住在山中，比城市人保存得多点罢了。乾城人极聪明文雅，小手小脚小身材，唱山歌时嗓子非常好听，到码头边时，可特别沉默安静。船只太小了，不常有机会到这大码头边靠船。这种船停泊在河面时似乎很羞怯，正如水手们上街时一样羞怯。

乾城用所里作本县吐纳货物的水码头。地方虽不大，小小石头城却很整齐干净，且出了几个近30年来历史上有名姓的人物。段祺瑞时代的陆军总长傅良佐将军，是生长在这个小县城里的。东北军宿将，国内当前军人中称战术权威的杨安铭将军，也是这地方人。

在河上显得极活动，极有生气，而且数量极多的，是普通的中型"麻阳船"。这种船头尾高举，秀拔而灵便。这种船只的出处是麻阳河（即辰溪）。每只船上都可见到妇人、孩子、童养媳。弄船人一面担负商人委托的事务，一面还担负上帝派定的工作，两方面都异常称职。沅水流域的转运事业，大多数由这地方人支配，人口繁荣的结果，且因此在常德城外多了一条麻阳街。"一切成功都必需争斗"，这原则也可用作麻阳街的说明。据传说，这条街是个姓滕的水手滕老九双拳打出来的。我们若有兴趣特意到那条街上走走，可知道开小铺子的，做理发店生意的，卖船上家伙的，经营不用本钱最古职业的，全是麻阳乡亲，我们就会明白，原来参加这种争斗，每人都有一份。麻阳人的精力绝伦处，或者与地方出产有点关系，麻阳出各种橘子，糯米也极好，作甜酒特别相宜。人口加多，船只也越来越多，因此沅水水面的世界，一大半是麻阳人占有的。大凡船只停靠处，都有叫乡亲的麻阳人，乡亲所得的便利极多，平常外乡人，坐船时于是都叫麻阳人作"乡亲"。乡亲的特别是面目精悍而性情快乐，作水手的都能吃，能做，能喝，能打架。船主上岸时必装扮成为一个小乡绅，如驾洪江油船的大老板一样穿袍穿褂，着生牛皮盘云长统钉靴，戴有皮封耳的毡帽或博士帽，手指套上分量沉重金戒指，皮抱肚里装上许多大洋钱，短烟管上悬个老虎爪子，一端还镶包一片镂花银皮。见人就请教仙乡何处，贵府贵姓。本人大多数姓滕，名字"代富"、"宜贵"。对30年来的本省政治，比起任何地方船主都熟习，都关心。欢喜讲礼教，臧否人物，且善于称引经典格言和当地俗谚，作为谈天时章本。恭维客人时必从恭维上增多一点收入，被客人恭维时便称客人为"知己"，笑嘻嘻地请客人喝包谷子酒。妇女在船上不特对于行船毫无妨碍，且常常是一个好帮手。妇女多壮实能干，大脚大手，善于生男育女。

麻阳人中另外还有一双值得称赞的手，在湘西近百年实无匹敌，在国内也是一个少见的艺术家，是塑像师张秋潭那双手，小件艺术品多在烟盘边靠灯时用烟签完成的，无一不作得栩栩如生，至今还留下些在湘西私人手中。大件是各县庙宇天王观音等神像，辛亥以后破除迷信，毁去极多。

在常德水码头船只极小，飘浮水面如一片叶子，数量之多如淡干鱼，是专载客人用的"桃源划子"。木商与烟贩，上下办货的庄客，过路的公务员，放假的男女学生，同是这种小船的主顾。船身既轻小，上下行的速度较之其他船只快过一倍，下滩时可从边上小急流走，决不会出事。在平潭中且可日夜赶程，不会受关卡留难。因此在有公路以前，这种小小船只实为沅水流域交通利器。弄船人工作不需如何紧张，开销又少，收入却较多。装载客人且多阔老，同时桃源县人的性格又特别随和（沅水一到桃源后就变成一片平潭，再无恶滩急流，自然影响到水上人性情很大），所以弄船人脾气就马虎得多，很多是瘾君子，白天弄船，晚上便靠灯。有些家中人说不定还留在县里，经营一种不必需本钱的职业，分工合作，都不闲散。且能作客人向导，带访桃源洞的客人到所要到的新奇地方去。

在沅水流域上下行驶，停泊到常德码头应当称为"客人"的船只，共有好几种，有从芷江上游黔东玉屏来的，有从麻阳河上游黔东铜仁来的，有从白河上游川东龙潭来的。玉屏船多就洪江转口，下行不多。龙潭船多从沅陵换货，下行不多。铜仁船装油砘下行的，有些庄号在常德，所以常直放常德。船只最引人注意处是颜色黄明照眼，式样轻巧，如竞赛用船。船头船尾细狭而向上翘举，舱底平浅，材料脆薄，给人视觉上感到灵便与愉快，在形式上可谓秀雅绝伦。弄船人，语言清婉，装束素朴，有些水手还穿齐膝的长衣，裹白头巾,风度整洁和船身极相称。船小而载重,故下行时船舷必缚茅束挡水。这种船停泊河中,仿佛极其谦虚,一种作客应有的谦虚。然而比同样大小的船只都整齐,一种作客不能不注意的整齐。

此外常德河面还有一种船只,数量极多,有的时常移动,有的又长久停泊。这些船的形式一律是方头,方尾,无桅,无舵。用木板作舱壁,开小小窗子,木板作顶。有些当作船主的金屋,有些又作逋逃者的窟穴。船上有招纳水手客人的本地土娼,有卖烟和糖食、小吃、猪蹄子粉面的生意人。此外算命卖卜的,圆光关亡的,无不可以从这种船上发现。船家做寿成亲,也多就方便借这种水上公馆举行,因此一遇黄道吉日,总是些张灯结彩,响器声,弦索声,大小炮仗声,划拳歌呼声,点缀水面热闹。

常德乡城本身也就类乎一只旱船,女作家丁玲,法律家戴修瓒,国学家余嘉锡,是这只旱船上长大的。较上游的河堤比城中高得多,涨水时水就到了城边,决堤时城四围便是水了。常德沿河的长街,街市上大小各种商铺不下数千家,都与水手有直接关系。杂货店铺专卖船上用件及零用物,可说是它们全为水手而预备的。至如油盐、花纱、牛皮、烟草等等庄号,也可说水手是为它们而有的。此外如茶馆、酒馆和那经营最素朴职业的户口,水手没有它不成,它没水手更不成。

常德城内一条长街,铺子门面都很高大(与长沙铺子大同小异,近于夸张),木料不值钱,与当地建筑大有关系。地方滨湖,河堤另一面多平田泽地,产鱼虾、莲藕,因此鱼栈莲子栈延长了长街数里。多清真教门,因此牛肉特别肥鲜。

常德沿沅水上行90里,才到桃源县,再上行25里,方到桃源洞。千年前武陵渔人如何沿溪走到桃花源,这路线尚无好事的考古家说起。现在想到桃源访古的"风雅人",大多数只好坐公共汽车去。在桃源县想看到老幼黄发垂髫,怡然自乐的光景,并不容易。不过或者因为历史的传统,地方人倒很和气,保存一点古风。也知道欢迎客人,杀鸡作黍,留客住宿。虽然多少得花点钱,数目并不多。可是一个旅行者应当知道,这些人赠送游客的礼物,有时不知不觉太重了点,最好倒是别大意,莫好奇,更不要因为记起宋玉所赋的高唐神女,刘晨阮肇天台所遇的仙女,想从经验中去证实故事。不妨学个老江湖,少生事! 当地纵多神女仙女,可并不是为外来读书人游客预备的,沅水流域的木竹商人是唯一受欢迎者。好些极大的木竹,到桃源后不久就无影无踪不见了的。

政治家宋教仁,老革命党覃振,同是桃源县人。桃源县有个省立第二女子师范学校,五四运动谈男女解放平等,最先要求男女同校,且实现它,就是这个学校的女学生。

▎阅读提示

沈从文(1902～1988),原名沈岳焕,湖南凤凰县人。沈从文是现代著名作家、历史文物研究家、京派小说代表人物。撰写出版了《边城》、《长河》等文学著作及《唐宋铜镜》、《龙凤艺术》、《战国漆器》、《中国古代服饰研究》等学术专著。沈从文认为,乡下原始、淳朴、自然的人性和人生,才是民族理想的精神和人生状态。他常常说,他的创作是建"希腊小庙","这神庙里供奉的是'人性'"。《常德的船》是关于船、河、人、历史、风俗的文化展示。

高老头(节选)

[法]巴尔扎克

　　第二天下午两点左右,皮安训要出去,叫醒拉斯蒂涅,接他的班。高老头的病势上半天又加重许多。

　　"老头儿活不到两天了,也许还活不到六小时,"医学生道,"可是他的病,咱们不能置之不理。还得给他一些费钱的治疗。咱们替他当看护是不成问题,我可没有钱。他的衣袋,柜子,我都翻遍了,全是空的。他神志清楚的时候我问过他,他说连一个子儿都没有了。你身上有多少,你?"

　　"还剩二十法郎,我可以去赌,会赢的。"

　　"输了怎办?"

　　"问他的女婿女儿去要。"

　　皮安训道:"他们不给又怎办?眼前最急的还不是钱,而是要在他身上贴滚热的芥子膏药,从脚底直到大腿的半中间。他要叫起来,那还有希望。你知道怎么做的。再说,克利斯朵夫可以帮你忙。我到药剂师那儿去作个保,赊欠药账。可惜不能送他进我们的医院,招呼得好一些。来,让我告诉你怎么办;我不回来,你不能离开他。"

　　他们走进老人的屋子,欧也纳看到他的脸变得没有血色,没有生气,扭做一团,不由得大吃一惊。

　　"喂,老丈,怎么样?"他靠着破床弯下身去问。

　　高里奥眨巴着黯淡的眼睛,仔细瞧了瞧欧也纳,认不得他。大学生受不住了,眼泪直涌出来。

　　高老头忽然认出了欧也纳,说道:

　　"她们玩得痛快吗?"

　　"哦!他只想着他的女儿,"皮安训道,"昨夜他和我说了上百次:她们在跳舞呢!她购跳舞衣衫有了。——他叫她们的名字。那声音把我听得哭了,真是要命!他叫:但斐纳!我的小但斐纳!娜齐!真的!简直叫你止不住眼泪。"

　　"但斐纳,"老人接口说,"她在这儿,是不是?我知道的。"

　　他眼睛忽然骨碌碌的乱转,瞪着墙壁和房门。

　　"我下去叫西尔维预备芥子膏药,"皮安训说,"这是替他上药的好机会。"

　　拉斯蒂涅独自陪着老人,坐在床脚下,定睛瞧着这副嘴脸,觉得又害怕又难过。

"特·鲍赛昂太太逃到乡下去了,这一个又要死了,"他心里想,"美好的灵魂不能在这个世界上待久的。真是,伟大的感情怎么能跟一个猥琐,狭小,浅薄的社会沉瀣一气呢?"

他参加的那个盛会的景象在脑海中浮起来,同眼前这个病人垂死的景象成为对比。皮安训突然奔进来叫道:"喂,欧也纳,我才见到我们的主任医师,就奔回来了!要是他忽然清醒,说起话来,你把他放倒在一长条芥子膏药上,让芥末把颈窝到腰部下面一齐裹住;再教人通知我们。"

"亲爱的皮安训!"欧也纳说。

"哦!这是为了科学。"医学生说,他的热心像一个刚改信宗教的人。

欧也纳说:"那么只有我一个人是为了感情照顾他了。"

皮安训听了并不生气,只说:"你要看到我早上的模样,就不会说这种话了。告诉你,朋友,开业的医生眼里只有疾病,我还看见病人呢。"

他走了。欧也纳单独陪着病人,唯恐高潮就要发作。不久高潮果然来了。

"啊!是你,亲爱的孩子,"高老头认出了欧也纳。

"你好些吗?"大学生拿着他的手问。

"好一些。刚才我的脑袋好似夹在钳子里,现在松一点儿了。你可曾看见我的女儿?她们马上要来了,一知道我害病,会立刻赶来的。从前在于西安街,她们服侍过我多少回!天哪!我真想把屋子收拾干净,好招待她们。有个年轻人把我的泥炭烧完了。"

欧也纳说:"我听见克利斯朵夫的声音,他替你搬木柴来,就是那个年轻人给你送来的。"

"好吧!可是拿什么付账呢?我一个钱都没有了,孩子。我把一切都给了,一切。我变了叫化子了。至少那件金线衫好看吗?(啊唷!我痛!)谢谢你,克利斯朵夫。上帝会报答你的,孩子;我啊,我什么都没有了。"

欧也纳凑着男佣人的耳朵说:"我不会教你和西尔维白忙的。"

"克利斯朵夫,是不是我两个女儿告诉你就要来了?你再去一次,我给你五法郎。对她们说我觉得不好,我临死之前还想拥抱她们,再看她们一次。你这样去说吧,可是别过分吓了她们。"

克利斯朵夫看见欧也纳对他递了个眼色,便动身了。

"她们要来了,"老人又说,"我知道她们的脾气。好但斐纳,我死了,她要怎样的伤心呀!还有娜齐也是的。我不愿意死,因为不愿意让她们哭。我的好欧也纳,死,死就是再也看不见她们。在那个世界里,我要闷得发慌哩。看不见孩子,做父亲的等于入了地狱;自从她们结了婚,我就尝着这个味道。我的天堂是于西安街。嗳!喂,倘使我进了天堂,我的灵魂还能回到她们身边吗?听说有这种事情,可是真的?我现在清清楚楚看见她们在于西安街的模样。她们一早下楼,说:爸爸,你早。我把她们抱在膝上,用种种花样逗她们玩儿,跟她们淘气。她们也跟我亲热一阵。我们天天一块儿吃中饭,一块儿吃晚饭,总之那时我是父亲,看着孩子直乐。在于西安街,她们不跟我讲嘴,一点不懂人事,她们很爱我。天哪!干么她们要长大呢?(哎唷!我痛啊!头里在抽。)啊!啊!对不起。孩子们!我痛死了;要不是真痛,我不会叫的,你们早已把我训练得不怕痛苦了。上帝呀!只消我能握着她们的手,我就不觉得痛啦。你想她们会来吗?克利斯朵夫蠢极了!我该自己去的。他倒有福气看到她们。你昨天去了跳舞会,你告诉我呀,她们怎么样?她们一点不知道我病了,可不是?要不她们不肯去跳舞了,可怜的孩子们!噢!我再也不愿意害病了。她们还少不了我呢。她们的财产遭了危险,又是落在怎样的丈夫手里!把我治好呀,治好呀!(噢!我多难过!哟!哟!哟!)你瞧,非把我医好不行,她们需要钱,我知道到哪儿去挣。我要上奥特赛去做淀粉。我才精明呢,会赚他几百万。(哦呀!我痛死了!)"

高里奥不出声了,仿佛集中全身的精力熬着痛苦。

"她们在这儿,我不会叫苦了,干么还要叫苦呢?"

他迷迷糊糊昏沉了好久。克利斯朵夫回来,拉斯蒂涅以为高老头睡熟了,让佣人高声回报他出差的情形。

"先生,我先上伯爵夫人家,可没法跟她说话,她和丈夫有要紧事儿。我再三央求,特·雷斯多先生亲自出来对我说:高里奥先生快死了是不是?哎,再好没有。我有事,要太太待在家里。事情完了,她会去的。——他似乎很生气,这位先生。我正要出来,太太从一扇我看不见的门里走到穿堂,告诉我:克利斯朵夫,你对我父亲说,我同丈夫正在商量事情,不能来。那是有关我孩子们生死的问题。但等事情一完,我就去看他。——说到男爵夫人吧,又是另外一桩事儿!我没有见到她,不能跟她说话。老妈子说:啊!太太今儿早上五点一刻才从跳舞会回来;中午以前叫醒她,一定要挨骂的。等会她打铃叫我,我会告诉她,说她父亲的病更重了。报告一件坏消息,不会嫌太晚的。——我再三央求也没用。哎,是呀,我也要求见男爵,他不在家。"

"一个也不来,"拉斯蒂捏嚷道,"让我写信给她们。"

"一个也不来,"老人坐起来接着说,"她们有事,她们在睡觉:她们不会来的。我早知道了。直要临死才知道女儿是什么东西!唉!朋友,你别结婚,别生孩子!你给他们生命,他们给你死。你带他们到世界上来,他们把你从世界上赶出去。她们不会来的!我已经知道了十年。有时我心里这么想,只是不敢相信。"

他每只眼中冒出一颗眼泪,滚在鲜红的眼皮边上,不掉下来。

"唉!倘若我有钱,倘若我留着家私,没有把财产给她们,她们就会来,会用她们的亲吻来舐我的脸!我可以住在一所公馆里,有漂亮的屋子,有我的仆人,生着火;她们都要哭做一团,还有她们的丈夫,她们的孩子。这一切我都可以到手。现在可什么都没有。钱能买到一切,买到女儿。啊!我的钱到哪儿去了?倘若我还有财产留下,她们会来伺候我,招呼我;我可以听到她们,看到她们。啊,欧也纳,亲爱的孩子,我唯一的孩子,我宁可给人家遗弃,宁可做个倒霉鬼!倒楣鬼有人爱,至少那是真正的爱!啊,不,我要有钱,

那我可以看到她们了。唉,谁知道?她们两个的心都像石头一样。我把所有的爱在她们身上用尽了,她们对我不能再有爱了。做父亲的应该永远有钱,应该拉紧儿女的缰绳,像对付狡猾的马一样。我却向她们下跪。该死的东西!她们十年来对我的行为,现在到了顶点。你不知道她们刚结婚的时候对我怎样的奉承体贴!(噢!我痛得像受毒刑一样!)我才给了她们每人八十万,她们和她们的丈夫都不敢怠慢我。我受到好款待:好爸爸,上这儿来;好爸爸,往那儿去。她们家永远有我的一份刀叉。我同她们的丈夫一块儿吃饭,他们对我很恭敬,看我手头还有一些呢。为什么?因为我生意的底细,我一句没提。一个给了女儿八十万的人是应该奉承的。他们对我那么周到,体贴,那是为我的钱啊。世界并不美。我看到了,我!她们陪我坐着车子上戏院,我在她们的晚会里爱待多久就待多久。她们承认是我的女儿,承认我是她们的父亲。我还有我的聪明呢,酶,什么都没逃过我的眼睛。我什么都感觉到,我的心碎了。我明明看到那是假情假意;可是没有办法。在她们家,我就不像在这儿饭桌上那么自在。我什么话都不会说。有些漂亮人物咬着我女婿的耳朵问:

——那位先生是谁啊?

——他是财神,他有钱。

——啊,原来如此!

"人家这么说着,恭恭敬敬瞧着我,就像恭恭敬敬瞧着啃钱一样。即使我有时叫他们发窘,我也补赎了我的过失。再说,谁又是十全的呢?(哎哼!我的脑袋简直是块烂疮!)我这时的痛苦是临死以前的痛苦,亲爱的欧也纳先生,可是比起当年娜齐第一次瞪着我给我的难受,眼前的痛苦算不了什么。那时她瞪我一眼,因为我说错了话,丢了她的脸;唉,她那一眼把我全身的血管都割破了。我很想懂得交际场中的规矩;可是我只懂得一样:我在世界上是多余的。第二天我上但斐纳家去找安慰,不料又闹了笑话,惹她冒火。我为此急疯了。八天工夫我不知道怎么办。我不敢去看她们,怕受埋怨。这样,我便进不了女儿的大门。哦!我的上帝!既然我吃的苦,受的难,你全知道,既然我受的千刀万剐,使我头发变白,身子磨坏的伤,你都记在账上,干么今日还要我受这个罪?就算太爱她们是我的罪过,我受的刑罚也足够补赎了。我对她们的慈爱,她们都狠狠报复了,像刽子手一般把我上过毒刑了。唉!做老子的多蠢!我太爱她们了,每次都回头去迁就她们,好像赌棍离不开赌场。我的嗜好,我的情妇,我的一切,便是两个女儿,她们俩想要一点儿装饰品什么的,老妈子告诉了我,我就去买来送给她们,巴望得到些好款待!可是她们看了我在人前的态度,照样来一番教训。而且等不到第二天!喝,她们为着我脸红了。这是给儿女受好教育的报应。我活了这把年纪,可不能再上学校啦。(我痛死了,天哪!医生呀!医生呀!把我脑袋劈开来,也许会好些。)我的女儿呀,我的女儿呀,娜齐,但斐纳!我要看她们。叫警察去找她们来,抓她们来!法律应该帮我的,天性,民法,都应该帮我。我要抗议。把父亲踩在脚下,国家不要亡了吗?这是很明白的。社会,世界,都是靠父道做轴心的;儿女不孝父亲,不要天翻地覆吗?哦!看到她们,听到她们,不管她们说些什么,只要听见她们的声音,尤其但斐纳,我就不觉得痛苦。等她们来了,你叫她们别那么冷冷的瞧我。啊!我的好朋友,欧也纳先生,看到她们眼中的金光变得象铅一样不灰不白,你真不知道是什么味儿。自从她们的眼睛对我不放光辉之后,我老在这儿过冬天;只有苦水给我吞,我也就吞下了!我活着就是为受委屈,受侮辱。她们给我一点儿可怜的,小小的,可耻的快乐,代价是教我受种种的差辱,我都受了,因为我太爱她们了。老子偷偷摸摸的看女儿!听见过没有?我把一辈子的生命给了她们,她们今天连一小时都不给我!我又饥又渴,心在发烧,她们不来苏解一下我的临终苦难。我觉得我要死了。什么叫做践踏父亲的尸首,难道她们不知道吗?天上还有一个上帝,他可不管我们做老子的愿不愿意,要替我们报仇的。噢!她们会来的!来啊,我的小心肝,你们来亲我呀;最后一个亲吻就是你们父亲的临终圣餐了,他会代你们求上帝,说你们一向孝顺,替你们辩护!归根结蒂,你们没有罪。朋友,她们是没有罪的!请你对大家都这么说,别为了我难为她们。一切都是我的错,是我纵容她们把我踩在脚下的。我就喜欢那样。这跟谁都不相干,人间的裁判,神明的裁判,都不相干。上帝要是为了我责罚她们,就不公平了。我不会做人,是我糊涂,自己放弃了权利。为她们我甚至堕落也甘心情愿!有什么办法!最美的天主,最优秀的灵魂,都免不了溺爱儿女。我是一个糊涂蛋,遭了报应,女儿七颠八倒的生活是我一手造成的,是我惯了她们。现在她们要寻欢作乐,正像她们从前要吃糖果。我一向对她们百依百顺。小姑娘想入非非的欲望,都给她们满足。十五岁就有了车!要什么有什么。罪过都在我一个人身上,为了爱她们而犯的罪。唉,她们的声音能够打开我的心房。我听见她们,她们在来啦。哦!一定的,她们要来的。法律也要人给父亲送终的,法律是支持我的。只要叫人跑一趟就行。我给车钱。你写信去告诉她们,说我还有几百万家私留给她们!我敢起誓。我可以上奥特赛去做高等面食。我有办法。计划中还有几百万好赚。哼,谁也没有想到。那不会像麦子和面粉一样在路上变坏的。嗳,嗳,淀粉哪,有几百万好赚啊!你告诉她们有几百万绝不是扯谎。她们为了贪心还是肯来的;我宁愿受骗,我要看到她们。我要我的女儿!是我把她们生下来的!她们是我的!"他一边说一边在床上挺起身子,给欧也纳看到一张白发凌乱的脸,竭力装做威吓的神气。

欧也纳说:"嗳,嗳,你睡下吧。我来写信给她们。等皮安训来了,她们要再不来,我就自个儿去。"

"她们再不来,"老人一边大哭一边接了一句,"我要死了,要气疯了,气死了!气已经上来了!现在我把我这一辈子都看清楚了。我上了当!她们不爱我,从来没有爱过我!这是摆明的了。她们这时不来是不会来的了。她们越拖,越不肯给我这个快乐。我知道她们。我的悲伤,我的痛苦,我的需要,她们从来没体会到一星半点,连我的死也没有想到;我的爱,我的温情,她们完全不了解。是的,她们把我糟蹋惯了,在她眼里我所有的牺牲都一文不值。哪怕她们要挖掉我眼睛,我也会说:挖吧!我太傻了。她们以为天下的老子都像她们的一样。想不到你待人好一定要人知道!将来她们的孩子会替我报仇的。唉,来看我还是为她们自己啊。你去告诉她们,说她们临死要受到报应的。犯了这桩罪,等于犯了世界上所有的罪。去啊,去对她们说,不来送我的终是件逆!不加上这一桩,她们的罪过已经数不清啦。你得象我一样的去叫:哎!娜齐!哎!但斐纳!父亲待你们多好,他在受难,你们来吧!——唉!一个都不来。难道我就象野狗一样的死吗?爱了一辈子的女儿,到头来反给女儿遗弃!简直是些下流东西,流氓婆;我恨她们,咒她们;我半夜里还要从棺材里爬起来咒她们。嗳,朋友,难道这能派我的不是吗?她们做人这样恶劣,是不是!我说甚么?你不是告诉我但斐纳在这儿吗?还是她好。你是我的儿子,欧也纳。你,你得爱她,象父亲一样的爱她。还有一个是遭了难。她们的财产呀!哦!上帝!我要死了,我太苦了!把我的脑袋割掉吧,留给我一颗心就行了。"

"克利斯朵夫,去找皮安训来,顺便替我雇辆车。"欧也纳嚷着。他被老人这些呼天抢地的哭诉吓坏了。

"老伯,我到你女儿家去把她们带来。"

"把她们抓来,抓来!叫警卫队,叫军队!"老人说着,对欧也纳瞪了一眼,闪出最后一道理性的光,"去告诉政府,告诉检察官,叫人替我带来!"

"你刚才咒过她们了。"

老人愣了一愣,说:"谁说的?你知道我是爱她们的,疼她们的!我看到她们,病就好啦……去吧,我的好邻居,好孩子,去吧,你是慈悲的;我要重重地谢你;可是我什么都没有了,只能给你一个祝福,一个临死的人的祝福。啊!至少我要看到但斐纳,吩咐她代我报答你。那个不能来,就带这个来吧。告诉她,她要不来,你不爱她了。她多爱你,一定会来的。哟,我渴死了,五脏六腑都在烧!替我在头上放点儿什么吧。最好是女儿的手,那我就得救了,我觉得的……天哪!我死了,谁替她们挣钱呢?我要为她们上奥特赛去,上奥特赛做面条生意。"

欧也纳搀起病人,用左臂扶着,另一只手端给他一杯满满的药茶,说道:"你喝这个。"

"你一定要爱你的父母,"老人说着,有气无力的握着欧也纳的手,"你懂得吗,我要死了,不见她们一面就死了。永远口渴而没有水喝,这便是我十年来的生活……两个女婿断送了我的女儿。是的,从她们出嫁之后,我就没有女儿了。做老子的听着!你们得要求国会定一条结婚的法律!要是你们爱女儿,就不能把她嫁人。女婿是毁坏女儿的坏蛋,他把一切都污辱了。再不要有结婚这回事!结婚抢走我们的女儿,教我们临死看不见女儿。为了父亲的死,应该订一条法律。真是可怕!报仇呀报仇呀!是我女婿不准她们来的呀。杀死他们!杀雷斯多!杀纽沁根!他们是我的凶手!不还我女儿,就要他们的命!唉!完啦,我见不到她们的了!她们!娜齐,斐斐纳,喂,来啊,爸爸出门啦……"

"老伯,你静静吧,别生气,别多想。"

"看不见她们,这才是我的临终苦难!"

"你会看见的。"

"真的!"老人迷迷惘惘的叫起来,"噢!看到她们!我还会看到她们,听到她们的声音。那我死也死得快乐了。唉,是啊,我不想活了,我不稀罕活了,我痛得越来越厉害了。可是看到她们,碰到她们的衣衫,唉!只要她们的衣衫,衣衫,就这么一点儿要求!只消让我摸到她们的一点儿什么!让我抓一把她们的、头发……头发……"

他仿佛挨了一棍,脑袋望枕上倒下,双手在被单上乱抓,好像要抓女儿们的头发。

他又挣扎着说:"我祝福她们,祝福她们。"

然后他昏过去了。

阅读提示

巴尔扎克(1799~1850),法国作家。1829年发表长篇小说《朱安党人》,迈出了现实主义创作的第一步。1831年出版的《驴皮记》使他声名大振。他一生创作甚丰,写出了91部小说,合称《人间喜剧》。《高老头》发表于1834年,是巴尔扎克最优秀的作品之一。小说塑造了高老头这一典型的人物形象,他是封建宗法思想被资产阶级金钱至上的道德原则所战胜的历史悲剧的一个缩影,向读者展示了一份特别的父爱。本文节选于第六章"父亲的死"(内容有删节),细致地描写了高老头临死前的语言和动作,揭示了他的内心世界。

答谢中书书

[梁]陶宏景

　　山川之美,古来共谈。高峰入云,清流见底。两岸石壁,五色交辉。青林翠竹,四时俱备。晓雾将歇,猿鸟乱鸣;夕日欲颓①,沉鳞竞跃②。实是欲界之仙都③。自康乐以来④,未复有能与其奇者⑤。

▍阅读提示

　　陶宏景(452～536),字通明,号华阳隐居,丹阳秣陵(今江苏省江宁县东南)人。中国南北朝时期著名的医学家、哲学家(道家学者)和文学家。他精通棋术,善于弹琴,也是个书法家,帝有大事,无不咨询,故被称为"山中宰相"。有《陶隐居集》。《答谢中书书》是陶宏景写给朋友谢中书的一封书信,反映了作者娱情山水的思想。本文叙述江南山水之美,清丽自然,毫无堆砌雕琢的弊病。作者正是将谢中书当作能够谈山论水的朋友,同时也期望与古往今来的林泉高士相比肩。

---

① 颓:落下。
② 沉鳞:潜在水中的鱼。
③ 欲界:佛教把世界分为欲界、色界、无色界。欲界是没有摆脱世俗七情六欲的众生所处的境界,即指人间。
④ 康乐:南朝宋代诗人谢灵运。因世袭康乐公,世称康乐,生平喜游山玩水。
⑤ 与:参与,即投身其中的意思。这句连上句是说,自从谢灵运以后就再也没有能欣赏这奇妙山水的人了。

中秋的月亮

周作人

敦礼臣著《燕京岁时记》云:"京师之曰八月节者,即中秋也。每届中秋,府第朱门皆以月饼果品相馈赠,至十五月圆时,陈瓜果于庭以供月,并祝以毛豆鸡冠花。是时也,皓魄当空,彩云初散,传杯洗盏,儿女喧哗,真所谓佳节也。惟供月时,男子多不叩拜,故京师谚曰,男不拜月,女不祭灶。"

此记作于四十年前,至今风俗似无甚变更,虽民生凋敝,百物较二年前超过五倍,但中秋吃月饼恐怕还不肯放弃,至于赏月则未必有此兴趣了罢。本来举杯邀月这只是文人的雅兴,秋高气爽,月色分外光明,更觉得有意思,特别定这日为佳节,若在民间不见得有多大兴味,大抵就是算账要紧,月饼尚在其次。

我回想乡间一般对于月亮的意见,觉得这与文人学者的颇不相同。普通称月曰月亮婆婆,中秋供素月饼水果及老南瓜,又凉水一碗,妇孺拜毕,以指蘸水涂目,祝曰眼目清凉。相信月中有裟婆树,中秋夜有一枝落下人间,此亦似即所谓月华,但不幸如落在人身上,必成奇疾,或头大如斗,必须断开,乃能取出宝物也。

月亮在天文中本是一种怪物,忽圆忽缺,诸多变异,潮水受它的呼唤,古人又相信其与女人生活有关。更奇的是与精神病者也有微妙的关系,拉丁文便称此病曰月光病,仿佛与日射病可以对比似的。这说法现代医家当然是不承认了,但是我还有点相信,不是说其间隔发作的类似,实在觉得月亮有其可怕的一面,患怔忡的人见了会生影响,正是可能的事罢。

好多年前夜间从东城回家来,路上望见在昏黑的天上,挂着一钩深黄的残月,看去很是凄惨,我想我们现代都市人尚且如此感觉,古时原始生活的人当更如何?住在岩窟之下,遇见这种情景,听着豺狼嗥叫,夜鸟飞鸣,大约没有什么好的心情,——不,即使并无这些禽兽骚扰,单是那月亮的威吓也就够了,它简直是一个妖怪,别的种种异物喜欢在月夜出现,这也只是风云之会,不过跑龙套罢了。

等到月亮渐渐地圆了起来,它的形相也渐和善了,望前后的三天光景几乎是一位富翁的脸,难怪能够得到许多人的喜悦,可是总是有一股冷气,无论如何还是去不掉的。"只恐琼楼玉宇,高处不胜寒",东坡这句词很能写出明月的精神来,向来传说的忠爱之意究竟是否寄托在内,现在不关重要,可以姑且不谈。

总之我于赏月无甚趣味,赏雪赏雨也是一样,因为对于自然还是畏过于爱,自己不敢相信已能克服了自然，所以有些文明人的享乐是于我颇少缘分的。

中秋的意义，在我个人看来，吃月饼之重要殆过于看月亮，而还账又过于吃月饼，然则我诚犹未免为乡人也。

阅读提示

周作人(1885～1967)，浙江绍兴人，中国现代著名散文家、文学理论家、评论家、诗人、翻译家、思想家，中国民俗学开拓人，新文化运动代表人物之一。历任国立北京大学教授、东方文学系主任，燕京大学新文学系主任、客座教授。《中秋的月亮》平淡朴素，简约含蓄，颇能代作周作人的文风。

老人与海(节选)

[美]海明威

这条鲨鱼的出现不是偶然的。当那一大片暗红的血朝一英里深的海里下沉并扩散的时候,它从水底深处上来了。它窜上来得那么快,全然不顾一切,竟然冲破了蓝色的水面,来到了阳光里。跟着它又掉回海里,嗅到了血腥气的踪迹,就顺着小船和那鱼所走的路线游去。

有时候它迷失了那气味。但是它总会重新嗅到,或者就嗅到那么一点儿,它就飞快地使劲跟上。它是条很大的灰鲭鲨,生就一副好体格,能游得跟海里最快的鱼一般快,周身的一切都很美,除了它的上下颚。它的背部和剑鱼的一般蓝,肚子是银色的,鱼皮光滑而漂亮。它长得和剑鱼一般,除了它那张正紧闭着的大嘴,它眼下就在水面下迅速地游着,高耸的脊鳍象刀子般划破水面,一点也不抖动。在这紧闭着的双唇里面,八排牙齿全都朝里倾斜着。它们和大多数鲨鱼的不同,不是一般的金字塔形的。它们像爪子般蜷曲起来的人的手指。它们几乎跟这老人的手指一般长,两边都有刀片般锋利的快口。这种鱼生就拿海里所有的鱼当食料,它们游得那么快,那么壮健,武器齐备,以致所向无敌。它闻到了这新鲜的血腥气,此刻正加快了速度,蓝色的脊鳍划破了水面。老人看见它在游来,看出这是条毫无畏惧而坚决为所欲为的鲨鱼。他准备好了鱼叉,系紧了绳子,一面注视着鲨鱼向前游来。绳子短了,缺了他割下用来绑鱼的那一截。老人此刻头脑清醒,正常,充满了决心,但并不抱着多少希望。光景太好了,不可能持久的,他想。他注视着鲨鱼在逼近,抽空朝那条大鱼望上一眼。这简直等于是一场梦,他想。我没法阻止它来袭击我,但是也许我能弄死它。登多索鲨,他想。你它妈交上坏运啦。

鲨鱼飞速地逼近船梢,它袭击那鱼的时候,老人看见它张开了嘴,看见它那双奇异的眼睛,它咬住鱼尾巴上面一点儿的地方,牙齿咬得嘎吱嘎吱地响。鲨鱼的头露出在水面上,背部正在出水,老人听见那条大鱼的皮肉被撕裂的声音,这时候,他用鱼叉朝下猛地扎进鲨鱼的脑袋,正扎在它两眼之间的那条线和从鼻子笔直通到脑后的那条线的交叉点上。这两条线实在是并不存在的。只有那沉重、尖锐的蓝色脑袋,两只大眼睛和那嘎吱作响、吞噬一切的突出的两颚。可是那儿正是脑子的所在,老人直朝它扎去。他使出全身的力气,用糊着鲜血的双手,把一支好鱼叉向它扎去。他扎它,并不抱着希望,但是带着决心和十足的恶意。

鲨鱼翻了个身,老人看出它眼睛里已经没有生气了,跟着它又翻了个身,自行缠上

了两道绳子。老人知道这鲨鱼快死了,但它还是不肯认输。它这时肚皮朝上,尾巴扑打着,两颚嘎吱作响,像一条快艇般划开水面。它的尾巴把水拍打得泛出白色,四分之三的身体露出在水面上,这时绳子给绷紧了,抖了一下,啪地断了。鲨鱼在水面上静静地躺了片刻,老人紧盯着它。然后它慢慢地沉下去了。

"它吃掉了约莫四十磅肉,"老人说出声来。它把我的鱼叉也带走了,还有那么许多绳子,他想,而且现在我这条鱼又在淌血,其他鲨鱼也会来的。

他不忍心再朝这死鱼看上一眼,因为它已经被咬得残缺不全了。鱼挨到袭击的时候,他感到就像自己挨到袭击一样。可是我杀死了这条袭击我的鱼的鲨鱼,他想。而它是我见到过的最大的登多索鲨。天知道,我见过一些大的。

光景太好了,不可能持久的,他想。但愿这是一场梦,我根本没有钓到这条鱼,正独自躺在床上铺的旧报纸上。

"不过人不是为失败而生的,"他说,"一个人可以被毁灭,但不能给打败。"不过我很痛心,把这鱼给杀了,他想。现在倒霉的时刻要来了,可我连鱼叉也没有。这条登多索鲨是残忍、能干、强壮而聪明的。但是我比它更聪明。也许并不,他想。也许我仅仅是武器比它强。

"别想啦,老家伙,"他说出声来,"顺着这航线行驶,事到临头再对付吧。"但是我一定要想,他想。因为我只剩下这个了。这个,还有棒球。不知道那了不起的迪马吉奥可会喜欢我那样击中它的脑子?这不是什么了不起的事儿,他想。任何人都做得到。但是,你可以为,我这双受伤的手跟骨刺一样是个很大的不利条件?我没法知道。我的脚后跟从没出过毛病,除了有一次在游水时踩着了一条海鳐鱼,被它扎了一下,小腿麻痹了,痛得真受不了。

"想点开心的事儿吧,老家伙,"他说,"每过一分钟,你就离家近一步。丢了四十磅鱼肉,你航行起来更轻快了。"他很清楚,等他驶进了海流的中部,会发生什么事。可是眼下一点办法也没有。

"不,有办法,"他说出声来,"我可以把刀子绑在一支桨的把子上。"

于是他胳肢窝里挟着舵柄,一只脚踩住了帆脚索,就这样办了。

"行了,"他说,"我照旧是个老头儿。不过我不是没有武器的了。"

这时风刮得强劲些了,他顺利地航行着。他只顾盯着鱼的上半身,恢复了一点儿希望。

他把身子探出船舷,从鱼身上被鲨鱼咬过的地方撕下一块肉。他咀嚼着,觉得肉质很好,味道鲜美。又坚实又多汁,像牲口的肉,不过不是红色的。一点筋也没有,他知道在市场上能卖最高的价钱。可是没有办法让它的气味不散布到水里去,老人知道糟糕透顶的时刻就快来到了。

风持续地吹着。它稍微转向东北方,他明白这表明它不会停息。老人朝前方望去,不见一丝帆影,也看不见任何一只船的船身或冒出来的烟。只有从他船头下跃起的飞鱼，向两边逃去，还有一摊摊黄色的马尾藻。他连一只鸟也看不见。他已经航行了两个钟点，在船梢歇着，有时候从大马林鱼身上撕下一点肉来咀嚼着，努力休息，保持精力，这时他看到了两条鲨鱼中首先露面的那一条。

"Ay，"他说出声来。这个词儿是没法翻译的，也许不过是一声叫喊，就像一个人觉得钉子穿过他的双手，钉进木头时不由自主地发出的声音。

"加拉诺鲨，"他说出声来。他看见另一个鳍在第一个的背后冒出水来，根据这褐色的三角形鳍和甩来甩去的尾巴，认出它们正是铲鼻鲨。它们嗅到了血腥味，很兴奋，因为饿昏了头，它们激动得一会儿迷失了臭迹，一会儿又嗅到了。可是它们始终在逼近。

老人系紧帆脚索，卡住了舵柄。然后他拿起上面绑着刀子的桨。他尽量轻地把它举起来，因为他那双手痛得不听使唤了。然后他把手张开，再轻轻捏住了桨，让双手松弛下来。他紧紧地把手合拢，让它们忍受着痛楚而不致缩回去，一面注视着鲨鱼在过来。他这时看得见它们那又宽又扁的铲子形的头，和尖端呈白色的宽阔的胸鳍。它们是可恶的鲨鱼，气味难闻，既杀害其他的鱼，也吃腐烂的死鱼，饥饿的时候，它们会咬船上的一把桨或者舵。就是这些鲨鱼，会趁海龟在水面上睡觉的时候咬掉它们的脚和鳍状肢，如果碰到饥饿的时候，也会在水里袭击人，即使这人身上并没有鱼血或黏液的腥味。

"Ay，"老人说，"加拉诺鲨。来吧，加拉诺鲨。"

它们来啦。但是它们来的方式和那条灰鲭鲨的不同。一条鲨鱼转了个身，钻到小船底下不见了，它用嘴拉扯着死鱼，老人觉得小船在晃动。另一条用它一条缝似的黄眼睛注视着老人，然后飞快地游来，半圆形的上下颚大大地张开着，朝鱼身上被咬过的地方咬去。它褐色的头顶以及脑子跟脊髓相连处的背脊上有道清清楚楚的纹路，老人把绑在桨上的刀子朝那交叉点扎进去，拔出来，再扎进这鲨鱼的黄色猫眼。鲨鱼放开了咬住的鱼，身子朝下溜，临死时还把咬下的肉吞了下去。

另一条鲨鱼正在咬啃那条鱼，弄得小船还在摇晃，老人就放松了帆脚索，让小船横过来，使鲨鱼从船底下暴露出来。他一看见鲨鱼，就从船舷上探出身子，一桨朝它戳去。他只戳在肉上，但鲨鱼的皮紧绷着，刀子几乎戳不进去。这一戳不仅震痛了他那双手，也震痛了他的肩膀。但是鲨鱼迅速地浮上来，露出了脑袋，老人趁它的鼻子伸出水面挨上那条鱼的时候，对准它扁平的脑袋正中扎去。老人拔出刀刃，朝同一地方又扎了那鲨鱼一下。它依旧紧锁着上下颚，咬住了鱼不放，老人一刀戳进它的左眼。鲨鱼还是吊在那里。

"还不够吗？"老人说着，把刀刃戳进它的脊骨和脑子之间。这时扎起来很容易，他感到它的软骨折断了。老人把桨倒过来，把刀刃插进鲨鱼的两颚之间，想把它的嘴撬开。他把刀刃一转，鲨鱼松了嘴溜开了，他说："走吧，加拉诺鲨，溜到一英里深的水里去吧。去找你的朋友，也许那是你的妈妈吧。"

老人擦了擦刀刃，把桨放下。然后他摸到了帆脚索，张起帆来，使小船顺着原来的航线走。

"它们一定把这鱼吃掉了四分之一,而且都是上好的肉,"他说出声来。"但愿这是一场梦,我压根儿没有钓到它。我为这件事感到真抱歉,鱼啊。这把一切都搞糟啦。"他顿住了,此刻不想朝鱼望了。它流尽了血,被海水冲刷着,看上去象镜子背面镀的银色,身上的条纹依旧看得出来。"我原不该出海这么远的,鱼啊,"他说。"对你对我都不好。我很抱歉,鱼啊。"

得了,他对自己说。去看看绑刀子的绳子,看看有没有断。然后把你的手弄好,因为还有鲨鱼要来。

它是条大鱼,可以供养一个人整整一冬,他想。别想这个啦。还是休息休息,把你的手弄弄好,保护这剩下的鱼肉吧。水里的血腥气这样浓,我手上的血腥气就算不上什么了。再说,这双手上出的血也不多。给割开的地方都算不上什么。出血也许能使我的左手不再抽筋。

我现在还有什么事可想?他想。什么也没有。我必须什么也不想,等待下一条鲨鱼来。但愿这真是一场梦,他想。不过谁说得准呢?也许结果会是好的。

接着来的鲨鱼是条单独的铲鼻鲨。看它的来势,就像一头猪奔向饲料槽,如果说猪能有这么大的嘴,你可以把脑袋伸进去的话。老人让它咬住了鱼,然后把桨上绑着的刀子扎进它的脑子。但是鲨鱼朝后猛地一扭,打了个滚,刀刃啪地一声断了。

老人坐定下来掌舵。他都不去看那条大鲨鱼在水里慢慢地下沉,它起先是原来那么大,然后渐渐小了,然后只剩一丁点儿了。这种情景总叫老人看得入迷。可是这会他看也不看一眼。

"我现在还有那根鱼钩,"他说,"不过它没什么用处。我还有两把桨和那个舵把和那根短棍。"

它们如今可把我打败了,他想。我太老了,不能用棍子打死鲨鱼了。但是只要我有桨和短棍和舵把,我就要试试。他又把双手浸在水里泡着。下午渐渐过去,快近傍晚了,他除了海洋和天空,什么也看不见。空中的风比刚才大了,他指望不久就能看到陆地。

"你累乏了,老家伙,"他说,"你骨子里累乏了。"

直到快日落的时候,鲨鱼才再来袭击它。

老人看见两片褐色的鳍正顺着那鱼必然在水里留下的很宽的臭迹游来。它们竟然不用到处来回搜索这臭迹。它们笔直地并肩朝小船游来。

他刹住了舵把,系紧帆脚索,伸手到船梢下去拿棍子。它原是个桨把,是从一支断桨上锯下的,大约两英尺半长。因为它上面有个把手,他只能用一只手有效地使用,于是他就用右手好好儿攥住了它,弯着手按在上面,一面望着鲨鱼在过来。两条都是加拉诺鲨。

我必须让第一条鲨鱼好好咬住了才打它的鼻尖,或者直朝它头顶正中打去,他想。

两条鲨鱼一起紧逼过来,他一看到离他较近的那条张开嘴直咬进那鱼的银色胁腹,就高高举起棍子,重重地打下去,砰的一声打在鲨鱼宽阔的头顶上。棍子落下去,他觉得好象打在坚韧的橡胶上。但他也感觉到坚硬的骨头,他就趁鲨鱼从那鱼身上朝下溜的当儿,再重重地朝它鼻尖上打了一下。

另一条鲨鱼刚才窜来后就走了,这时又张大了嘴扑上来。它直撞在鱼身上,闭上两颚,老人看见一块块白色的鱼肉从它嘴角漏出来。他抡起棍子朝它打去,只打中了头部,鲨鱼朝他看看,把咬在嘴里的肉一口撕下了。老人趁它溜开去把肉咽下时,又抡起棍子朝它打下去,只打中了那厚实而坚韧的橡胶般的地方。

"来吧,加拉诺鲨,"老人说,"再过来吧。"

鲨鱼冲上前来,老人趁它合上两颚时给了它一下。他结结实实地打中了它,是把棍子举得尽量高才打下去的。这一回他感到打中了脑子后部的骨头,于是朝同一部位又是一下,鲨鱼呆滞地撕下嘴里咬着的鱼肉,从鱼身边溜下去了。

老人守望着,等它再来,可是两条鲨鱼都没有露面。接着他看见其中的一条在海面上绕着圈儿游着。他没有看见另外一条的鳍。

我没法指望打死它们了,他想。我年轻力壮时能行。不过我已经把它们俩都打得受了重伤,它们中哪一条都不会觉得好过。要是我能用双手抡起一根棒球棒,我准能把第一条打死。即使现在也能行,他想。

他不愿朝那条鱼看。他知道它的半个身子已经被咬烂了。他刚才跟鲨鱼搏斗的时候,太阳已经落下去了。

"半条鱼,"他说,"你原来是条完整的。我很抱歉,我出海太远了。我把你我都毁了。不过我们杀死了不少鲨鱼,你跟我一起,还打伤了好多条。你杀死过多少啊,好鱼?你头上长着那只长嘴,可不是白长的啊。"

他喜欢想到这条鱼,想到如果它在自由地游着,会怎样去对付一条鲨鱼。我应该砍下它这长嘴,拿来跟那些鲨鱼斗,他想。但是没有斧头,后来又弄丢了那把刀子。

但是,如果我把它砍下了,就能把它绑在桨把上,该是多好的武器啊。这样,我们就能一起跟它们斗啦。要是它们夜里来,你该怎么办?你又有什么办法?

"跟它们斗,"他说,"我要跟它们斗到死。"

但是,在眼下的黑暗里,看不见天际的反光,也看不见灯火,只有风和那稳定地拉曳着的帆,他感到说不定自己已经死了。他合上双手,摸摸掌心。这双手没有死,他只消把它们开合一下,就能感到生之痛楚。他把背脊靠在船梢上,知道自己没有死。这是他的肩膀告诉他的。

我许过愿,如果逮住了这条鱼,要念多少遍祈祷文,他不过我现在太累了,没法念。我还是把麻袋拿来披在肩上。

他躺在船梢掌着舵,注视着天空,等着天际的反光出现。我还有半条鱼,他想。也许我运气好,能把前半条带回去。我总该多少有点运气吧。不,他说。你出海太远了,把好运给冲掉啦。

大约夜里十点的时候,他看见了城市的灯火映在天际的反光。起初只能依稀看出,就像月亮升起前天上的微光。然后一步步地清楚了,就在此刻正被越来越大的风刮得波涛汹涌的海洋的另一边。他驶进了这反光的圈子,他想,要不了多久就能驶到湾流的边缘了。

现在事情过去了,他想。它们也许还会再来袭击我。不过,一个人在黑夜里,没有武器,怎样能对付它们呢?他这时身子僵硬、疼痛,在夜晚的寒气里,他的伤口和身上所有用力过度的地方都在发痛。我希望不必再斗了,他想。我真希望不必再斗了。

但是到了午夜,他又搏斗了,而这一回他明白搏斗也是徒劳。它们是成群袭来的,朝那鱼直扑,他只看见它们的鳍在水面上划出的一道道线,还有它们的磷光。他朝它们的头打去,听到上下颚啪地咬住的声音,还有它们在船底下咬住了鱼使船摇晃的声音。他看不清目标,只能感觉到,听到,就不顾死活地挥棍打去,他感到什么东西攥住了棍子,它就此丢了。

他把舵把从舵上猛地扭下,用它又打又砍,双手攥住了一次次朝下戳去。可是它们此刻都在前面船头边,一条接一条地窜上来,成群地一起来,咬下一块块鱼肉,当它们转身再来时,这些鱼肉在水面下发亮。

最后,有条鲨鱼朝鱼头起来,他知道这下子可完了。他把舵把朝鲨鱼的脑袋抡去,打在它咬住厚实的鱼头的两颚上,那儿的肉咬不下来。他抡了一次,两次,又一次。他听见舵把啪的断了,就把断下的把手向鲨鱼扎去。他感到它扎了进去,知道它很尖利,就再把它扎进去。鲨鱼松了嘴,一翻身就走了。这是前来的这群鲨鱼中最末的一条。它们再也没有什么可吃的了。

老人这时简直喘不过气来,觉得嘴里有股怪味儿。这味儿带着铜腥气,甜滋滋的,他一时害怕起来。但是这味儿并不太浓。

他朝海里啐了一口说:"把它吃了,加拉诺鲨。做个梦吧,梦见你杀了一个人。"

他明白他如今终于给打败了,没法补救了,就回到船梢,发现舵把那锯齿形的断头还可以安在舵的狭槽里,让他用来掌舵。他把麻袋在肩头围好,使小船顺着航线驶去。航行得很轻松,他什么念头都没有,什么感觉也没有。他此刻超脱了这一切,只顾尽可能出色而明智地把小船驶回他家乡的港口。夜里有些鲨鱼来咬这死鱼的残骸,就象人从饭桌上捡面包屑吃一样。老人不去理睬它们,除了掌舵以外他什么都不理睬。他只留意到船舷边没有什么沉重的东西,小船这时驶来多么轻松,多么出色。

船还是好好的,他想。它是完好的,没受一点儿损伤,除了那个舵把。那是容易更换的。

他感觉到已经在湾流中行驶,看得见沿岸那些海滨住宅区的灯光了。他知道此刻到了什么地方,回家是不在话下了。不管怎么样,风总是我们的朋友,他想。然后他加上一句:有时候是。还有大海,海里有我们的朋友,也有我们的敌人。还有床,他想。床是我的朋友。光是床,他想。床将是样了不起的东西。吃了败仗,上床是很舒服的,他想。我从来不知道竟然这么舒服。那么是什么把你打败的,他想。"什么也没有,"他说出声来,"只怪我出海太远了。"

等他驶进小港,露台饭店的灯光全熄灭了,他知道人们都上床了。海风一步步加强,此刻刮得很猛了。然而港湾里静悄悄的,他直驶到岩石下一小片卵石滩前。没人来帮他的忙,他只好尽自己的力量把船划得紧靠岸边。然后他跨出船来,把它系在一块岩石上。

他拔下桅杆,把帆卷起,系住。然后他打起桅杆往岸上爬。这时候他才明白自己疲乏到什么程度。他停了一会儿,回头一望,在街灯的反光中,看见那鱼的大尾巴直竖在小船船梢后边。他看清它赤露的脊骨象一条白线,看清那带着突出的长嘴的黑糊糊的脑袋,而在这头尾之间却一无所有。

他再往上爬,到了顶上,摔倒在地,躺了一会儿,桅杆还是横在肩上。他想法爬起身来。可是太困难了,他就扛着桅杆坐在那儿,望着大路。一只猫从路对面走过,去干它自己的事,老人注视着它。然后他只顾望着大路。

临了,他放下桅杆,站起身来。他举起桅杆,扛在肩上,顺着大路走去。他不得不坐下歇了五次,才走到他的窝棚。

进了窝棚,他把桅杆靠在墙上。他摸黑找到一只水瓶,喝了一口水。然后他在床上躺下了。他拉起毯子,盖住两肩,然后裹住了背部和双腿,他脸朝下躺在报纸上,两臂伸得笔直,手掌向上。

阅读提示

海明威(1899~1961),美国小说家。代表作有《老人与海》、《太阳照样升起》、《永别了,武器》、《丧钟为谁而鸣》等。他被誉为美利坚民族的精神丰碑,一向以"文坛硬汉"著称,文风简洁、清新、干净,被称为"电报式文体"。《老人与海》创作于1952年,它讲述了古巴老渔夫圣地亚哥在连续84天没捕到鱼的情况下,终于独自钓上了一条大马林鱼,但在归程中一再遭到鲨鱼的袭击,最后回港时只剩下鱼头鱼尾和一条脊。本文内容有删节。小说一经问世,便在国际上引起了强烈的反响,相继获得了1953年美国普利策奖和1954年诺贝尔文学奖,在当时的文学界掀起了一阵"海明威热"。

日喻说

[宋] 苏 轼

  生而眇者不识日,问之有目者。或告之曰:"日之状如铜盘。"扣盘而得其声。他日闻钟,以为日也①。或告之曰:"日之光如烛。"扪烛而得其形。他日揣籥,以为日也②。日之为钟、籥亦远矣,而眇者不知其异,以其未尝见而求之人也。

  道之难见也甚于日③,而人之未达也无以异于眇。达者告之,虽有巧譬善导,亦无以过于盘与烛也④。自盘而之钟,自钟而之籥⑤,转而相之,岂有既乎⑥?故世之言道者,或即其所见而名之⑦,或莫之见而意之⑧,皆求道之过也。

  然则道卒不可求欤?苏子曰:"道可致而不可求⑨。"何谓致?孙武曰:"善战者致人,不致于人⑩。"子夏曰:"百工居肆,以成其事;君子学,以致其道⑪。"莫之求而自至,斯以为致也欤!南方多没人⑫,日与水居也。七岁而能涉,十岁而能浮,十五而能没矣。夫没者岂苟然哉?必将有得于水之道者⑬。日与水居,则十五而得其道;生不识水,则虽壮见舟而畏之。故北方之勇者,问于没人而求其所以没,以其言试之河,未有不溺者也。故凡不学而务求道,皆北方之学没者也。

  昔者以声律取士,士杂学而不志于道⑭;今也以经术取士,士知求道而不务学⑮。渤

---

① 他日闻钟二句:谓眇者以耳代目致误。
② 他日揣籥(yuè)二句:谓眇者以手代目致误。籥,摸着一支状如笛子的乐器。
③ 道:道理,真理。此专指儒家的学术思想而言。
④ 盘:原本作"槃"。
⑤ 自盘而之钟二句:从把日当作钟再到把日当作铜盘到把日当作籥。之,动词,到。
⑥ 转而相之二句:谓辗转牵扯下去,将没个完。
⑦ 即其所见而名之:就自己片面之见来解释它。
⑧ 意之:猜测它。
⑨ 致:导致,含有循序渐进以获致、使其自至的意思。求,意指不学而强求。
⑩ 孙武曰三句:语见《孙子·虚实篇》。
⑪ 子夏曰五句:语见《论语·子张》。
⑫ 没人:能潜水的人。
⑬ 水之道:指水性。
⑭ 昔者以声律取士二句:谓以声律取士的流弊是使学者只注重声律等杂学而无明道的更高要求。
⑮ 今也以经术取士二句:谓以经术取士的流弊是使学者只空谈义理,而不注重实学。

海吴君彦律①,有志于学者也,方求举于礼部②,作《日喻》以告之。

阅读提示

苏轼(1037~1101),字子瞻,号东坡居士,谥文忠,眉山(今四川省眉山县)人。与父苏洵,弟苏辙合称"三苏"。其文汪洋恣肆,明白畅达,与欧阳修并称"欧苏",为"唐宋八大家"之一;其诗清新豪健,善用夸张比喻,与黄庭坚并称"苏黄";其词开豪放一派,与辛弃疾并称"苏辛";其书法擅长行书、楷书,能自创新意,用笔丰腴跌宕,有天真烂漫之趣,与黄庭坚、米芾、蔡襄并称"宋四家";其画学文同,喜作枯木怪石,论画主张神似。著有《苏东坡集》、《东坡乐府》。《日喻说》强调认真学习、循序渐进的必要性。

---

① 吴君彦律,生平事迹不详。
② 求举于礼部:谓应进士考试。中唐以后,进士考试由礼部主管。

说　笑

钱钟书

自从幽默文学提倡以来,卖笑变成了文人的职业。幽默当然用笑来发泄,但是笑未必就表示着幽默。刘继庄《广阳杂记》云:"驴鸣似哭,马嘶如笑。"而马并不以幽默名家,大约因为脸太长的缘故。老实说,一大部分人的笑,也只等于马鸣萧萧,充不得什么幽默。

把幽默来分别人兽,好像亚里士多德是第一个。他在《动物学》里说:"人是唯一能笑的动物。"近代奇人白伦脱(W. S. Blunt)有《笑与死》的一首十四行诗,略谓自然界如飞禽走兽之类,喜怒爱惧,无不发为适当的声音,只缺乏表示幽默的笑声。不过,笑若为表现幽默而设,笑只能算是废物或奢侈品,因为人类并不都需要笑。禽兽的鸣叫,尽够来表达一般人的情感,怒则狮吼,悲则猿啼,争则蛙噪,遇冤家则如犬之吠影,见爱人则如鸠之呼妇(cooing)。请问多少人真有幽默,需要笑来表现呢?然而造物者已经把笑的能力公平地分给了整个人类,脸上能做出笑容,嗓子里能发出笑声;有了这种本领而不使用,未免可惜。所以,一般人并非因有幽默而笑,是会笑而借笑来掩饰他们的没有幽默。笑的本意,逐渐丧失;本来是幽默丰富的流露,慢慢地变成了幽默贫乏的遮盖。于是你看见傻子的呆笑,瞎子的趁淘笑——还有风行一时的幽默文学。

笑是最流动、最迅速的表情,从眼睛里泛到口角边。东方朔《神异经·东荒经》载东王公投壶不中,"天为之笑",张华注谓天笑即是闪电,真是绝顶聪明的想象。据荷兰夫人(LadyHolland)的《追忆录》,薛德尼·斯密史(SidneySmith)也曾说:"电光是天的诙谐(Wit)。"笑的确可以说是人面上的电光,眼睛忽然增添了明亮,唇吻间闪烁着牙齿的光芒。我们不能扣留住闪电来代替高悬普照的太阳和月亮,所以我们也不能把笑变为一个固定的、集体的表情。经提倡而产生的幽默,一定是矫揉造作的幽默。这种机械化的笑容,只像骷髅的露齿,算不得活人灵动的姿态。柏格森《笑论》(LeRire)说,一切可笑都起于灵活的事物变成呆板,生动的举止化作机械式(Lemcaniqueplaquesur Levivant)。所以,复出单调的言动,无不惹笑,像口吃,像口头习惯语,像小孩子的有意模仿大人。老头子常比少年人可笑,就因为老头子不如少年人灵变活动,只是一串僵化的习惯。幽默不能提倡,也是为此。一经提倡,自然流露的弄成模仿的,变化不拘的弄成刻板的。这种幽默本身就是幽默的资料,这种笑本身就可笑。一个真有幽默的人别有会心,欣然独笑,冷然微笑,替沉闷的人生透一口气。也许要在几百年后、几万里外,才有另一个人和他隔着时间空间的河岸，莫逆于心，相视而笑。假如一大批人，嘻开了嘴，放宽了嗓子，约齐了时刻，成群结党大笑，那只能算下等游艺场里的滑稽大会串。国货提倡尚且增添了冒牌，何况幽默是不能大批出产的东西。所以，幽默提倡以后，并不产生幽默家，只添了无数弄笔墨的小花脸。挂了幽默的招牌，小花脸当然身价大增，脱离戏场而混进文场；反过来说，为小花脸冒牌以后，幽默品格降低，一大半文艺只能算是"游艺"。小花脸也使我们笑，不错！但是他跟真有幽默者绝然不同。真有幽默的人能笑，我们跟着他笑；假充幽默的小花脸可笑，我们对着他笑。小花脸使我们笑，并非因为他有幽默，正因为我们自己有幽默。

所以，幽默至多是一种脾气，决不能标为主张，更不能当作职业。我们不要忘掉幽默（Humour）的拉丁文原意是液体；换句话说，好像贾宝玉心目中的女性，幽默是水做的。把幽默当为一惯的主义或一生的衣食饭碗，那便是液体凝为固体，生物制成标本。就是真有幽默的人，若要卖笑为生，作品便不甚看得，例如马克·吐温（MarkTwain）：自18世纪末叶以来，德国人好讲幽默，然而愈讲愈不相干，就因为德国人是做香肠的民族，错认幽默也像肉末似的，可以包扎得停停当当，作为现成的精神食料。幽默减少人生的严重性，绝不把自己看得严重。真正的幽默是能反躬自笑的，它不但对于人生是幽默的看法，它对于幽默本身也是幽默的看法。提倡幽默作一个口号，一种标准，正是缺乏幽默的举动；这不是幽默，这是一本正经的宣传幽默，板了面孔的劝笑。我们又联想到马鸣萧萧了！听来声音倒是笑，只是马脸全无笑容，还是拉得长长的，像追悼会上后死的朋友，又像讲学台上的先进的大师。

大凡假充一桩事物，总有两个动机。或出于尊敬，例如俗物尊敬艺术，就收集骨董，附庸风雅。或出于利用，例如坏蛋有所企图，就利用宗教道德，假充正人君子。幽默被假借，想来不出这两个缘故。然而假货毕竟充不得真。西洋成语称笑声清扬者为"银笑"，假幽默像掺了铅的伪币，发出重浊呆木的声音，只能算铅笑。不过，"银笑"也许是卖笑得利，笑中有银之意，好比说"书中有黄金屋"；姑备一说，供给辞典学者的参考。

▌阅读提示

钱钟书（1910~1998），江苏无锡人，中国现代著名作家、文学研究家。曾为《毛泽东选集》英文版翻译小组成员。晚年就职于中国社会科学院，任副院长。钱钟书在文学、国故、比较文学、文化批评等领域的成就颇高，推崇者甚至冠以"钱学"。书评家夏志清先生认为小说《围城》是"中国近代文学中最有趣、最用心经营的小说，可能是最伟大的一部"。《说笑》熔知识、情感和幽默为一炉。在钱钟书看来，"真正的幽默是能反躬自笑的，它不但对于人生是幽默的看法，它对于幽默本身也是幽默的看法"。

论司法

[英] 培 根

  为司法官者应当记住他们底职权是 jusdicere 而不是 jusdare；是解释法律而不是立法或建法。如不然者,则司法官之权将如罗马教会所争为己有的权一样了。罗马教会是假解释《圣经》之名,不惜加以添改,并且把《圣经》中找不出来的法则定为律条,宣之天下;伪造古貌,创立新法的。为法官者应当学问多于机智,尊严多于一般的欢心,谨慎超于自信。犹太律说:"移界石者将受诅咒。"把界石挪动的人是有罪的。但是那不公的法官,在他对于田地产业错判误断的时候,才是为首的移界石者。一次不公的判断比多次不平的举动为祸犹烈。因为这些不平的举动不过弄脏了水流,而不公的判断则把水源败坏了。所以所罗门说,"义人在恶人面前败讼好象浊浑之泉,弄浊之井"。司法官底职权与诉讼者,与辩护士,与属下的官吏,与自己以上的君主或国家都是有关系的。

  第一,先说诉讼底两造或双方。《圣经》上说,"有的人把审判之举变为苦艾",确实也有把审判之事变为酸醋的人;因为不公平的判断使审判之事变苦,而迟延不决则使之变酸也。一个作法官的人底主要职责是灭除暴力与诈骗;这二者之中暴力在明目张胆地横行时恶毒较著,而诈骗则于秘密掩饰的时候特别险恶。二者之上可再加上好讼者底案件,这种案件是应该当作阻塞法庭的东西而吐弃之的。为法官者应当为公平的判断作一种准备,这种准备应当如同上帝对于他底路的准备一样,就是要填高溪谷,削平山陵:所以在两造底任何一方,若有强力、暴虐、巧计、结徒、奥援、善辩底情形出现,在那个时候为法官者若能使不平者得其平,使他自己底判断得以公平为基础,那就可见其才德了。"扭鼻子必出血"而压榨葡萄汁的机器若是用力过猛,其所出的酒必是涩的,而且带着葡萄核底味儿。为法官者必须留神,不可深文周纳,故入人罪;因为没有比法律底苦恼更恶的苦恼也。尤其在刑法事件中,为法官者应当注意,毋使本意在乎警戒的法律变为虐民之具。他们也应当注意,不可把《圣经》上所说的那种雨("他要向他们降下网罗之雨")带来;因为刑事法律行之过于严厉,即等于在人民身上降下网罗之雨也。所以刑律之中若有久已不行或不适于当时者,贤明的法官就应当限制其施行:"司法官底职责,不仅限于审察某案底事实,还要审察这种案件底时候及环境……"在有关人命的大案中,为法官者应当在法律底范围内以公平为念而毋忘慈悲;应当以严厉的眼光对事,而以悲悯的眼光对人。

  第二,关于辩护士及法律顾问等。耐性及慎重听讼是司法官底职务之主要的成分之一；而一个哓哓多言的法官则不是一件和谐的乐器。一个法官把他在适当时期内可从律师听来的事情自己首先发见之，或者把见证或辩护士底说话截断得过早以表示自己之敏察，或者用问题（即使是与案件有关的问题）把以后两造将要陈述的事实先期勾引出来，这都不足以为能。法官在审理案件之中的职分有四：审择证据；约束发言毋使过长、重复及泛滥无关；重述、选择、并对照已发言论；指示批判底准则。凡有超过这些职分者即是过多；而这种情形不是出自炫耀多言，就是出自不耐听讼，不然就是由于记忆力不佳，再不就是由于缺乏沉着公平的注意力。辩护人滔滔善辩多能得法官底欢心，这种情形看起来是很可怪的；为法官者应当效法上帝（上帝底座位是他们坐着的）；上帝是抑强暴而扶温良的。但是法官而有出名的得宠的律师，那是更可怪的，这种情形是一定要引起苞苴关说底嫌疑来的。在辩护士为某一造发言得宜，办理案件办得很得当的时候，为法官者对于该辩护士有一种责任，理当有称扬赞颂的话，尤其是那一边讼而不利的时候为然，因为如此可以使委托者对于辩护士信用不坠，而且使他那自以为是的意见受些挫折；同此，若逢辩护士有诡辩，重大的疏忽，证据过弱，追求无度，或强词夺理的情形，则为法官者对于公众也有一种责任，理当给那个辩护士一种合礼的斥责。为辩护士者也不可与法官舌剑唇枪，或者激动自己在法官宣判之后重提这件诉讼；但是，在另一方面，为法官者也不可迁就辩护士，或给他所代理的那一造一种口实，说他底辩论或证据未得上达。

第三，我们谈到吏役。律法所在之处乃是一种神圣的地方；因此不但是法官底坐席，就连那立足的台，听证的围栏都应当全无丑事贪污底嫌疑才好。因为，的确（如《圣经》上说的）"从荆棘之中是采不来葡萄来的"；从那些贪馋的吏役底荆棘丛中公道也是不能结出美果来的。法庭底吏役是易受四种恶势力底影响的。第一是包揽诉讼，挑拨是非，使法底有充塞之患而国家受贫乏之累的人。第二种人是那些把法院卷入职权之争的人们。他们并非是"法院底朋友"而是"法院底寄生虫"，因为他们把一个法院鼓动得茫然自大，超越限度，而所为者却是自己底小利与益处也。第三种恶势力就是可以叫做"法院底左手"的那些人，即是那些狡黠而多谋，能阻挠法院底正当程序，并把公理引入邪径与迷阵之中的人们。第四种就是那些收揽并敲诈费用的人们；普通把法院比做矮树丛，一只羊在暴风雨中逃向其中以求安全的时候，总是免不了损失一部分羊毛的。有了上述的这一种人，就足以证明这个譬喻之不诬了。在另一方面，一位多年的老吏，熟悉律例，作事审慎，通晓法院之事务者乃是法院底一个极好的助手，并且常常会给法官本人指引一条道路的。

第四，谈到关于主上与政府底方面。为法官者务要记住罗马底十二铜标底结语："人民底幸福即是最高的法律"，并且要明白法律若不以达到上述的这句话为目的，则不过是一种苛求的东西，是未受灵感的谶语。因此，为人君者和执政者若常与司法官商议而司法者常与人君和执政者商议，则是一国之幸：前者就在法律于国家底政务有碍的时候；后者就在国家底政务于法律有碍的时候。因为往往因之兴讼的事件也许是你你我我底私人事件，而这种事件底原理和影响则要涉及国是。所谓国是者，不仅是有关王权的事，并且包括任何引起大变革或造成危险的先例者；或者是显然有关任何大部分的人民的。再者，谁也不可糊里糊涂地相信公平的法律与真实的政策之间有任何的对立性；因为这两个好象精神与筋肉，是共同动作的。司法官们也应当记住，所罗门底王座是两边由狮子们支持着的：他们可以作狮子，但是也要做王座的狮子；就是要小心在意不可阻挠或违反王权底任何一点。为法官者也不可不知道他们自己底正当权利而以为他们底职务并不包括这主要的一项，就是贤明地行法施法。因为他们也许记得圣徒保罗关于比他们底律法更高的一种律法的话："我们知道律法原是好的，只要人用得合宜"。

▌阅读提示

培根（1561～1626），英国文艺复兴时期最重要的散文家、哲学家。他不但在文学、哲学上多有建树，在自然科学领域里，也取得了重大成就。他的思想成熟，言论深邃，富含哲理。其散文集《随笔》最初发表于1597年，以后又逐年增补。该书文笔言简意赅、智睿夺目，它包含许多洞察秋毫的经验之谈，其中不仅论及政治而且还探讨许多人生哲理。本文选自水同天于1942年6月翻译的版本，因而出现一个表领属关系的词"底"，现已不用。

饮中八仙歌

[唐] 杜 甫

知章骑马似乘船,眼花落井水底眠。
汝阳三斗始朝天,道逢曲车口流涎,恨不移封向酒泉。
左相日兴费万钱,饮如长鲸吸百川,衔杯乐圣称避贤。
宗之潇洒美少年,举觞白眼望青天,皎如玉树临风前。
苏晋长斋绣佛前,醉中往往爱逃禅。
李白一斗诗百篇,长安市上酒家眠,天子呼来不上船,自称臣是酒中仙。
张旭三杯草圣传,脱帽露顶王公前,挥毫落纸如云烟。
焦遂五斗方卓然,高谈雄辩惊四筵。

阅读提示

杜甫(712~770),字子美,自号少陵野老,原籍襄阳(今湖北省襄樊市),寄居巩县(今河南省巩县)。杜甫是盛唐时期伟大的现实主义诗人。他忧国忧民,人格高尚,诗艺精湛,被后世尊称为"诗圣",其诗被称为"诗史"。杜甫与李白合称"李杜"。本诗约作于天宝五年(746)杜甫初到长安时。杜甫从"饮酒"这个角度把李白与贺知章、李适之、李琎、崔宗之、苏晋、张旭、焦遂八人联系在一起,描写出八人各有醉态特点,充分表现了他们嗜酒如命、放浪不羁的性格,生动地再现了盛唐时代文人士大夫乐观、放达的精神风貌。

我是一个任性的孩子

顾　城

引子
我希望,我是一个睡在梦里的孩子,
我希望,我是一个自由飞翔的孩子,
我希望,我是一个童话里的孩子,
没有实现自己的梦,
却要将梦的蓝图焚烧得不留痕迹,
前进不了,
却又折了退路。
很多时候,我们都是任性的孩子,
我们都有那笨拙的自由,
不流泪的眼睛。
也许
我是被妈妈宠坏的孩子
我任性
我希望
每一个时刻
都像彩色蜡笔那样美丽
我希望
能在心爱的白纸上画画
画出笨拙的自由
画下一只永远不会
流泪的眼睛
一片天空
一片属于天空的羽毛和树叶
一个淡绿的夜晚和苹果
我想画下早晨
画下露水

所能看见的微笑
画下所有最年轻的
没有痛苦的爱情
画下想象中
我的爱人
她没有见过阴云
她的眼睛是晴空的颜色
她永远看着我
永远,看着
绝不会忽然掉过头去
我想画下遥远的风景
画下清晰的地平线和水波
画下许许多多快乐的小河
画下丘陵——
长满淡淡的茸毛
我让它们挨得很近
让它们相爱
让每一个默许
每一阵静静的春天的激动
都成为一朵小花的生日
我还想画下未来
我没见过她,也不可能
但知道她很美
我画下她秋天的风衣
画下那些燃烧的烛火和枫叶
画下许多因为爱她
而熄灭的心
画下婚礼
画下一个个早早醒来的节日——
上面贴着玻璃糖纸
和北方童话的插图
我是一个任性的孩子
我想涂去一切不幸
我想在大地上
画满窗子

让所有习惯黑暗的眼睛
都习惯光明
我想画下风
画下一座比一座更高大的山岭
画下东方民族的渴望
画下大海——
无边无际愉快的声音
最后，在纸角上
我还想画下自己
画下一只树熊
他坐在维多利亚深色的丛林里
坐在安安静静的树枝上
发愣
他没有家
没有一颗留在远处的心
他只有，许许多多
浆果一样的梦
和很大很大的眼睛
我在希望
在想
但不知为什么
我没有领到蜡笔
没有得到一个彩色的时刻
我只有我
我的手指和创痛
只有撕碎那一张张
心爱的白纸
让它们去寻找蝴蝶
让它们从今天消失
我是一个孩子
一个被幻想妈妈宠坏的孩子
我任性
那么多的梦想，
那么多的希望，
无法实现，

我们都是任性的孩子，
那段日子
也许，
不像想象中那么幸福，
却也那么珍贵，
那么单纯，
那么任性的童年。

阅读提示

顾城(1956～1993)，朦胧诗主要代表人物，顾城被称为当代的唯灵浪漫主义诗人，早期的诗歌有孩子般的纯稚风格、梦幻情绪，用直觉和印象式的语句来咏唱童话般的少年生活。其《一代人》中的一句"黑夜给了我黑色的眼睛/我却用它寻找光明"成为中国新诗的经典名句。后期隐居激流岛。留下大量诗、文、书法、绘画等作品。作品译成英、法、德、西班牙、瑞典等十多种文字。这首诗写作于1981年3月，集中体现了顾城的审美理想——追求一个纯净、和谐，没有矛盾，使人心情愉快的另一世界，孩童时的遭遇，使顾城理想的梦破灭了，但他仍然执著地追求幻想，希望在他的另一世界中重新实现。

忽必烈汗

[英]柯勒律治

在上都，忽必烈汗曾下诏
建一座堂皇的逍遥宫：
圣河阿尔弗从那里借道
流经一个个深不可测的山洞
注入不见阳光的海中。
于是方圆五英里的沃土上
便围造起一座座城堡和宫墙；
更有小溪蜿蜒的明媚花园，
里面许多树花儿盛开香味扑鼻，
眼前的树林山一样的悠远，
环抱着一片片洒满阳光的绿地。

可是，啊！别看山坡上满目苍翠松柏，
下面却斜着那条富于传奇色彩的深渊！
好一个荒蛮之地！神圣而又令人迷惑
仿若女子的游魂出没在一轮残月下面
在哀哭自己的魔鬼情人！
深渊下，无尽的骚动在沸腾，
仿佛大地正急促地喘着粗气，
不时化作大股泉水往外喷冒：
在它间不容发的迸发间隙里
迸出的巨石就像弹起的冰雹。
或是打谷人连枷下带糠的谷粒：
在这些石块一发而不可收的劲舞中
那条圣河一路奔腾不息
钻迷宫式地蜿蜒了五英里
穿过了树林和峡谷

然后到达那些深不可测的山洞
喧闹中沉入了死气沉沉的海洋里。
喧闹中忽必烈远远地听见
祖先的声音对战争的预言!
那座逍遥宫的影子
漂浮在水波的中央;
传来了泉水与洞子
发出来的混响。
这是一个奇迹,难得一见的神工鬼斧,
眼光灿烂的逍遥宫居然有许多冰窟!

有一次睡梦中我看见
一个少女抱着一把洋琴:
那是个阿比西尼亚姑娘,
她拨动了手中的琴弦,
在把阿波拉山歌唱。
倘若我能够让她的乐曲
和歌声在我心中活现,
我一定会喜不自胜
用悦耳悠扬的音乐
在空中修建那座宫殿,
那座阳光灿烂的宫!那些冰窟!
听见了的人都应该看得见,
都应该大喊,当心!当心!
她飘逸的秀发,闪烁的眼睛!
围一个绕他三周的圆圈,
怀着神圣的敬畏闭上你的双眼,
因为她吃的是蜜样的甘露,
喝的是天堂里的玉乳。

阅读提示

柯勒律治(Samuel Taylor Coleridge,1772~1834),英国诗人,文学评论家,英国浪漫主义文艺思潮的主要代表人物之一。其主要文学理论著作有《文学传记》、《莎士比亚评论集》、《论美术的显示天才的批评原则》及《论诗或艺术》等。1798年,柯勒律治在梦境中创作了本诗。这首诗一经发表就在英国风行一时,诗人浪漫神秘的笔触把西方人的眼光带到了遥远的东方,成为当时西方人向往东方文明的指路标牌。通过解读本诗,我们亦可以探究诗人的内心世界。

归园田居五首

[晋]陶渊明

其一

少无适俗韵,性本爱丘山。
误落尘网中,一去三十年。
羁鸟恋旧林,池鱼思故渊。
开荒南野际,守拙归园田。
方宅十余亩,草屋八九间。
榆柳荫后檐,桃李罗堂前。
暧暧远人村,依依墟里烟。
狗吠深巷中,鸡鸣桑树巅。
户庭无尘杂,虚室有余闲。
久在樊笼里,复得返自然。

其二

野外罕人事,穷巷寡轮鞅。
白日掩荆扉,虚室绝尘想。
时复墟曲中,披草共来往。
相见无杂言,但道桑麻长。
桑麻日已长,我土日已广。
常恐霜霰至,零落同草莽。

其三

种豆南山下,草盛豆苗稀。
晨兴理荒秽,带月荷锄归。
道狭草木长,夕露沾我衣。
衣沾不足惜,但使愿无违。

其四

久去山泽游，浪莽林野娱。
试携子侄辈，披榛步荒墟。
徘徊丘陇间，依依昔人居。
井灶有遗处，桑竹残朽株。
借问采薪者，此人皆焉如？
薪者向我言，死没无复余。
一世异朝市，此语真不虚。
人生似幻化，终当归空无。

其五

怅恨独策还，崎岖历榛曲。
山涧清且浅，遇以濯吾足。
漉我新熟酒，双鸡招近局。
日入室中暗，荆薪代明烛。
欢来苦夕短，已复至天旭。

阅读提示

陶渊明(约365～427)，字元亮，一说名潜，字渊明，号五柳先生，谥号靖节先生，浔阳柴桑(今江西九江市)人。东晋末期南朝宋初期诗人、文学家、辞赋家、散文家。曾做过几年小官，后辞官回家隐居。陶渊明的作品感情真挚，朴素自然，有时流露出逃避现实、乐天知命的老庄思想，有"田园诗人"、"平淡之宗"之称，是田园诗派的开创者。有《陶渊明集》。《归园田居五首》约作于诗人辞去彭泽令归田是次年(406)，作品反映了诗人辞职归田的愉快心情及与家人相聚的乐趣。

吃瓜子

丰子恺

从前听人说:中国人人人具有三种博士的资格:拿筷子博士、吹煤头纸博士、吃瓜子博士。

拿筷子,吹煤头纸,吃瓜子,的确是中国人独得的技术。

其纯熟深造,想起了可以使人吃惊。这里精通拿筷子法的人,有了一双筷,可抵刀锯叉瓢一切器具之用,爬罗剔抉,无所不精。这两根毛竹仿佛是身体上的一部分,手指的延长,或者一对取食的触手。用时好象变戏法者的一种演技,熟能生巧,巧极通神。不必说西洋了,就是我们自己看了,也可惊叹。至于精通吹煤头纸法的人,首推几位一天到晚捧水烟筒的老先生和老太太。他们的"要有火"比上帝还容易,只消向煤头纸上轻轻一吹,火便来了。

他们不必出数元乃至数十元的代价去买打火机,只要有一张纸,便可临时在膝上卷起煤头纸来,向铜火炉盖的小孔内一插,拔出来一吹,火便来了。我小时候看见我们染坊店里的管账先生,有种种吹煤头纸的特技。我把煤头纸高举在他的额旁边了,他会把下唇伸出来,使风向上吹;我把煤头纸放在他的胸前了,他会把上唇伸出来,使风向下吹;我把煤头纸放在他的耳旁了,他会把嘴歪转来,使风向左右吹;我用手按住了他的嘴,他会用鼻孔吹,都是吹一两下就着火的。中国人对于吹煤头纸技术造诣之深,于此可以窥见。所可惜者,自从卷烟和火柴输入中国而盛行之后,水烟这种"国烟"竟被冷落,吹煤头纸这种"国技"也很不发达了。生长在都会里的小孩子,有的竟不会吹,或者连煤头纸这东西也不曾见过。在努力保存国粹的人看来,这也是一种可虑的现象。近来国内有不少人努力于国粹保存。国医、国药、国术、国乐,都有人在那里提倡。

也许水烟和煤头纸这种国粹,将来也有人起来提倡,使之复兴。

但我以为这三种技术中最进步最发达的,要算吃瓜子。近来瓜子大王的畅销,便是其老大的证据。据关心此事的人说,瓜子大王一类的装纸袋的瓜子,最近市上流行的有许多牌子。

最初是某大药房"用科学方法创制"的,后来有甚么好吃来公司、顶好吃公司等种种出品陆续产出。到现在差不多无论那个穷乡僻处的糖食摊上,都有纸袋装的瓜子陈列而倾销着了。现代中国人的精通吃瓜子术,由此盖可想见。我对于此道,一向非常短拙,说出来有伤于中国人的体面,但对自家人不妨谈谈。我从来不曾自动地找求或买瓜子来吃。但到人家作客,受人劝诱时;或者在酒席上、杭州的茶楼上,看见桌上现成放着瓜子盆时,也便拿起来咬。我必须注意选择,选那较大、较厚,而形状平整的瓜子,放进口里,用臼齿"格"地一咬,再吐出来,用手指去剥。幸而咬得恰好,两瓣瓜子壳各向两旁扩张而破裂,瓜仁没有咬碎,剥起来就较为省力。若用力不得其法,两瓣瓜子壳和瓜仁叠在一起而折断了,吐出来的时候我就担忧。那瓜子已纵断为两半,两半瓣的瓜仁紧紧地装塞在两半瓣的瓜子壳中,好象日本版的洋装书,套在很紧的厚纸函中,不容易取它出来。这种洋装书的取出法,现在都已从日本人那里学得,不要把指头塞进厚纸函中去力攫,只要使函口向下,两手扶着函,上下振动数次,洋装书自会脱壳而出。然而半瓣瓜子的形状太小了,不能应用这个方法,我只得用指爪细细地剥取。

有时因为练习弹琴,两手的指爪都剪平,和尚头一般的手指对它简直毫无办法。我只得乘人不见把它抛弃了。在痛感困难的时候,我本拟不再吃瓜子了。但抛弃了之后,觉得口中有一种非甜非咸的香味,会引逗我再吃。我便不由地伸起手来,另选一粒,再送交臼齿去咬。不幸而这瓜子太燥,我的用力又太猛,"格"地一响,玉石不分,咬成了无数的碎块,事体就更糟了。我只得把粘着唾液的碎块尽行吐出在手心里,用心挑选,剔去壳的碎块,然后用舌尖舐食瓜仁的碎块。然而这挑选颇不容易,因为壳的碎块的一面也是白色的,与瓜仁无异,我误认为全是瓜仁而舐进口中去嚼,其味虽非嚼蜡,却等于嚼砂。

壳的碎片紧紧地嵌进牙齿缝里,找不到牙签就无法取出。碰到这种钉子的时候,我就下个决心,从此戒绝瓜子。戒绝之法,大抵是喝一口茶来漱一漱口,点起一支香烟,或者把瓜子盆推开些,把身体换个方向坐了,以示不再对它发生关系。然而过了几分钟,与别人谈了几句话,不知不觉之间,会跟了别人而伸手向盆中摸瓜子来咬。等到自己觉察破戒的时候,往往是已经咬过好几粒了。这样,吃了非戒不可,戒了非吃不可;吃而复戒,戒而复吃,我为它受尽苦痛。这使我现在想起了瓜子觉得害怕。

但我看别人,精通此技的很多。我以为中国人的三种博士才能中,咬瓜子的才能最可叹佩。常见闲散的少爷们,一只手指间夹着一支香烟,一只手握着一把瓜子,且吸且咬,且咬且吃,且吃且谈,且谈且笑。从容自由,真是"交关写意"!

他们不须拣选瓜子,也不须用手指去剥。一粒瓜子塞进了口里,只消"格"地一咬,"呸"地一吐,早已把所有的壳吐出,而在那里嚼食瓜子的肉了。那嘴巴真象一具精巧灵敏的机器,不绝地塞进瓜子去,不绝地"格"、"呸"、"格"、"呸"……全不费力,可以永无罢休。女人们、小姐们的咬瓜子,态度尤加来得美妙:她们用兰花似的手指摘住瓜子的圆端,把瓜子垂直地塞在门牙中间,而用门牙去咬它的尖端。"的,的"两响,两瓣壳的尖头便向左右绽裂。然后那手敏捷地转个方向,同时头也帮着了微微地一侧,使瓜子水平地放在门牙口,用上下两门牙把两瓣壳分别拨开,咬住了瓜子肉的尖端而抽它出来吃。这吃法不但"的,的"的声音清脆可听,那手和头的转侧的姿势窈窕得很,有些儿妩媚动人,连丢去的瓜子壳也模样姣好,有如朵朵兰花。由此看来,咬瓜子是中国少爷们的专长,而尤其是中国小姐、太太们的拿手戏。

在酒席上、茶楼上,我看见过无数咬瓜子的圣手。近来瓜子大王畅销,我国的小孩子们也都学会了咬瓜子的绝技。我的技术,在国内不如小孩子们远甚,只能在外国人面前占胜。

记得从前我在赴横滨的轮船中,与一个日本人同舱。偶检行箧,发见亲友所赠的一罐瓜子。旅途寂寥,我就打开来和日本人共吃。这是他平生没有吃过的东西,他觉得非常珍奇。

在这时候,我便老实不客气地装出内行的模样,把吃法教导他,并且示范地吃给他看。托祖国的福,这示范没有失败。但看那日本人的练习,真是可怜得很!他如法将瓜子塞进口中,"格"地一咬,然而咬时不得其法,将唾液把瓜子的外壳全部浸湿,拿在手里剥的时候,滑来滑去,无从下手,终于滑落在地上,无处寻找了。他空咽一口唾液,再选一粒来咬。这回他剥时非常小心,把咬碎了的瓜子陈列在舱中的食桌上,俯伏了头,细细地剥,好象修理钟表的样子。约莫一二分钟之后,好容易剥得了些瓜仁的碎片,郑重地塞进口里去吃。我问他滋味如何,他点点头连称 umai,umai!(好吃,好吃!)我不禁笑了出来。我看他那阔大的嘴里放进一些瓜仁的碎屑,犹如沧海中投以一粟,亏他辨出 umai 的滋味来。但我的笑不仅为这点滑稽,本由于骄矜自夸的心理。我想,这毕竟是中国人独得的技术,象我这样对于此道最拙劣的人,也能在外国人面前占胜,何况国内无数精通此道的少爷、小姐们呢?

发明吃瓜子的人,真是一个了不起的天才!这是一种最有效的"消闲"法。要"消磨岁月",除了抽鸦片以外,没有比吃瓜子更好的方法了。其所以最有效者,为了它具备三个条件:一、吃不厌;二、吃不饱;三、要剥壳。

俗语形容瓜子吃不厌,叫做"勿完勿歇"。为了它有一种非甜非咸的香味,能引逗人不断地要吃。想再吃一粒不吃了,但是嚼完吞下之后,口中余香不绝,不由你不再伸手向盆中或纸包里去摸。我们吃东西,凡一味甜的,或一味咸的,往往易于吃厌。只有非甜非咸的,可以久吃不厌。瓜子的百吃不厌,便是为此。有一位老于应酬的朋友告诉我一段吃瓜子的趣话:说他已养成了见瓜子就吃的习惯。有一次同了朋友到戏馆里看戏,坐定之后,看见茶壶的旁边放着一包打开的瓜子,便随手向包里掏取几粒,一面咬着,一面看戏。咬完了再取,取了再咬。如是数次,发见邻席的不相识的观剧者也来掏取,方才想起了这包瓜子的所有权。低声问他的朋友:"这包瓜子是你买来的么?"那朋友说"不",他才知道刚才是擅吃了人家的东西,便向邻座的人道歉。邻座的人很漂亮,付之一笑,索性正式地把瓜子请客了。由此可知瓜子这样东西,对中国人有非常的吸引力,不管三七二十一,见了瓜子就吃。

俗语形容瓜子吃不饱,叫做"吃三日三夜,长个屁尖头"。

因为这东西分量微小,无论如何也吃不饱,连吃三日三夜,也不过多排泄一粒屁尖头。

为消闲计,这是很重要的一个条件。

倘分量大了，一吃就饱，时间就无法消磨。这与赈饥的粮食目的完全相反。赈饥的粮食求其吃得饱，消闲的粮食求其吃不饱。最好只尝滋味而不吞物质。最好越吃越饿，象罗马亡国之前所流行的"吐剂"一样，则开筵大嚼，醉饱之后，咬一下瓜子可以再来开筵大嚼，一直把时间消磨下去。

要剥壳也是消闲食品的一个必要条件。倘没有壳，吃起来太便当，容易饱，时间就不能多多消磨了。一定要剥，而且剥的技术要有声有色，使它不象一种苦工，而象一种游戏，方才适合于有闲阶级的生活，可让他们愉快地把时间消磨下去。

具足以上三个利于消磨时间的条件的，在世间一切食物之中，想来想去，只有瓜子。所以我说发明吃瓜子的人是了不起的天才。而能尽量地享用瓜子的中国人，在消闲一道上，真是了不起的积极的实行家！试看糖食店、南货店里的瓜子的畅销，试看茶楼、酒店、家庭中满地的瓜子壳，便可想见中国人在"格，呸"、"的，的"的声音中消磨去的时间，每年统计起来为数一定可惊。将来此道发展起来，恐怕是全中国也可消灭在"格，呸"、"的，的"的声音中呢。

我本来见瓜子害怕，写到这里，觉得更加害怕了。

阅读提示

丰子恺（1898～1975），浙江崇德（今桐乡）人。原名丰润，是中国现代画家、散文家、美术教育家、音乐教育家、文学家和翻译家，他独特的漫画作品影响很大，深受人们的喜爱，是一位多方面卓有成就的文艺大师。新中国成立后曾任中国美术家协会常务理事、美协上海分会主席、上海中国画院院长、上海对外文化协会副会长等职。被国际友人誉为"现代中国最像艺术家的艺术家"。丰子恺风格独特的漫画作品影响很大，深受人们的喜爱。他的散文作品除一部分艺术评论以外，大都是叙述他自己亲身经历的生活和日常接触的人事，内涵深刻，耐人寻味。《吃瓜子》选材从小处入手，以小见大，郁达夫称赞为"一粒沙里见世界，半瓣花上说人情"。

瓦尔登湖·湖(节选)

[美]梭 罗

　　瓦尔登的风景是卑微的,虽然很美,却并不是宏伟的,不常去游玩的人,不住在它岸边的人未必能被它吸引住;但是这一个湖以深邃和清澈著称,值得给予突出的描写。这是一个明亮的深绿色的湖,半英里长,圆周约一英里又四分之三,面积约六十一英亩半;它是松树和橡树林中央的岁月悠久的老湖,除了雨和蒸发之外,还没有别的来龙去脉可寻。四周的山峰突然地从水上升起,到四十至八十英尺的高度,但在东南面高到一百英尺,而东边更高到一百五十英尺,其距离湖岸,不过四分之一英里及三分之一英里。山上全部都是森林。
　　所有我们康科德地方的水波,至少有两种颜色,一种是站在远处望见的,另一种,更接近本来的颜色,是站在近处看见的。第一种更多地靠的是光,根据天色变化。在天气好的夏季里,从稍远的地方望去,它呈现了蔚蓝颜色,特别在水波荡漾的时候,但从很远的地方望去,却是一片深蓝。在风暴的天气下,有时它呈现出深石板色。海水的颜色则不然,据说它这天是蓝色的,另一天却又是绿色了,尽管天气连些微的可感知的变化也没有。我们这里的水系中,我看到当白雪覆盖这一片风景时,水和冰几乎都是草绿色的。有人认为,蓝色"乃是纯洁的水的颜色,无论那是流动的水,或凝结的水"。可是,直接从一条船上俯看近处湖水,它又有着非常之不同的色彩。甚至从同一个观察点,看瓦尔登是这会儿蓝,那忽儿绿。置身于天地之间,它分担了这两者的色素。从山顶上看,它反映天空的颜色,可是走近了看,在你能看到近岸的细砂的地方,水色先是黄澄澄的,然后是淡绿色的了,然后逐渐地加深起来,直到水波一律地呈现了全湖一致的深绿色。却在有些时候的光线下,便是从一个山顶望去,靠近湖岸的水色也是碧绿得异常生动的。有人说,这是绿原的反映;可是在铁路轨道这儿的黄沙地带的衬托下,也同样是碧绿的,而且,在春天,树叶还没有长大,这也许是太空中的蔚蓝,调和了黄沙以后形成的一个单纯的效果。这是它的虹色彩圈的色素。也是在这一个地方,春天一来,冰块给水底反射上来的太阳的热量,也给土地中传播的太阳的热量溶解了,这里首先溶解成一条狭窄的运河的样子,而中间还是冻冰。在晴朗的气候中,像我们其余的水波,激湍地流动时,波平面是在九十度的直角度里反映了天空的,或者因为太光亮了,从较远处望去,它比天空更蓝些;而在这种时候,泛舟湖上,四处眺望倒影,我发现了一种无可比拟、不能描述的淡蓝色,像浸水的或变色的丝绸,还像青锋宝剑,比之天空还更接近天蓝色,它和那波光的另一面原来的深绿色轮番地闪现,那深绿色与之相比便似乎很混浊了。这是一个玻璃似的带绿色的蓝色,照我所能记忆的,它仿佛是冬天里,日落以前,西方乌云中露出的一角晴天。可是你举起一玻璃杯水,放在空中看,它却毫无颜色,如同装了同样数量的一杯空气一样。众所周知,一大块厚玻璃板便呈现了微绿的颜色,据制造玻璃的人说,那是"体积"的关系,同样的玻璃,少了就不会有颜色了。瓦尔登湖应该有多少的水量才能泛出这样的绿色呢,我从来都无法证明。一个直接朝下望着我们的水色的人所见到的是黑的,或深棕色的,一个到河水中游泳的人,河水像所有的湖一样,会给他染上一种黄颜色;但是这个湖水却是这样地纯洁,游泳者会白得像大理石一样,而更奇怪的是,在这水中四肢给放大了,并且给扭曲了,形态非常夸张,值得让米开朗琪罗来作一番研究。

　　水是这样的透明,二十五至三十英尺下面的水底都可以很清楚地看到。赤脚踏水时,你看到在水面下许多英尺的地方有成群的鲈鱼和银鱼,大约只一英寸长,连前者的横行的花纹也能看得清清楚楚,你会觉得这种鱼也是不愿意沾染红尘,才到这里来生存的。有一次,在冬天里,好几年前了,为了钓梭鱼,我在冰上挖了几个洞,上岸之后,我把一柄斧头扔在冰上,可是好像有什么恶鬼故意要开玩笑似的,斧头在冰上滑过了四五杆远,刚好从一个窟窿中滑了下去,那里的水深二十五英尺,为了好奇,我躺在冰上,从那窟窿里望,我看到了那柄斧头,它偏在一边头向下直立着,那斧柄笔直向上,顺着湖水的脉动摇摇摆摆,要不是我后来又把它吊了起来,它可能就会这样直立下去,直到木柄烂掉为止。就在它的上面,用我带来的凿冰的凿子,我又凿了一个洞,又用我的刀,割下了我看到的附近最长的一条赤杨树枝,我做了一个活结的绳圈,放在树枝的一头,小心地放下去,用它套住了斧柄凸出的地方,然后用赤杨枝旁边的绳子一拉,这样就把那柄斧头吊了起来。

　　湖岸是由一长溜像铺路石那样的光滑的圆圆的白石组成的;除一两处小小的沙滩之外,它陡立着,纵身一跃便可以跳到一个人深的水中;要不是水波明净得出奇,你决不可能看到这个湖的底部,除非是它又在对岸升起。有人认为它深得没有底。它没有一处是泥泞的,偶尔观察的过客或许还会说,它里面连水草也没有一根;至于可以见到的水草,除了最近给上涨了的水淹没的、并不属于这个湖的草地以外,便是细心地查看也确实是看不到菖蒲和芦苇的,甚至没有水莲花,无论是黄色的或是白色的,最多只有一些心形叶子和河蓼草,也许还有一两张眼子菜;然而,游泳者也看不到它们;便是这些水草,也像它们生长在里面的水一样的明亮而无垢。岸石伸展入水,只一二杆远,水底已是纯粹的细沙,除了最深的部分,那里总不免有一点沉积物,也许是腐朽了的叶子,多少个秋天来,落叶被刮到湖上,另外还有一些光亮的绿色水苔,甚至在深冬时令拔起铁锚来的时候,它们也会跟着被拔上来的。

　　我们还有另一个这样的湖,在九亩角那里的白湖,在偏西两英里半之处;可是以这里为中心的十二英里半径的圆周之内,虽然还有许多的湖沼是我熟悉的,我却找不出第三个湖有这样的纯洁得如同井水的特性。大约历来的民族都饮用过这湖水,艳羡过它并测量过它的深度,而后他们一个个消逝了,湖水却依然澄清,发出绿色。一个春天也没有变化过!也许远在亚当和夏娃被逐出伊甸乐园时,那个春晨之前,已经存在了,甚至在那个时候,随着轻雾和一阵阵的南风,飘下了一阵柔和的春雨,湖面不再平静了,成群的野鸭和天鹅在湖上游着,它们一点都没有知道逐出乐园这一回事,能有这样纯粹的湖水真够满足啦。就是在那时候,它已经又涨,又落,纯清了它的水,还染上了现在它所有的色泽,还专有了这一片天空,成了世界上唯一的一个瓦尔登湖,它是天上露珠的蒸馏器。谁知道,在多少篇再没人记得的民族诗篇中,这个湖曾被誉为喀斯泰里亚之泉?在黄金时代里,有多少山林水泽的精灵曾在这里居住?这是在康科德的冠冕上的第一滴水明珠。

　　第一个到这个湖边来的人们可能留下过他们的足迹。我曾经很惊异地发现,就在沿湖被砍伐了的一个浓密的森林那儿,峻削的山崖中,有一条绕湖一匝的狭窄的高架的小径,一会儿上,一忽儿下,一会儿接近湖,一忽儿又离远了一些,它或许和人类同年,土著的猎者,用脚步走出了这条路来,以后世世代代都在这片土地上的居住者不知不觉地用脚走过去。冬天,站在湖中央,看起来这就更加清楚,特别在下了一阵小雪之后,它就成了连绵起伏的一条白线,败草和枯枝都不能够掩蔽它,许多地点,在四分之一英里以外看起来还格外清楚,但是夏天里,便是走近去看,也还是看不出来。可以说,雪花用清楚的白色的浮雕又把它印刷出来了。但愿到了将来,人们在这里建造一些别墅的装饰庭园时,还能保留这一残迹。

　　湖水时涨时落,但是有没有规律,如有规律,又是怎样的周期,谁也不知道,虽然有不少人,照常要装作是知道的。冬天的水位通常要高一些,夏天的总低一些,但水位与天气的干燥潮湿却没有关系。我还记得,何时水退到比我住在那儿的时候低了一两英尺,何时又涨高了至少有五英尺。有一个狭长的沙洲伸展到湖中,它的一面是深水,离主岸约六杆,那大约是一八二四年,我曾在上面煮开过一壶杂烩,可是一连二十五年水淹没了它,我无法再去煮什么了;另一方面,当我告诉我的朋友们说,数年之后,我会经常垂钓在森林中的那个僻隐的山凹里,驾一叶扁舟,在离开他们现在看得见的湖岸约十五杆的地方,那里早已成为一片草地了,他们常常听得将信将疑。可是,两年来,湖一直在涨高,现在,一八五二年的夏天,比我居住那儿的时候已经高出五英尺,相当于三十年之前的高度,在那片草地上又可以垂钓了。从外表看,水位已涨了六七英尺,但是从周围的山上流下来的水量实际上不多,涨水一定是由于影响它深处泉源的一些原因。同一个夏天里水又退了。惊人的是这种涨落,不管它有否周期,却需要好几年才能够完成。我观察到一次涨,又部分地观察了两次退,我想在十二或十五年后,水位又要降落到我以前知道的地方。偏东一英里,茀灵特湖有泉水流入,又流水出去,是激荡涨落的,而一些介乎中间的较小的湖沼却和瓦尔登湖同进退,最近也涨到了它们的最高的水位,时间与后者相同。根据我的观察所及,白湖的情形也如此。

　　间隔很久的瓦尔登湖的涨落至少有这样一个作用:在最高的水位维持了一年左右,

沿湖步行固然困难了，但自从上一次水涨以来，沿湖生长的灌木和苍松，白桦，桤木，白杨等树木都给冲刷掉了，等它水位退下，就留下一片干净的湖岸，它不像别的湖沼和每天水位涨落的河流，它在水位最低时，湖岸上反而最清洁。在我屋边的那湖岸上，一排十五英尺高的苍松给冲刷了，仿佛给杠杆掀倒了似的，这样制止了它们的侵占；那树木的大小恰好说明了上次水位上涨到这个高度迄今有了多少年。用这样的涨落方式，湖保持了它的拥有湖岸的权利，湖岸这样被刮去了胡须，树木不能凭着所有权来占领它。湖的舌头舔着，使胡子生长不出来。它时时要舔舔它的面颊。当湖水涨得最高时，桤木，柳树和枫树从它们的淹在水里的根上伸出来大量纤维质的红根须，长达数英尺，离地有三四英尺高，想这样来保护它们自己；我还发现了，那些在岸边高处的浆果，通常是不结果实的，但在这种情况下，却就有了丰收。

　　湖岸怎么会铺砌得这样整齐，有人百思不得其解，乡镇上的人都听到过传说，最年老的人告诉我说，他们是在青年时代听来的——在古时候，正当印第安人在一个小山上举行狂欢庆典，小山忽然高高升到天上，就像湖现在这样深深降入地下，据说他们做了许多不敬神的行为，其实印第安人从没有犯过这种罪，正当他们这样亵渎神明的时候，山岳震撼，大地突然间沉下去，只留下了一个印第安女子，名叫瓦尔登，她逃掉了性命，从此这湖沿用了她的名字。据揣想是在山岳震撼时，这些圆石滚了下来，铺成了现在的湖岸。无论如何，这一点可以确定，以前这里没有湖，现在却有了一个；这一个印第安神话跟我前面说起过的那一位古代的居民是毫无抵触的，他清清楚楚地记得他初来时，带来一根魔杖，他看到草地上升起了一种稀薄的雾气，那根榛木杖就一直指向下面，直到后来他决定挖一口井。至于那些石子呢，很多人认为它们不可能起因于山的波动；据我观察，四周的山上有很多这样的石子，因此人们不能不在铁路经过的最靠近那湖的地方在两边筑起墙垣；而且湖岸愈是陡削的地方，石子愈是多；所以，不幸的是，这对于我不再有什么神秘了。我猜出了铺砌的人来了。如果这个湖名不是由当地一个叫萨福隆·瓦尔登的英国人的名字化出来的后，——那末，我想瓦尔登湖原来的名字可能是围而得湖。

　　一个湖是风景中最美、最有表情的姿容。它是大地的眼睛；望着它的人可以测出他自己的天性的深浅。湖所产生的湖边的树木是睫毛一样的镶边，而四周森林蓊郁的群山和山崖是它的浓密突出的眉毛。

　　白湖和瓦尔登湖是大地表面上的两块巨大的水晶，它们是光耀的湖，如果它们是永远地冻结了的，而且又小巧玲珑，可以拿取的，也许它们已经给奴隶们拿了去，像宝石一样，点缀在国王的王冠上了；可是，它的液体也很广大，所以永远保留给我们和我们的子孙了，我们却抛弃了它们，去追求可希诺大钻石了，它们真太纯洁，不能有市场价格，它们没被污染。它们比起我们的生命来，不知美了多少，比起我们的性格来，不知透明了多少！我们从不知道它们有什么瑕疵。和农家门前，鸭子游泳的池塘一比较，它们又不知秀丽了多少！清洁的野鸭到了这里来。在大自然界里，还没有一个人间居民能够欣赏她。鸟儿连同它们的羽毛和乐音，是和花朵谐和的，可是有哪个少年或少女，是同大自然的粗犷华丽的美协调的呢？大自然极其寂寞地繁茂着，远离着他们居住的乡镇。

阅读提示

  梭罗（1817～1862），美国作家、思想家、自然主义者。他的代表作散文集《瓦尔登湖》（1854）记录了他于1845至1847年在康科德附近的瓦尔登湖畔度过的一段隐居生活。他搭起木屋，开荒种地，写作看书，过着非常简朴、原始的生活。在他笔下，自然、人以及超验主义理想交融汇合，浑然一体。梭罗的文章简练有力，平淡自然，富有思想内容。本文节选了其中的一篇散文《湖》，内容有删节。通过阅读，可在平凡与简单中真切感受生活的意义与趣味，感受寂静之美。

牡丹亭·惊梦

[明]汤显祖

【绕池游】(旦上)梦回莺啭,乱煞年光遍①。人立小庭深院。(贴)炷尽沉烟②,抛残绣线,恁今春关情似去年③?

[乌夜啼](旦)晓来望断梅关④,宿妆残。(贴)你侧着宜春髻子⑤,恰凭栏。(旦)翦不断⑥,理还乱,闷无端。(贴)已分付催花莺燕借春看。(旦)春香,可曾叫人扫除花径?(贴)分付了。(旦)取镜台衣服来。(贴取镜台衣服上)"云髻罢梳还对镜,罗衣欲换更添香⑦。"镜台衣服在此。

【步步娇】(旦)袅晴丝,吹来闲庭院⑧,摇漾春如线⑨。停半晌、整花钿⑩。没揣菱花⑪,偷人半面,迤逗的彩云偏⑫。(行介)步香闺怎便把全身现!

(贴)今日穿插的好。

【醉扶归】(旦)你道翠生生出落的裙衫儿茜⑬,艳晶晶花簪八宝填⑭,可知我常一生儿爱好是天然⑮。恰三春好处无人见⑯。不提防沉鱼落雁鸟惊喧,则怕的羞花闭月花愁颤。

(贴)早茶时了,请行。(行介)你看:画廊金粉半零星,池馆苍苔一片青。踏草怕泥新

---

① 梦回:梦醒。乱煞年光遍:使人眼花缭乱的春光到处都是。
② 贴:贴旦,扮演次要女角。此指丫环春香。炷:焚烧。沉烟:借指名贵的熏用香料沉香。
③ 恁(nèn):为什么。此句意为:为什么今年的春情比去年的浓呢?
④ 梅关:今江西大庾岭,宋代起在此设梅关。
⑤ 侧:歪。宜春髻子:古时立春日,妇女剪纸为燕形,上贴"宜春"二字戴头上。此指一种发髻式样。
⑥ 翦:同"剪"。
⑦ 云髻三句引自唐代薛逢《宫词》。
⑧ 袅(niǎo)晴丝:细长柔软的游丝在晴空中飘荡。袅:飘忽不定。
⑨ 摇漾:摇摆荡漾。
⑩ 花钿:古代妇女鬓发边的饰物。
⑪ 没揣:不料。菱花:镜子。
⑫ 迤(yǐ)逗:引惹。彩云:此指漂亮的发髻。
⑬ 翠生生:形容色彩鲜艳。出落的:显得。茜(qiàn):旧时常指称大红色。
⑭ 艳晶晶:光彩夺目。花簪八宝填:意为镶嵌有多种珍宝的发簪。填:镶嵌。
⑮ 爱好:爱美。
⑯ 三春好处:喻自己的年轻美貌。

绣袜,惜花疼煞小金铃①。(旦)不到园林,怎知春色如许?

【皂罗袍】原来姹紫嫣红开遍②,似这般都付与断井颓垣。良辰美景奈何天③,赏心乐事谁家院④!恁般景致,我老爷和奶奶再不提起。(合)朝飞暮卷⑤,云霞翠轩;雨丝风片,烟波画船。锦屏人忒看的这韶光贱⑥!

(贴)是花都放了⑦,那牡丹还早。

【好姐姐】(旦)遍青山啼红了杜鹃⑧,荼蘼外烟丝醉软⑨。春香呵,牡丹虽好,他春归怎占的先⑩!(贴)成对儿莺燕呵!(合)闲凝眄⑪,生生燕语明如翦⑫,呖呖莺歌溜的圆⑬。

(旦)去罢。(贴)这园子委是观之不足也。(旦)提他怎的!(行介)

【隔尾】观之不足由他缱⑭,便赏遍了十二亭台是枉然。到不如兴尽回家闲过遣。

(作到介)(贴)开我西阁门,展我东阁床。瓶插映山紫⑮,炉添沉水香⑯。小姐,你歇息片时,俺瞧老夫人去也。(下)

阅读提示

汤显祖(1550~1616),字义仍,号海若、若士、清远道人。临川(今江西省临川)人。明代戏曲家、文学家。曾从罗汝芳读书,又受李贽思想的影响。在戏曲创作方面,反对拟古和拘泥于格律。作有传奇《牡丹亭》、《邯郸记》、《南柯记》、《紫钗记》,合称《玉茗堂四梦》。在戏曲史上,和关汉卿、王实甫齐名。著有《红泉逸草》、《问棘邮草》和诗文集《玉茗堂全集》。《牡丹亭》第十出"惊梦"主要通过长期幽居深闺的杜丽娘对美好春色的观赏,以及对春光短暂的感叹,表现出她对大自然的热爱和青春意识的觉醒,以及对自己美好青春被耽误的不满,反映了在宋明理学等封建礼教桎梏下青年女子的苦闷,揭露了扼杀人性的封建礼教对青年人的摧残。

---

① "惜花"句事见《开元天宝遗事》:"天宝初,宁王至春时,于后园中纫红丝为绳,密缀金铃,系于花梢之上。每有鸟鹊翔集,则令园吏掣铃索以惊之。盖惜花之故也。"此句意为因惜花驱鸟而频频扯铃,使小金铃痛得要命。

② 姹(chà)紫嫣(yān)红:姹、嫣,本为形容女性娇艳之词,此指各色娇艳的鲜花盛开。

③ 奈何天:愁闷无聊,伤心抑郁的生活。

④ 谁家:哪一家。两句意为:大好春光明媚,美丽景物宜人,我杜丽娘却生活在愁闷无聊之中;赏心悦目、快意当前,又在哪一家庭院呢?

⑤ 朝飞暮卷:语本王勃《滕王阁诗》:"画栋朝飞南浦云,珠帘暮卷西山雨。"

⑥ 锦屏人:幽居深闺中的女子,此为丽娘自称。忒(tè):太。韶光:春光。

⑦ 是:一切。

⑧ 啼红了杜鹃:到处开遍了红色的杜鹃花。

⑨ 烟丝:游丝。

⑩ 牡丹虽好二句意为:牡丹虽美,但它开花太迟,怎能占春花中第一呢?句中隐含了杜丽娘对美好的青春被耽误的幽怨和伤感。

⑪ 凝眄(miǎn):注视。

⑫ 生生:形容清脆的鸣叫声。明:明快。翦:同剪。此句形容燕语声明快清脆。

⑬ 呖呖:形容声音清脆流利。溜的圆:形容莺声婉转圆润。

⑭ 缱(qiǎn):留恋。

⑮ 映山紫:杜鹃花的一种。

⑯ 沉水香:即沉香。

红高粱(节选)

莫 言

一九三九年古历八月初九,我父亲这个土匪种十四岁多一点。他跟着后来名满天下的传奇英雄余占鳌司令的队伍去胶平公路伏击日本人的汽车队。奶奶披着夹袄,送他们到村头。余司令说:"立住吧。"奶奶就立住了。奶奶对我父亲说:"豆官,听你干爹的话。"父亲没吱声,他看着奶奶高大的身躯,嗅着奶奶的夹袄里散出的热烘烘的香味,突然感到凉气逼人,他打了一个战。肚子咕噜噜响一阵。余司令拍了一下父亲的头。说:"走,干儿。"

天地混沌,景物影影绰绰,队伍的杂沓脚步声已响出很远。父亲眼前挂着蓝白色的雾幔,挡住他的视线,只闻队伍脚步声,不见队伍形和影。父亲紧紧扯住余司令的衣角,双腿快速挪动。奶奶像岸愈离愈远,雾像海水愈近愈汹涌,父亲抓住余司令,就像抓住一条船舷。

父亲就这样奔向了耸立在故乡通红的高粱地里属于他的那块无字的青石墓碑。他的坟头上已经枯草瑟瑟,曾经有一个光屁股的男孩牵着一只雪白的山羊来到这里,山羊不紧不忙地啃着坟头上的草,男孩子站在墓碑上,怒气冲冲地撒了一泡尿,然后放声高唱:高粱红了——日本来了——同胞们准备好——开枪开炮——

有人说这个放羊的男孩就是我,我不知道是不是我。我曾经对高密东北乡极端热爱,曾经对高密东北乡极端仇恨,长大后努力学习马克思主义,我终于悟到:高密东北乡无疑是地球上最美丽最丑陋、最超脱最世俗、最圣洁最龌龊、最英雄好汉最王八蛋最能喝酒最能爱的地方。生存在这块土地上的我的父老乡亲们,喜食高粱,每年都大量种植。八月深秋,无边无际的高粱红成汪洋的血海。高粱高密辉煌,高粱凄婉可人,高粱爱情激荡。秋风苍凉,阳光很旺,瓦蓝的天上游荡着一朵朵丰满的白云,高粱上滑动着一朵朵丰满白云的紫红色影子。一队队暗红色的人在高粱棵子里穿梭拉网,几十年如一日。他们杀人越货,精忠报国,他们演出过一幕幕英勇悲壮的舞剧,使我们这些活着的不肖子孙相形见绌,在进步的同时,我真切感到种的退化。

出村后,队伍在一条狭窄的土路上行进,人的脚步声中夹杂着路边碎草的悉簌声响。雾奇浓,活泼多变。我父亲的脸上,无数密集的小水点凝成大颗粒的水珠,他的一撮头发,粘在头皮上。从路两边高粱地里飘来的幽淡的薄荷气息和成熟高粱苦涩微甘的气味,我父亲早已经闻惯,不新不奇。在这次雾中行军里,父亲闻到了那种新奇的、黄红相间的腥甜气息。那味道从薄荷和高粱的味道中隐隐约约地透过来,唤起父亲心灵深处一种非常遥远的回忆。

七天之后,八月十五日,中秋节。一轮明月冉冉升起,遍地高粱肃然默立,高粱穗子浸在月光里,像蘸过水银,汩汩生辉。我父亲在剪破的月影下,闻到了比现在强烈无数倍的腥甜气息。那时候,余司令牵着他的手在高粱地里行走,三百多个乡亲叠股枕臂、陈尸狼藉,流出的鲜血灌溉了一大片高粱,把高粱下的黑土浸泡成稀泥,使他们拔脚迟缓。腥甜的气味令人窒息,一群前来吃人肉的狗,坐在高粱地里,目光炯炯地盯着父亲和余司令。余司令掏出自来得手枪,甩手一响,两只狗眼灭了;又一甩手,灭了两只狗眼。群狗一哄而散,坐得远远的,呜呜地哼着,贪婪地望着死尸。腥甜味愈加强烈,余司令大喊一声:"日本狗!狗娘养的日本!"他对着那群狗打完了所有的子弹,狗跑得无影无踪。余司令对我父亲说:"走吧,儿子!"一老一小,便迎着月光,向高粱深处走去。那股弥漫田野的腥甜味浸透了我父亲的灵魂,在以后更加激烈更加残忍的岁月里,这股腥甜味一直伴随着他。

很快,队伍钻进了高粱地。我父亲本能地感觉到队伍是向着东南方向开进的。适才走过的这段土路是由村庄直接通向墨水河边的唯一的道路。这条狭窄的土路在白天颜色青白,路原是由乌油油的黑土筑成,但久经践踏,黑色都沉淀到底层,路上叠印过多少牛羊的花瓣蹄印和骡马毛驴的半圆蹄印,马骡驴粪像干萎的苹果,牛粪像虫蛀过的薄饼,羊粪稀拉拉像震落的黑豆。父亲常走这条路,后来他在日本炭窑中苦熬岁月时,眼前常常闪过这条路。

拐进高粱地后,雾更显凝滞,质量加大,流动感少,在人的身体与人负载的物体碰撞高粱秸秆后,随着高粱嚓嚓啦啦的幽怨鸣声,一大滴一大滴的沉重水珠扑簌簌落下。水珠冰凉清爽,味道鲜美,我父亲仰脸时,一滴大水珠准确地打进他的嘴里。父亲看到舒缓的雾团里,晃动着高粱沉甸甸的头颅。高粱沾满了露水的柔韧叶片,锯着父亲的衣衫和面颊。高粱晃动激起的小风在父亲头顶上短促出击,墨水河的流水声愈来愈响。

父亲在黑水河里玩过水,他的水性好像是天生的,奶奶说他见了水比见了亲娘还急。父亲五岁时,就像小鸭子一样潜水,粉红的屁眼儿朝着天,双脚高举。父亲知道,墨水河底的淤泥乌黑发亮,柔软得像油脂一样。河边潮湿的滩涂上,丛生着灰绿色的芦苇和鹅绿色车前草,还有贴地爬生的野葛蔓,支支直立的接骨草。滩涂的淤泥上,印满螃蟹纤细的爪迹。秋风起,天气凉,一群群大雁往南飞,一会儿排成个"一"字,一会儿排成个"人"字,等等。高粱红了,成群结队的、马蹄大小的螃蟹都在夜间爬上河滩,到草丛中觅食。螃蟹喜食新鲜牛屎和腐烂的动物的尸体。父亲听着河声,想着从前的秋天夜晚,跟着我家的老伙计刘罗汉大爷去河边捉螃蟹的情景。夜色灰葡萄,金风串河道,宝蓝色的天空深邃无边,绿色的星辰格外明亮。北斗勺子星——北斗主死,南斗簸箕星——南斗司生,八角玻璃井——缺了一块砖,焦灼的牛郎要上吊,忧愁的织女要跳河……都在头上悬着。刘罗汉大爷在我家工作了几十年,负责着我家烧酒作坊的全面工作,父亲跟着罗汉大爷脚前脚后地跑，就像跟着自己的爷爷一样。

　　父亲被迷雾扰乱的心头亮起了一盏四块玻璃插成的罩子灯，洋油烟子从罩子灯上盖的铁皮、钻眼的铁皮上钻出来。灯光微弱，只能照亮五六米方圆的黑暗。河里的水流到灯影里，黄得像熟透的杏子一样可爱，但可爱一霎霎，就流过去了，黑暗中的河水倒映着一天星斗。父亲和罗汉大爷披着蓑衣，坐在罩子灯旁，听着河水的低沉呜咽——非常低沉的呜咽。河道两边无穷的高粱地不时响起寻偶狐狸的兴奋鸣叫。螃蟹趋光，正向灯影聚拢。父亲和罗汉大爷静坐着，恭听着天下的窃窃秘语，河底下淤泥的腥味，一股股泛上来。成群结队的螃蟹团团围上来，形成一个躁动不安的圆圈。父亲心里惶惶，跃跃欲起，被罗汉大爷按住了肩头。"别急！"大爷说，"心急喝不得热粘粥"。父亲强压住激动，不动。螃蟹爬到灯光里就停下来，首尾相衔，把地皮都盖住了。一片青色的蟹壳闪亮，一对对圆杆状的眼睛从凹陷的眼窝里打出来。隐在倾斜的脸面下的嘴里，吐出一串一串的五彩泡沫。螃蟹吐着彩沫向人类挑战，父亲身上披着大蓑衣长毛乍起。罗汉大爷说："抓！"父亲应声弹起，与罗汉大爷抢过去，每人抓住一面早就铺在地上的密眼罗网的两角，把一块螃蟹抬起来，露出了螃蟹下的河滩涂地。父亲和罗汉大爷把网角系起扔在一边，又用同样的迅速和熟练抬起网片。每一网都是那么沉重，不知网住了几百几千只螃蟹。

阅读提示

　　莫言(1955～　)，原名管谟业，生于山东高密县，中国当代著名作家。他的作品深受魔幻现实主义影响，写的是一出出发生在山东高密东北乡的"传奇"。《红高粱家族》系列小说是莫言的代表作品，本文有删节。它的独特价值在于它所呈现出的富有魅力的特征：独特的人物性格；新异的感觉；灵活的叙述视角；"莫言式"的语言。莫言在这部作品中塑造了一些背离传统价值取向的人物性格，以一种新异的感觉，独特灵活的叙述视角，天马行空式的语言建构了自己虚拟的红高粱世界。

莎乐美(节选)

[英]王尔德

人物表

希律·安提帕斯　犹太国国王

约翰　先知

叙利亚青年　卫队长

提盖林纳斯　罗马青年

卡巴都其亚人

努比亚人

士兵甲

士兵乙

希罗底的侍童

犹太人、拿撒勒人，其他人等

希罗底　国王之妻

莎乐美　希罗底的女儿

莎乐美的奴隶

〔景〕希律王宫殿。巨大的台阶通向台外的宴会厅。几个士兵靠阳台站立。左侧为一道宽阔的阶梯，左后方是一个古蓄水池。池壁由绿色的青铜铸就。月光异常皎洁。

（前略）

希律王　莎乐美，给我跳个舞吧！

希罗底王后　我不许她跳。

莎乐美　我不想跳舞，国王。

希律王　莎乐美，希罗底的女儿，给我跳个舞吧！

希罗底王后　别嚷嚷，别去打扰她。

希律王　我命令你跳舞，莎乐美。

莎乐美　我不乐意，国王。

希罗底王后　〔笑〕你看她是怎么服从你的！

希律王　她跳不跳舞跟我有什么关系？毫无关系。我今晚很高兴,非常非常高兴,我从来没这么高兴过。

士兵甲　国王板起了面孔,是吗？

士兵乙　是的,他板起了面孔。

希律王　我干吗要不高兴？恺撒喜欢我,他是世界的主宰,万物的主宰。他刚给我送来了最珍贵的礼物。他还答应把我的敌人卡巴都其亚的国王召到罗马去。到了罗马他说不定会把他钉上十字架的。因为恺撒想干什么就能干什么。的的确确,恺撒就是主宰。因此我很高兴,也应该高兴。我很高兴,从来没这么高兴过。世界上就没东西可以扫我的兴。

约翰的声音　他必登上王位,穿上红袍紫衣。他手上所捧的金杯盛满了亵渎。主的天使必鞭打他。他必为虫子吞食。

希罗底王后　他在说你了,你听见了吧？他说你必然要叫虫子吞食。

希律王　他说的不是我。他从来没说过反对我的话,他说的是我的敌人卡巴都其亚国王。必然要为虫子吞食的是他,不是我。这位先知除了说我娶了我嫂子是罪孽之外,从没说过反对我的话。他也许是对的。因为事实上你没有生育。

希罗底王后　我没有生育,我？你老是盯着我的女儿看,而且要她给你跳舞,让你高兴,却说我没有生育？你说起话来简直像个傻瓜。我生了一个女儿,你却没有孩子。没有,连你的奴隶也没给你生过一个孩子。没有生育的是你,不是我。

希律王　住嘴,女人！我说你没有生育,你没给我生过一个孩子。因此先知说我们的婚姻有名无实。他说那是乱伦婚姻,会带来灾祸……我相信他是说对了,我怕他是说对了。可现在不是谈这类事的时候。我现在应该高兴。事实上我也高兴。我什么都不缺少。

希罗底王后　我很高兴你今天晚上心情这么好,你平时可不如此。不过,已经是深夜了,我们还是进去吧。别忘了天一亮我们还要去打猎。对恺撒的使臣不是要给予最高的礼遇吗？

士兵乙　国王板起了面孔。

士兵甲　是的,他板起了面孔。

希律王　莎乐美,莎乐美,给我跳个舞吧。我求你为我跳舞。我今天晚上心情不好,的确,非常不好。刚上阳台就在血上滑了一下。这可不是好兆头。我还听见空中有拍翅膀的声音。是巨大的翅膀在拍动。我不明白那是什么意思……我今儿晚上心情不好。因此,给我跳个舞吧。给我跳个舞吧,莎乐美,我求你。只要你给我跳个舞,你便可以向我要求你所想要的任何东西。我都给。是的,莎乐美,给我跳个舞,你要什么我都给,即使把我的王国分去一半也行。

莎乐美　〔起立〕我无论要什么你真的都给吗,国王？

希罗底王后　别跳,我的女儿。

希律王　无论你要什么我都给,哪怕是要我半个王国。

莎乐美　你发誓吗,国王?

希律王　我发誓,莎乐美。

希罗底王后　别跳,我的女儿。

莎乐美　你以什么发誓,国王?

希律王　以我的生命和王冠发誓,以诸神发誓。你想要什么我都给,只要你为我跳个舞,哪怕是给你半个王国也行。啊,莎乐美,莎乐美,给我跳个舞吧!

莎乐美　你发过誓了,国王。

希律王　我发过誓了。

希罗底王后　我的女儿,不要跳。

希律王　就是要我半个王国我也给。你要是做了王后可真是美丽极了,莎乐美,即使你想要我半个王国我也给。她做王后不是很漂亮吗?啊!这儿很冷,有一股冷冰冰的风,我还听见……我为什么听见空中有拍翅膀的声音呢?你可以想象那是一只巨大的黑鸟在台阶的上空盘旋。可我为什么看不见?那拍翅膀的声音很可怕。那翅膀扇出的寒气很可怕。那是一种阴森森的风。不,那风并不冷,它是热的,热得我喘不过气来。往我手上倒水呀,给我雪吃呀,解开我的披风呀!快!快!解开我的披风。不,别解,叫我不舒服的是这花环,玫瑰像火一样烧着我的前额。〔扯下花环扔在桌上〕啊!现在我透过气来了。那些花瓣多么红!多像洒在帏幕上的血迹。这没关系,见了什么东西都去思考它的象征意义实在不算聪明,那只会让人一辈子害怕。倒不如说这斑斑的血迹跟玫瑰花瓣同样可爱为好。还有更好的说法,那就是……算了,不说了。现在我快活了,非常快活。我难道没有权利快活快活?你的女儿要给我跳舞了。莎乐美,你不愿给我跳舞吗?你答应过给我跳舞的。

希罗底王后　我不许她跳。

莎乐美　我要给你跳,国王。

希律王　你听见你女儿的话了吧!她要给我跳舞呢!莎乐美,你做得对,你要给我跳舞。跳过之后可别忘了向我要你想要的东西。无论你要什么我都给,哪怕是要我半个王国也行。我不是发过誓吗?

莎乐美　你发过誓的,国王。

希律王　我是从来不食言的。我可不是那种发了誓不算数的人。我不会撒谎,我是诺言的奴隶;而我的诺言是国王的诺言。卡巴都其亚国王总是说话不算数,他算不上真正的国王,只是个胆小鬼。他还欠了我的钱没还呢。他居然侮辱我的使臣,而且出口伤人。不过,他一到罗马就会被恺撒钉上十字架的。我知道恺撒会钉死他的。即使他不送他上十字架,他也会死掉,叫虫子吃掉。先知早预言过了。喂!莎乐美。你还磨蹭什么呀?

莎乐美　我在等我的奴隶给我送来香水和七道面纱,给我脱掉鞋子。〔几个奴隶送

上香水和七道面纱，为莎乐美脱下鞋〕

希律王　啊，你要光了脚跳舞！太好了！太好了！你的小脚会像白鸽子一样，会像在枝头上迎风招展的白色花朵一样……不行，不行，她会踩着血的。这地面上洒着血。不能让她踩着血迹跳舞。那可不吉利。

希罗底王后　她踩着血迹跳舞跟你有什么关系？你自己就在血泊里陷得够深的了……

希律王　血跟我有什么关系？你看看月亮！月亮成了红色，红得像血。啊，先知的预言没错。他说月亮会红得像血，他这样预言过的，是吗？你们都听见的。现在月亮已经红得像血了。你们没看见吗？

希罗底王后　啊，真的，我看得清清楚楚。星星也像没有成熟的无花果直往下落，可不是吗？太阳也像是毛织的黑色丧服。世上的国王都害怕了———这一点你至少可以看到。先知的话至少在这一点上没有错，因为世间的国王确实害怕了……咱们进去吧，你病了。在罗马人家会说你发了疯的。我说，咱们还是进去吧。

约翰的声音　从伊多玛来的人是谁？从波士拉来的人是谁？他的袍子染成了紫色，他炫耀他华美的袍服，他为他的权势而趾高气扬。你的衣服为什么染上了红色的斑点？

希罗底王后　咱们进去吧。那人的声音气得我发疯。只要他在不断地喊叫，我就不愿我的女儿跳舞。只要你老这样看着我女儿，我就不愿她跳舞。总而言之，我不愿意我的女儿跳舞。

希律王　别站起来，我的妻子，我的王后，那对你没有好处。她不跳舞我是不会进去的。莎乐美，给我跳个舞吧。

希罗底王后　别跳，女儿。

莎乐美　我准备好了，国王。

希律王　〔莎乐美跳七面纱舞〕啊，精彩极了！你看，你的女儿给我跳舞了。过来，莎乐美，过来，我给你赏赐。啊，凡给我跳舞让我欢喜的都会得到我丰厚的赏赐。我要给你丰厚的赏赐。你的灵魂渴求的一切我都会给你。你想要什么？说吧。

莎乐美　〔跪下〕我愿有人立即用银盘给我送上……

希律王　〔哈哈大笑〕用银盘送上？当然当然，用银盘送上。她十分迷人，可不是吗？你要用银盘给你送上什么？啊，美丽可爱的莎乐美，比犹太国所有的美女都美的莎乐美。你要在银盘里给你送上什么？要他们在银盘里送上什么？你尽管讲吧，不论你要什么你都能得到。我的珍宝都属于你。你想要什么，莎乐美？

莎乐美　〔起立〕约翰的头。

希罗底王后　啊，说得好，我的女儿。

希律王　不，不！

希罗底王后　说得好，我的女儿。

希律王　不，不，莎乐美。你想要的不是这个。别顺着你母亲的意思。她总给你出

些邪恶的主意,别理她。

莎乐美　我才不管我母亲的意思呢,我要求用银盘送来约翰的头,这是为了我高兴。你发过誓的,希律。别忘了,你发过誓的。

希律王　我知道,我是凭诸神的名义发过誓的。我很清楚。可是我求你,莎乐美,跟我要别的东西吧! 要我半个王国吧,我都给你。可别向我要你那小嘴刚才提出的东西。

莎乐美　我向你要的是约翰的头。

希律王　不,不,我不给。

莎乐美　你发过誓的,希律。

希罗底王后　你确实发过誓,大家都听见的。你当着众人的面发过誓的。

希律王　住嘴,女人! 我没有跟你说话。

希罗底王后　我的女儿要约翰的头,要得很对。那人曾严重地侮辱过我,曾用使人无法出口的话攻击过我。莎乐美显然很爱她的母亲。别让步,我的女儿。他发过誓的,他发过誓的。

希律王　住嘴,别跟我说话! ……莎乐美,我求你别那么固执。我对你一向很好。我一向很爱你……也许是爱得过了分。所以,别向我要这东西吧。你向我要的这东西很可怕,很叫人恐怖。我认为你肯定是在开玩笑。从身子上砍下来的人头是很吓人的,是吗?让一个处女的眼睛看见这样的东西很不合适。这东西能叫你快活吗? 你是一点也不会快活的。不,不,你要的不是这个。听我的话。我有一颗祖母绿,一颗滴溜圆的大祖母绿,那是恺撒的一个宠臣送给我的。通过这颗宝石你可以看到远处的景象。恺撒看马戏就带一颗这种宝石。可我的祖母绿比他的大。我很清楚我这颗更大。它是全世界最大的祖母绿。我把它送给你,好吗? 只要你向我开口,我就给你。

莎乐美　我要约翰的头。

希律王　我的话你就没听,没听。听我说,莎乐美。

莎乐美　约翰的头!

希律王　不,不,你并不想要它。你不过是给我出难题罢了,因为我今天晚上老盯着你看个不停。是的,我今天晚上老盯着你看个不停。你的美令我难受。你的美叫我非常烦躁,因此我看你才看得太多。好了,我以后不再看你了。人是什么都不能看的。东西不能看,人也不能看。要看只能看镜子,那倒没问题,因为镜子只让我们看见些假面具。啊,啊! 拿酒来,我渴了……莎乐美,莎乐美,咱们还是做朋友吧……你以为……啊! 我要说什么? 啊! 我想起来了! 莎乐美——不,来吧! 到我身边来。我怕你听不见我的话——莎乐美,你知道我的白孔雀吧? 我美丽的白孔雀,在花园里的番石榴和高高的柏树之间踱步的白孔雀。它们的嘴甲镀过黄金,它们吃的粟粒儿也染过黄金,它们的脚沾染了紫红。它们一啼鸣天便下雨,它们一开屏月亮便在空中露出脸儿。它们成双成对地散步在高高的柏树和黑色的番石榴之间。我的每一只孔雀都有一个奴隶照顾。它们时而在树梢飞翔,时而在草地上蹲坐,时而在水池边照影。全世界也没有比它们更神奇的鸟儿。我知道就连恺撒的鸟儿也比不上我的鸟儿美丽。我愿把我的孔雀给你五十只。你走到哪儿它们都跟着,你出现在它们中间便像是为白云缭绕的月亮……我把孔雀给你吧!全给你,我一共只有一百只,全世界的国王也比不上我的孔雀多。我把它们全给你。只要你答应解除我的誓言,别再要求你那小嘴要求过的东西。〔饮尽杯中的酒〕

  莎乐美　给我约翰的头!

  希罗底王后　说得好,我的女儿!而你呢,你和你那些白孔雀真是好笑极了!

  希律王　住嘴!你老是吼叫,像个食肉动物一样。再别这样吼叫了!你那声音叫我心烦。你给我住嘴……莎乐美,想想你干的是什么事吧!这人可能是从上帝那儿来的。是个圣人,上帝的指头曾经摸过他。上帝曾通过他的嘴说出了可怕的话。无论是在宫殿,或是在沙漠里,上帝永远跟他在一起……至少是可能在一起,谁也说不准。可上帝维护着他,跟他同在是很可能的。若是他也死去,说不定就有灾祸落到我的头上。他确实说过,在他死去那天灾祸会落到某人的头上。那人若不是我又会是谁呢?记住,我到这儿来时就踩到血滑了一下。我不是还听见空中有翅膀扇动的声音吗?是巨大的翅膀的声音。这都是不吉利的兆头。还有别的现象,我确信还有别的现象,虽然我没有看见。你不愿意灾祸降临到我头上吧,莎乐美?再有,你听我说……

  莎乐美　给我约翰的头!

  希律王　啊,你就没听我说的话。静下心来!我,我不是平心静气的吗?我完全是平心静气。听我说,我在这儿还藏着珠宝,连你母亲也从没见过的珠宝,看了能叫人大吃一惊呢。我有一个项圈,上面的珍珠嵌成四行,像是把许多月亮用银色的光线拴在了一起,像是把五十个月亮织进了金丝的网络里。它们曾在某个王后象牙般的胸脯前闪耀。你带上它也会美丽得像王后的。我有两种紫水晶,一种黑得像酒,一种红得像加了颜色的醇醪。我还有黄玉,黄得像老虎的眼睛。我有烟晶,灰得像斑鸠的眼睛。我有青晶,绿得像狸猫的眼睛。我有总是在燃烧的火欧珀,石里的火焰冷得像冰,看了叫人心灰意冷,见了影子也害怕。我有缟玛瑙,像死去的女人的眼睛。还有随着月亮变化而变化的月长石,它见了太阳就暗淡。我有鸡蛋大的青玉,蓝得像蓝色的花朵。大海在它心中流荡,它那波涛的湛蓝从不受月亮的干扰。我有贵橄榄石和绿柱玉;有绿石髓和红宝石;有缠丝玛瑙和红锆英石,还有石髓,我把它们全给你,全给你,还加上别的东西。东印度群岛的国王刚送给我四把扇子,全都用鹦鹉的羽毛制成。努密地亚国王刚送给我一件长袍,是用鸵鸟羽毛做的。我有一块水晶,里面有不能让女人看的东西,年青人要看先得挨棍子。我在一个珠母匣子里有三颗神奇的绿松石,戴在前额上便能幻想出虚无缥缈的东西,捏在手上又能阻止容易怀孕的妇女怀孕。这些全是了不起的珍品,无价之宝。这还不算,我在一个黑檀木的盒子里还有一对琥珀杯子,像是金苹果。若是有敌人往杯里倒进了毒药,金苹果便会变成银苹果。我在一个琥珀镶嵌的匣子里还有一双镶着玻璃的便鞋。我有西尔士人送来的披风,有镶满红玉和幼发拉底玉的手镯……这些难道你都不想要?你想要什么就告诉我,我都给你。你要什么,我给什么,只有一个东西除外。我把我的一切都给你,除了那个人的生命之外。我连祭司长的法袍都可以给你,我连庇护所的帏幕也可以给你。

众犹太人　啊！啊！

莎乐美　给我约翰的头。

希律王　〔倒在座位上。〕把她要的东西给她！老实说她真是她妈妈的女儿。〔士兵甲上前。希罗底王后从国王手中取下死亡戒指交给他,士兵径直送给刽子手。刽子手面露恐惧之色〕谁取走了我的戒指？我右手上原有个戒指。谁喝了我的酒？我的杯子是有酒的,斟满了酒。有人喝光了我的酒！啊！肯定会有人遇到灾祸的！〔刽子手下到古蓄水池里。〕啊！我为什么要发誓？从今以后做国王的可别再发誓了。发了誓不算数是可怕的,算数也是可怕的。

希罗底王后　我的女儿做得对。

希律王　我相信会有灾祸降临。

莎乐美　〔向古蓄水池探过身子细听〕没有声音。我什么都没听见。这个人怎么就不叫喊？啊！若是有人要杀我,我是要叫喊的。我是要挣扎的,我不会任人宰割……砍呀,砍呀,纳阿曼,给我砍呀……不,我什么都没听见。静静的。静得可怕。啊！有什么东西掉到地上了。我听见有东西掉下了。那是刽子手的刀。这个奴隶害怕了,把刀掉到地下,他不敢杀他。这个奴隶是个胆小鬼！还是打发士兵去吧。〔看见希罗底王后的侍童,转向他〕过来。你是那死去的卫队长的朋友,是吗？唔,可我告诉你,还得有人死。到士兵那儿去,叫他们下去,把国王答应给我的东西取来,那是我的。〔侍童退缩。莎乐美转身向士兵。〕来呀,士兵们。到蓄水池里去把这个人的头给我取来。国王,国王,给你的士兵下命令把约翰的头给我取来。〔刽子手粗大的黑胳膊从古蓄水池伸出,手执银盾,盾上置约翰的头。莎乐美抓住头。希律王用大氅遮住自己的脸。希罗底王后摇着扇子微笑。拿撒勒人跪下祈祷。〕啊,约翰,你不让我亲你的嘴。好呀！我现在要亲它了。我要像咬一枚熟透的苹果一样咬它。是的,约翰,我要亲你的嘴。我说过我要亲它,可不吗？我说过了。啊！我现在就要亲它……可是你为什么不看我,约翰？你那双刚才还那么可怕的充满愤怒和轻蔑的眼睛现在闭上了。为什么闭上了？睁开眼呀！抬起你的眼皮呀,约翰！你为什么不看我？你是因为怕我才不肯看我吗,约翰？……你那舌头,你那刚才还像一条红蛇喷着毒液的舌头再也不会动弹了,一句话也不会说了。那条鲜红的毒蛇刚才还向我喷着毒汁呢！很奇怪,可不是吗？那条鲜红的毒蛇怎么不动弹了？你不愿要我,约翰。你拒绝了我。你用些恶毒的话骂我,你对我摆架子,像对待妓女。你对我,莎乐美,希罗底王后的女儿,犹太国的公主,就像对待个荡妇一样。哼,我还活着,可你却死掉了,你的脑袋归了我。我可以拿它任意处置。扔它去喂狗,扔它去喂天上的鸟儿。或者把狗吃剩下的再给天上的鸟儿……啊,约翰,约翰,在男人之中你是我唯一爱过的人！别的男人都令我厌恶,而你却很美丽！你的身子是一根象牙的柱头,镶在一双银质的腿上;是一座花园,园里满是鸽子和银色的百合花;是一座有象牙盾徽装饰的银塔。世界上就没有东西比你的身子更白。世界上就没有东西比你的头发更黑。世界上就没有东西比你的嘴唇更红。你的声音是一个散发着异香的香炉,我望着你便听见了奇妙的音乐。啊!约翰,你为什么就没有看看我?你用你的双手作掩护,用你那亵渎的话语作掩护,遮住了你的面孔。你用即将看见上帝的人的掩蔽物遮住了自己的眼睛。唔,你已见到了你的上帝,约翰,可是我呢,我呢,你却从来没看一眼。你若看了我,是会爱上我的。我可是一见到你就爱上了你的!啊,我多么爱你呀!我现在还爱你呀,约翰。我只爱你一个……我渴望你的美;我迫切地要求你的身子;无论是酒或是苹果都无法平息我的欲望。我现在该怎么办,约翰?无论是滔滔的洪水或是茫茫的大海都无法熄灭我的热情。我原是个公主,你却藐视我。我原是个处女,你却夺去了我的贞操。我原本冰清玉洁,你却在我的血管里燃起了欲火……啊!啊!你为什么就不曾看我一眼?你若是看了我,你是会爱上我的。我很明白你是会爱上我的。而爱的神秘却超过了死亡的神秘。

希律王　你那女儿太可恶了;我告诉你,她太可恶了。实际上她犯下了严重的罪行。我相信那是对某个我们还不知道的上帝犯了罪。

希罗底王后　我因为我的女儿而高兴。她做得对。我现在要留在这儿不走了。

希律王　啊,现在说话的是我哥哥的妻子了。唉,我可不愿在这儿呆下去。嗨,我说,肯定会有灾祸降临的。玛纳塞,以萨恰,奥济亚斯,熄掉火炬!我什么都不想看见,也不想让任何东西看见。遮住月亮!遮住星星!我们躲到宫殿里去吧,希罗底,我开始害怕了。

〔众奴隶熄灭火炬。星星消失。一大片乌云移来,遮尽了月光。舞台暗转。国王开始向梯上走去。〕

莎乐美的声音　啊!我吻到了你的嘴唇,约翰,我吻到了你的嘴唇。你的嘴唇上有一种苦味。那是血的滋味吗?……不,说不定是爱情的滋味……据说爱情有一种苦味……不过,那又有什么关系?有什么关系?我已经吻到了你的嘴唇,约翰,我已经吻到了你的嘴唇。

〔一道月光泻在莎乐美身上,照亮了她。〕

希律王　〔转身,见莎乐美〕杀掉那个女人!

〔众士兵拥上,用盾扑倒犹太国的公主、希罗底王后的女儿莎乐美。〕

阅读提示

王尔德(1854～1900),是19世纪与萧伯纳齐名的英国才子。他精通法语、德语,是英国唯美主义艺术运动的倡导者,著名的诗人、戏剧家、艺术家、童话家。代表作有戏剧《莎乐美》、小说《道林·格雷的画像》和童话《快乐王子》等。他将《圣经》中莎乐美的故事改编成为独幕剧(用法语写成)。剧中,莎乐美是个年仅16岁的妙龄美女,由于向约翰求爱被拒,愤而请希律王将约翰斩首,把约翰的首级拿在手中亲吻,以这种血腥的方式拥有了约翰。因此,莎乐美也被视为爱欲的象征词。

应用能力训练

【口语训练】

组织班级学生开展朗诵比赛会,通过对经典文学作品的朗诵使学生进一步体会经典的魅力。

【写作训练】

(1)以大学生活为内容,创作一首诗歌。
(2)请写一篇游记,题目自拟,不少于800字。

【社会实践】

(1)以巴尔扎克《高老头》为底本编排话剧在全班演出。
(2)为《狼图腾》、《牡丹亭》、《红高粱》设计书刊宣传画,并配上广告宣传语。

【延展阅读】

(1)请在课后阅读曹雪芹的《红楼梦》。
(2)请在课后阅读钱钟书的《围城》。
(3)阅读川端康成与伊豆半岛相关的散文和小说,了解川端康成的"伊豆情结"。

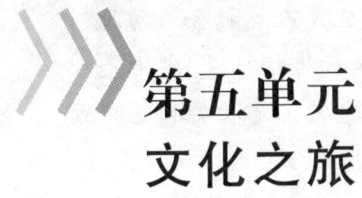

第五单元
文化之旅

单元寄语

一个时代有一个时代的文化,一个民族有一个民族的文化,一个地区有一个地区的文化。越是民族的,越是世界的。只有深深植根于本民族的文化之中才能获得精神上源源不断的滋养,才能真正提升自己的人文素养,培养正确的人生观和价值观。一个不热爱本民族文化的人就像水上无根的浮萍一样,四处漂泊,永远找不到精神上的皈依。学习中华民族的传统文化,使大学生对中国文化有一个较为系统的认识,有助于激发大学生的民族自豪感,培养爱国主义情怀,提升大学生的人文素养。学习安徽省地方文化,有助于大学生了解安徽的自然资源和历史文化资源,激发大学生热爱家乡、建设家乡的热情,引导大学生在学习中积极思考如何更好地开发利用安徽的自然资源和历史文化资源,为安徽的经济建设和文化建设服务。

一、文化的概念和要素

关于"文化"的含义,历来众说纷纭,《现代汉语词典》注释"文化"一词的含义是:"人类在社会历史发展过程中所创造的物质财富和精神财富的总和,特指精神财富,如文学、艺术、教育、科学等。"

也有的学者提出,文化实质上就是"人化"或"人类化",凡是超越本能的、人类有意识地作用于自然或社会的一切活动及其结果都属于文化,自然的人化即文化。[①]

总的来看"文化"的概念具有三方面要素:①文化是人的创造而非自然物,是社会现象而非自然现象,但文化和自然又不是互相排斥的,只要是对原始的

---

① 潘宝明主编:《中国旅游文化》,中国旅游出版社2005年版,第1页。

自然按人类的规则加工以后,自然也就有了文化;②文化是人类社会活动所创造的,具有社会普遍性,它不包括专属于个人的思想和行为特征;③文化是人类创造的物质财富和精神财富的总和,特指精神财富。文化是人类智慧和劳动的创造,这种创造包括物质产品和精神产品。

二、学习本单元的重要意义

中国文化是中华民族智慧和心血的结晶,是积淀了几千年历史的伟大创造,也是中华民族对整个世界的伟大贡献。研究、继承和弘扬中华民族的文化遗产,为当今的现实社会服务,是当代大学生的历史使命。通过学习中国文化不仅可以拓展当代大学生的文化视野,提升大学生的人文素养,还可以通过对传统文化的反思,培养大学生的人文批判精神,引导大学生正确看待各种文化现象。通过学习安徽省地方文化,有助于大学生了解安徽的自然资源和历史文化资源,激发大学生热爱家乡、建设家乡的热情,引导大学生在学习中积极思考如何更好地开发、利用安徽的自然资源和历史文化资源。

三、本单元作品选录的基本线索和主要内容

本单元作品选录的基本线索:本单元所选录的作品服从于《大学语文》课程设置的基本理念,服从于应用型教学的需要,要求既注重贴近现实社会,又要能提升学生的文化素养、培养学生正确的人生观和价值观,最终还要落脚在提高学生的语文能力、实践技能培养上。从当代文学、文化现象入手,然后上推到中国古代相关的文学作品,最后专设应用能力训练的环节,对学生进行相关文体和实践技能的训练。

本单元选用的阅读作品主要包含三方面的内容:
(一)中西方文化交流背景下的中国文化
1.余英时《中国知识分子的古代传统——兼论"俳优"与"修身"》
2.(元)纪君祥《赵氏孤儿》(第一折)
3.(英)莎士比亚《哈姆雷特》(第三幕)
(二)当下地域文化背景下的安徽地方文化
1.《徽州》解说词(第一、二集)
2.(清)许奉恩《里乘·一文钱》
3.(明)石涛《苦瓜和尚画语录·山川章第八》
4.《女驸马·洞房》(唱词)
(三)与安徽地方文化相关的中国古代文学作品
1.(唐)李白《独坐敬亭山》
2.(唐)刘禹锡《望夫山》

3. （宋）姜夔《淡黄柳》

4. （宋）王安石《游褒禅山记》

5. （明）徐宏祖《遊黄山日记（后）》

最后设有应用能力训练环节，分别从口语交际、写作训练、实践活动三方面对学生展开相关的训练。通过应用能力训练培养和提高学生的语文能力（这种语文能力突出体现在学生的阅读分析、鉴赏评论能力、说话、写作能力上），提高学生的文化素质和培养学生正确的人生观和价值观。

本单元在帮助学生学习中国文化的同时，注重引导学生对比中西方文化的差异。同时注重安徽地方文化的学习，帮助学生了解安徽地方文化资源，引导学生思考如何更好地开发利用安徽省地方文化资源。

四、本单元的参考书目

余英时著：《士与中国文化》，上海人民出版社2006年版。

（清）石涛著，周远斌点校：《苦瓜和尚画语录》，山东画报出版社2007年版。

张岂之主编：《中国传统文化》，高等教育出版社1999年版。

张岱年主编：《中国文化概论》，北京师范大学出版社1994年版。

李宗桂主编：《中国文化概论》，中山大学出版社1988年版。

冯天瑜主编：《中华文化史》，上海人民出版社1990年版。

李平主编：《中国文化概论》，安徽大学出版社2002年版。

程裕祯著：《中国文化要略》，外语教学与研究出版社2011年版。

段宝林、江溶主编：《山水中国·安徽卷》，北京大学出版社2005年版。

潘宝明主编：《中国旅游文化》，中国旅游出版社2005年版。

康玉庆、何乔锁主编：《中国旅游文化》，中国科学技术出版社2005年版。

冯乃康主编：《古代旅游文学作品选读》，旅游教育出版社2002年版。

安徽省旅游局编写：《旅游文学知识》，安徽人民出版社2004年版。

中国知识分子的古代传统
——兼论"俳优"与"修身"（节选）

余英时

在西方和其他文化中，只有出世的宗教家才讲究修养，一般俗世的知识分子从没有注意及此的。中国知识分子入世而重精神修养是一个极显著的文化特色。中国何以有此文化特色是一个极难解答的问题，也不在本文讨论的范围之内。我在这里只想从历史发展的观点上指出中国知识分子之强调修养不但与"道"的性格有关，并且涉及"道"与"势"之间的关系。

在"礼崩乐坏"之余，人间性格的"道"是以重建政治社会秩序为其最主要的任务。但是"道"的存在并不能通过具体的、客观的形式来掌握。它既不化身为人格性的上帝（Personal God），也不表现于教会式的组织；而只有靠以"道"自任的个人——知识分子——来彰显。这就是孔子所说的"人能弘道，非道弘人"（《论语·卫灵公》）。但这样一来，个人在"道"的实现过程中所承担的责任便异常沉重。所以曾子说："士不可以不弘毅，任重而道远。仁以为己任，不亦重乎？死而后已，不亦远乎？"（同上《泰伯》）这个"己"字分明是指"士"的个体而言的。为了确切保证士的个体足以挑此重任，走此远路，精神修养于是成为关键性的活动。试想士之所以自任者如此其大，而客观的凭藉又如此薄弱，则他们除了精神修养以外，还有什么可靠的保证足以肯定自己对于"道"的信持？所以从孔子开始，"修身"即成为知识分子的一个必要条件。"修身"最初源于古代"礼"的传统，是外在的修饰，但孔子以后已转化为一种内在的道德实践，其目的和效用则与重建政治社会秩序密不可分。从发生的历程来说，这种内求诸己的路向正是由于中国知识分子的外在凭藉太薄弱才逼出来的。《论语》中有一段孔子关于君子修身的话最值得注意：

> 子路问君子。子曰：修己以敬。曰：如斯而已乎？曰：修己以安人。曰：如斯而已乎？曰：修己以安百姓。修己以安百姓，尧、舜其犹病诸？（《宪问》）

孔子最初是把"修己以敬"作为一种普遍命题而提出的。但子路不以此为满足，层层逼问"修己"到底有何目的和效用，所以最后孔子只好说明"修己"始能"安人"、"安百姓"。可见"修身"的观念并非凭空而起的，而是以建立政治社会秩序中之"道"为其终极的目的。这样已明显地透出所谓"德治"的意思，所以孔子特别举尧、舜为例证。后来孟子对这一方面发挥得更为透彻。但是"修己"在孔子只是"安百姓"的必须条件，而不是充足条件，因此他才说虽尧、舜也未必完全作得到这一点。通观全段文字，孔子"修己"之说毫无疑问是针对着知识分子而提出的。不过由于人君在政治社会秩序中是处于枢纽的地位,他当然更应有"修己"的必要。政治中心无"德"而能达到"天下有理"的境界是不可想象的。后世儒家特别强调皇帝必须"正心诚意",其故即在于是。朱子一生对皇帝便只说"正心诚意"四个字。不但如此,"道"的重任虽在"士"的身上,而"道"的实现则是社会上人人分内之事。在这个意义上,"修己"是一个普遍性的价值。荀子论"君道"一再说:"闻修身,未尝闻为国。"又说:"臣下百吏至于庶人莫不修己而后敢安正。"(均见《荀子·君道》篇)稍后《大学》所谓"自天下以至于庶人,一是皆以修身为本",正是从荀子思想中演变出来的。

阅读提示

余英时(1930～   ),原籍安徽潜山,师从钱穆先生,香港新亚书院文史系第一届毕业生,美国哈佛大学历史学博士。曾任哈佛大学中国史教授、耶鲁大学历史系讲座教授,香港新亚书院校长兼中文大学副校长,1987年起任普林斯顿大学东亚研究讲座教授。著有《历史与思想》、《史学与传统》、《中国思想传统的现代诠释》、《文化评述与中国情怀》、《历史人物与文化危机》、《现代儒学论》等。其代表作《士与中国传统文化》一书中集结了12篇历史研究的专论,其主要的对象都是"士"。中国史上的"士"大致相当于今天所谓的"知识分子",但两者之间又不尽相同。作者在各历史阶段中选择了若干有关"士"的发展的中心论题,然后对每一论题进行深入分析,希望能通过这种研究方式展示"士"在中国文化史上的特殊地位。本文节选自余英时《士与中国传统文化》一书,主要论述中国知识分子入世而重"修身"的传统。

赵氏孤儿(第一折)

[元]纪君祥

第一折

〔屠岸贾上,云〕某屠岸贾,只为怕公主他添了个小厮儿,久以后成人长大,他不是我的仇人？我已将公主囚在府中,这些时该分娩了。怎么差去的人去了许久,还不见来回报？〔卒子上报科,云〕报的元帅得知,公主囚在府中,添了个小厮儿,唤做赵氏孤儿哩。〔屠岸贾云〕是真个唤做赵氏孤儿？等一月满足,杀这小厮也不为迟。令人,传我的号令去,着下将军韩厥,把住府门；不搜进去的,只搜出来的。若有盗出赵氏孤儿者,全家处斩,九族不留。一壁与我张挂榜文,遍告诸将,休得违误,自取其罪。〔词云〕不争晋公主怀孕在身,产孤儿是我仇人,待满月钢刀铡死,才称我削草除根。〔下〕

〔旦儿抱徕儿上,诗云〕天下人烦恼,都在我心头；犹如秋夜雨,一点一声愁。妾身晋室公主,被奸臣屠岸贾将俺赵家满门良贱,诛尽杀绝。今日所生一子,记的驸马临亡之时,曾有遗言：若是添个小厮儿,唤做赵氏孤儿,待他久后成人长大,与父母雪冤报仇。天那,怎能够将这孩儿送出这府门去,可也好也？我想起来,目下再无亲人,只有俺家门下程婴,在家属上无他的名字。我如今只等程婴来时,我自有个主意。

〔外扮程婴背药箱上,云〕自家程婴是也,元是个草泽医人,向在驸马府门下,蒙他十分优待,与常人不同。可奈屠岸贾贼臣将赵家满门良贱,诛尽杀绝,幸得家属上无有我的名字。如今公主囚在府中,是我每日传茶送饭。那公主眼下虽然生的一个小厮,取名赵氏孤儿,等他长立成人,与父母报仇雪冤,只怕出不得屠贼之手,也是枉然。闻的公主呼唤,想是产后要什么汤药,须索走一遭去,可早来到府门首也。不必报复,径自过去。〔程婴见科,云〕公主呼唤程婴,有何事？

〔旦儿云〕俺赵家一门,好死的苦楚也！程婴,唤你来别无甚事。我如今添了个孩儿,他父临亡之时,取下他一个小名,唤做赵氏孤儿。程婴,你一向在俺赵家门下走动,也不曾歹看承你。你怎生将这个孩儿掩藏出去,久后成人长大,与他赵氏报仇。

〔程婴云〕公主,你还不知道：屠岸贾贼臣闻知你产下赵氏孤儿,四城门张挂榜文,但有掩藏孤儿的,全家处斩,九族不留。我怎么掩藏的他出去？

〔旦儿云〕程婴,〔诗云〕可不道遇急思亲戚,临危托故人。你若是救出亲生子,便是俺赵家留得这条根。〔做跪科,云〕程婴,你则可怜见俺赵家三百口,都在这孩儿身上哩！

〔程婴云〕公主请起。假若是我掩藏出小舍人去,屠岸贾得知,问你要赵氏孤儿,你说道,我与了程婴也。俺一家儿便死了也罢,这小舍人休想是活的。

〔旦儿云〕罢,罢,罢,程婴,我教你去的放心。〔诗云〕程婴心下且休慌,听吾说罢泪千行。他父亲身在刀头死,〔做拿裙带缢死科,云〕罢,罢,罢,为母的也相随一命亡!〔下〕

〔程婴云〕谁想公主自缢死了也。我不敢久停久住,打开这药箱,将小舍人放在里面,再将些生药遮住身子。天也,可怜见赵家三百余口,诛尽杀绝,止有一点点孩儿。我如今救的他出去,你便有福,我便成功;若是搜将出来呵,你便身亡,俺一家儿都也性命不保。

〔诗云〕程婴心下自裁划,赵家门户实堪哀;只要你出的九重帅府连环寨,便是脱却天罗地网灾。〔下〕

〔正末扮韩厥领卒子上,云〕某下将军韩厥是也。佐于屠岸贾麾下,着某把守公主的府门,可是为何?只因公主生下一子,唤做赵氏孤儿,恐怕有人递盗将去,着某在府门上搜出来时,将他全家处斩,九族不留。小校,将公主府门把的严整者!嗨,屠岸贾,都似你这般损坏忠良,几时是了也呵!〔唱〕

【仙吕·点绛唇】列国纷纷,莫强于晋。才安稳,怎有这屠岸贾贼臣?他则把忠孝的公卿损。

【混江龙】不甫能风调雨顺,太平年宠用着这般人。忠孝的在市曹中斩首,奸佞的在帅府内安身。现如今全作威来全作福,还说甚半由君也半由臣!他,他,他把爪和牙布满在朝门,但违拗的早一个个诛夷尽。多咱是人间恶煞,可什么阃外将军。

〔云〕我想屠岸贾与赵盾两家儿结下这等深仇,几时可解也!〔唱〕

【油葫芦】他待要剪草防芽绝祸根,使着俺把府门。俺也是于家为国旧时臣。那一个藏孤儿的便不合将他隐,这一个杀孤儿的你可也心何忍。〔带云〕屠岸贾,你好狠也!〔唱〕有一日怒了上苍,恼了下民,怎不怕沸腾腾万口争谈论,天也,显着个青脸儿不饶人。

【天下乐】却不道远在儿孙近在身。哎,你个贼也波臣,和赵盾,岂可二十载同僚没些儿义分?便兴心使歹心,指贤人作歹人。他两个细评论,还是那个狠?

〔云〕令人,门首觑者,看有什么人出府门来,报复某家知道。

〔卒子云〕理会的。

〔程婴做慌走上,云〕我抱着这药箱,里面有赵氏孤儿。天也可怜,喜的韩厥将军把住府门,他须是我老相公抬举来的。若是撞的出去,我与小舍人性命都得活也。〔做出门科〕

〔正末云〕小校,拿回那抱药箱儿的人来。你是什么人?

〔程婴云〕我是个草泽医人,姓程,是程婴。

〔正末云〕你在那里去来?

〔程婴云〕我在公主府内煎汤下药来。

〔正末云〕你下什么药?

〔程婴云〕下了个益母汤。

〔正末云〕你这箱儿里面什么物件?

〔程婴云〕都是生药。

〔正末云〕是什么生药？

〔程婴云〕都是桔梗、甘草、薄荷。

〔正末云〕可有什么夹带？

〔程婴云〕并无夹带。

〔正末云〕这等你去。

〔程婴做走，正末叫科，云〕程婴回来。这箱儿里面是什么物件？

〔程婴云〕都是生药。〔正末云〕可有什么夹带？

〔程婴云〕并无夹带。

〔正末云〕你去。〔程婴做走，正末叫科，云〕程婴回来。你这其中必有暗昧。我着你去呵，似弩箭离弦，叫你回来呵，便似毡上拖毛。程婴，你则道我不认的你哩！〔唱〕

【河西后庭花】你本是赵盾家堂上宾，我须是屠岸贾门下人。你便藏着那未满月麒麟种，〔带云〕程婴你见么？〔唱〕怎出的这不通风虎豹屯？我不是下将军也不将你来盘问。〔云〕程婴，我想你多曾受赵家恩来。

〔程婴云〕是知恩报恩，何必要说。

〔正末唱〕你道是既知恩合报恩，只怕你要脱身难脱身。前和后把住门，地和天那处奔？若拿回审个真，将孤儿往报闻，生不能，死有准。

〔云〕小校靠后，唤您便来，不唤您休来。〔卒子云〕理会的。〔正末做揭箱子见科，云〕程婴，你道是桔梗、甘草、薄荷，我可搜出人参来也。〔程婴做慌，跪伏科〕〔正末唱〕

【金盏儿】见孤儿额颅上汗津津，口角头乳食喷；骨碌碌睁一双小眼儿将咱认，悄促促箱儿里似把声吞；紧绑绑难展足，窄狭狭怎翻身？他正是成人不自在，自在不成人。

〔程婴词云〕告大人停嗔息怒，听小人从头分诉：想赵盾晋室贤臣，屠岸贾心生嫉妒；遣神獒扑害忠良，出朝门脱身逃去；驾单轮灵辄报恩，入深山不知何处。奈灵公听信谗言，任屠贼横行独步。赐驸马伏剑身亡，灭九族都无活路。将公主囚禁冷宫，那里讨亲人照顾？遵遗嘱唤做孤儿，子共母不能完聚。才分娩一命归阴，着程婴将他掩护。久以后长立成人，与赵家看守坟墓。肯分的遇着将军，满望你拔刀相助。若再剪除了这点萌芽，可不断送他灭门绝户？〔正末云〕程婴，我若把这孤儿献将出去，可不是一身富贵？但我韩厥是一个顶天立地的男儿，怎肯做这般勾当！〔唱〕

【醉中天】我若是献出去图荣进，却不道利自己损别人。可怜他三百口亲丁尽不存，着谁来雪这终天恨。〔带云〕那屠岸贾若见这孤儿呵，〔唱〕怕不就连皮带筋，捻成齑粉。我可也没来由立这样没眼的功勋。

〔云〕程婴，你抱的这孤儿出去。若屠岸贾问呵，我自与你回话。〔程婴云〕索谢了将军。〔做抱箱儿走出又回跪科〕〔正末云〕程婴，我说放你去，难道要你？可快出去！〔程婴云〕索谢了将军。〔做走又回跪科〕〔正末云〕程婴，你怎生又回来？〔唱〕

【金盏儿】敢猜着我调假不为真，那知道蕙叹惜芝焚。去不去我几回家将伊尽，可怎生到门前兜的又回身？〔带云〕程婴，〔唱〕你既没包身胆，谁着你强做保孤人？可不道忠臣不怕死，怕死不忠臣。

〔程婴云〕将军，我若出的这府门去，你报与屠岸贾知道，别差将军赶来拿住我程婴，这个孤儿万无活理。罢，罢，罢！将军，你拿将程婴去，请功受赏。我与赵氏孤儿，情愿一处身亡便了。〔正末云〕程婴，你好去的不放心也！〔唱〕

【醉扶归】你为赵氏存遗胤，我于屠贼有何亲？却待要乔做人情遣众军，打一个回风阵。你又忠我可也又信，你若肯舍残生我也愿把这头来刎。

【青歌儿】端的是一言一言难尽，〔带云〕程婴，〔唱〕你也忒眼内眼内无珍。将孤儿好去深山深处隐，那其间教训成人，演武修文；重掌三军，拿住贼臣；碎首分身，报答亡魂，也不负了我和你硬踩着是非门，担危困。

〔带云〕程婴，你去的放心者。〔唱〕

【赚煞尾】能可在我身儿上讨明白，怎肯向贼子行捱推问！猛拼着撞阶基图个自尽，便留不得香名万古闻，也好伴锄麑共做忠魂。你，你，你要殷勤，照觑晨昏，他须是赵氏门中一命根。直等待他年长进，才说与从前话本，是必教报仇人，休忘了我这大恩人。〔自刎下〕

〔程婴云〕呀，韩将军自刎了也。则怕军校得知，报与屠岸贾知道，怎生是好？我抱着孤儿须索逃命去来。〔诗云〕韩将军果是忠良，为孤儿自刎身亡。我如今放心前去，太平庄再做商量。〔下〕

阅读提示

纪君祥，元代杂剧作家，生卒年不详。大都（今北京）人，与李寿卿、郑廷玉同时。作有杂剧6种，现存《赵氏孤儿》一种及《陈文图悟道松阴梦》残曲。《赵氏孤儿》故事采自《左传》、《史记·赵世家》和刘向《新序·节士》、《说苑·复恩》等书。作者作了提炼和改造。故事是说春秋时晋国奸臣屠岸贾谋害忠直大臣赵盾，把赵家300余口满门抄斩，只赵盾之孙——襁褓中婴儿被义士程婴救出。屠岸贾发现有人偷偷救出孤儿后，竟下令残杀国内所有一月以上半岁以下幼儿。程婴为保全孤儿和全国幼儿，毅然献出自己的儿子冒充赵氏孤儿，其至友公孙杵臼为开脱程婴救孤之罪，牺牲了自己的生命。孤儿由程婴抚养成人，20年后，赵氏孤儿手擒屠岸贾，报了血海深仇。本文节选自《赵氏孤儿》第一折。王国维在《宋元戏曲史》一书中指出："明以后传奇，无非喜剧，而元则有悲剧在其中。就其存者言之，《汉宫秋》、《梧桐雨》、《西蜀梦》、《火烧介子推》、《张千替杀妻》等，初无所谓先离后合，始困终亨之事也。其最有悲剧之性质者，则如关汉卿之《窦娥冤》、纪君祥之《赵氏孤儿》，剧中虽有恶人交构其间，而其蹈汤赴火者，仍出于其主人翁之意志，即列之于世界大悲剧中，亦无愧色也。"《赵氏孤儿》非常典型地反映了中国悲剧那种前仆后继、不屈不挠地同邪恶势力斗争到底的抗争精神。

哈姆雷特(第三幕)

[英]莎士比亚

第一场　城堡中一室

国王、王后、波洛涅斯、奥菲利娅、罗森格兰兹及吉尔登斯吞上。

国王：你们不能用迂回婉转的方法，探出他为什么这样神魂颠倒，让紊乱而危险的疯狂困扰他的安静的生活吗？

罗森格兰兹：他承认他自己有些神经迷惘，可是绝口不肯说为了什么缘故。

吉尔登斯吞：他也不肯虚心接受我们的探问；当我们想要引导他吐露他自己的一些真相的时候，他总是用假作痴呆的神气故意回避。

王后：他对待你们还客气吗？

罗森格兰兹：很有礼貌。

吉尔登斯吞：可是不大自然。

罗森格兰兹：他很吝惜自己的话，可是我们问他话的时候，他回答起来却是毫无拘束。

王后：你们有没有劝诱他找些什么消遣？

罗森格兰兹：娘娘，我们来的时候，刚巧有一班戏子也要到这儿来，给我们赶过了；我们把这消息告诉了他，他听了好像很高兴。现在他们已经到了宫里，我想他已经吩咐他们今晚为他演出了。

波洛涅斯：一点不错；他还叫我来请两位陛下同去看看他们演得怎样哩。

国王：那好极了；我非常高兴听见他在这方面感到兴趣。请你们两位还要更进一步鼓起他的兴味，把他的心思移转到这种娱乐上面。

……

哈姆莱特：生存还是毁灭，这是一个值得考虑的问题；默然忍受命运的暴虐的毒箭，或是挺身反抗人世的无涯的苦难，通过斗争把它们扫清，这两种行为，哪一种更高贵？死了；睡着了；什么都完了；要是在这一种睡眠之中，我们心头的创痛，以及其他无数血肉之躯所不能避免的打击，都可以从此消失，那正是我们求之不得的结局。死了；睡着了；睡着了也许还会做梦；嗯，阻碍就在这儿：因为当我们摆脱了这一具朽腐的皮囊以后，在那死的睡眠里，究竟将要做些什么梦，那不能不使我们踌躇顾虑。人们甘心久困于患难之中，也就是为了这个缘故；谁愿意忍受人世的鞭挞和讥嘲、压迫者的凌辱、傲慢者的冷眼、被轻蔑的爱情的惨痛、法律的迁延、官吏的横暴和费尽辛勤所换来的小人的鄙视,要是他只要用一柄小小的刀子,就可以清算他自己的一生?谁愿意负着这样的重担,在烦劳的生命的压迫下呻吟流汗,倘不是因为惧怕不可知的死后,惧怕那从来不曾有一个旅人回来过的神秘之国,是它迷惑了我们的意志,使我们宁愿忍受目前的磨折,不敢向我们所不知道的痛苦飞去?这样,重重的顾虑使我们全变成了懦夫,决心的赤热的光彩,被审慎的思维盖上了一层灰色,伟大的事业在这一种考虑之下,也会逆流而退,失去了行动的意义。且慢!美丽的奥菲利娅!——女神,在你的祈祷之中,不要忘记替我忏悔我的罪孽。

……

第二场　城堡中的厅堂

哈姆莱特及若干伶人上。

哈姆莱特:请你念这段剧词的时候,要照我刚才读给你听的那样子,一个字一个字打舌头上很轻快地吐出来;要是你也像多数的伶人们一样,只会拉开了喉咙嘶叫,那么我宁愿叫那宣布告示的公差念我这几行词句。也不要老是把你的手在空中这么摇挥;一切动作都要温文,因为就是在洪水暴风一样的感情激发之中,你也必须取得一种节制,免得流于过火。啊!我顶不愿意听见一个披着满头假发的家伙在台上乱嚷乱叫,把一段感情片片撕碎,让那些只爱热闹的低级观众听了出神,他们中间的大部分是除了欣赏一些莫名其妙的手势以外,什么都不懂。我可以把这种家伙抓起来抽一顿鞭子,因为他把妥玛刚特形容过分,希律王的凶暴也要对他甘拜下风。请你留心避免才好。

……

哈姆莱特:上帝啊!要说玩笑,那就得属我了。一个人为什么不说说笑笑呢?您瞧,我的母亲多么高兴,我的父亲还不过死了两个钟头。

奥菲利娅:不,已经四个月了,殿下。

哈姆莱特:这么久了吗?嗳哟,那么让魔鬼去穿孝服吧,我可要去做一身貂皮的新衣啦。天啊!死了两个月,还没有把他忘记吗?那么也许一个大人物死了以后,他的记忆还可以保持半年之久;可是凭着圣母起誓,他必须造下几所教堂,否则他就要跟那被遗弃的木马一样,没有人再会想念他了。

高音笛奏乐。哑剧登场。

一国王及一王后上,状极亲热,互相拥抱。后跪地,向王作宣誓状,王扶后起,俯首后颈上。王就花坪上睡下;后见王睡熟离去。另一人上,自王头上去冠,吻冠,注毒药于王耳,下。后重上,见王死,作哀恸状。下毒者率其他二三人重上,伴作陪后悲哭状。从者舁王尸下。下毒者以礼物赠后,向其乞爱;后先作憎恶不愿状,卒允其请。同下。

奥菲利娅:这是什么意思,殿下?

哈姆莱特:呃,这是阴谋诡计、不干好事的意思。

奥菲利娅：大概这一场哑剧就是全剧的本事了。

致开场词者上。

哈姆莱特：这家伙可以告诉我们一切；演戏的都不能保守秘密，他们什么话都会说出来。

奥菲利娅：他也会给我们解释方才那场哑剧有什么奥妙吗？

哈姆莱特：是啊；这还不算，只要你做给他看什么，他也能给你解释什么；只要你做出来不害臊，他解释起来也决不害臊。

奥菲利娅：殿下真是淘气，真是淘气。我还是看戏吧。

开场词：这悲剧要是演不好，要请各位原谅指教，小的在这厢有礼了。（致开场词者下。）

哈姆莱特：这算开场词呢，还是指环上的诗铭？

奥菲利娅：它很短，殿下。

哈姆莱特：正像女人的爱情一样。

二伶人扮国王、王后上。

伶王：日轮已经盘绕三十春秋，那茫茫海水和滚滚地球，月亮吐耀着借来的晶光，三百六十回向大地环航，自从爱把我们缔结良姻，许门替我们证下了鸳盟。

伶后：愿日月继续他们的周游，让我们再厮守三十春秋！可是唉，你近来这样多病，郁郁寡欢，失去旧时高兴，好教我满心里为你忧惧。可是，我的主，你不必疑虑；女人的忧伤像爱情一样，不是太少，就是超过分量；你知道我爱你是多么深，所以才会有如此的忧心。越是相爱，越是挂肚牵胸；不这样哪显得你我情浓？

伶王：爱人，我不久必须离开你，我的全身将要失去生机；留下你在这繁华的世界安享尊荣，受人们的敬爱；也许再嫁一位如意郎君——

伶后：啊！我断不是那样薄情人；我倘忘旧迎新，难邀天恕，再嫁的除非是杀夫淫妇。

哈姆莱特：（旁白）苦恼，苦恼！

伶后：妇人失节大半贪慕荣华，多情女子决不另抱琵琶；我要是与他人共枕同衾，怎么对得起地下的先灵！

伶王：我相信你的话发自心田，可是我们往往自食前言。志愿不过是记忆的奴隶，总是有始无终，虎头蛇尾，像未熟的果子密布树梢，一朝红烂就会离去枝条。我们对自己所负的债务，最好把它丢在脑后不顾；一时的热情中发下誓愿，心冷了，那意志也随云散。过分的喜乐，剧烈的哀伤，反会毁害了感情的本常。人世间的哀乐变幻无端，痛哭转瞬早变成了狂欢。世界也会有毁灭的一天，何怪爱情要随境遇变迁；有谁能解答这一个哑谜，是境由爱造？是爱逐境移？失财势的伟人举目无亲；走时运的穷酸仇敌逢迎。这炎凉的世态古今一辙：富有的门庭挤满了宾客；要是你在穷途向人求助，即使知交也要情同陌路。把我们的谈话拉回本题，意志命运往往背道而驰，决心到最后会全部推倒，事实的结果总难符预料。你以为你自己不会再嫁,只怕我一死你就要变卦。

伶后:地不要养我,天不要亮我!昼不得游乐,夜不得安卧!毁灭了我的希望和信心;铁锁囚门把我监禁终身!每一种恼人的飞来横逆,把我一重重的心愿摧折!我倘死了丈夫再作新人,让我生前死后永陷沉沦。

哈姆莱特:要是她现在背了誓!

伶王:难为你发这样重的誓愿。爱人,你且去;我神思昏倦,想要小睡片刻。(睡。)

伶后:愿你安睡;上天保佑我俩永无灾悔!(下。)

哈姆莱特:母亲,您觉得这出戏怎样?

王后:我觉得那女人在表白心迹的时候,说话过火了一些。

哈姆莱特:啊,可是她会守约的。

国王:这本戏是怎么一个情节?里面没有什么要不得的地方吗?

哈姆莱特: 不,不,他们不过开玩笑毒死了一个人;没有什么要不得的。

国王:戏名叫什么?

哈姆莱特:《捕鼠机》。呃,怎么?这是一个象征的名字。戏中的故事影射着维也纳的一件谋杀案。贡扎古是那公爵的名字;他的妻子叫做白普蒂丝姐。您看下去就知道是怎么一回事啦。这是个很恶劣的作品,可是那有什么关系?它不会对您陛下跟我们这些灵魂清白的人有什么相干;让那有毛病的马儿去惊跳退缩吧,我们的肩背都是好好的。

一伶人扮琉西安纳斯上。

……

琉西安纳斯:黑心快手,遇到妙药良机;趁着没人看见事不宜迟。你夜半采来的毒草炼成,赫卡忒的咒语念上三巡,赶快发挥你凶恶的魔力,让他的生命速归于幻灭。(以毒药注入睡者耳中。)

哈姆莱特:他为了觊觎权位,在花园里把他毒死。他的名字叫贡扎古;那故事原文还存在,是用很好的意大利文写成的。底下就要做到那凶手怎样得到贡扎古的妻子的爱了。

奥菲利娅:王上站起来了!

哈姆莱特:什么!给一响空枪吓怕了吗?

王后:陛下怎么样啦?

波洛涅斯:不要演下去了!

国王:给我点起火把来!去!

众人:火把!火把!火把!(除哈姆莱特、霍拉旭外均下。)

哈姆莱特:嗨,让那中箭的母鹿掉泪,没有伤的公鹿自去游玩;有的人失眠,有的人酣睡,世界就是这样循环轮转。老兄,要是我的命运跟我作起对来,凭着我这念词的本领,头上插上满头的羽毛,开缝的靴子上再缀上两朵绢花,你想我能不能在戏班子里插足?

霍拉旭：也许他们可以让您领半额包银。

哈姆莱特：我可要领全额的。因为你知道，亲爱的朋友，这一个荒凉破碎的国土原本是乔武统治的雄邦，而今王位上却坐着——孔雀。

霍拉旭：您该押韵才是。

哈姆莱特：啊，好霍拉旭！那鬼魂真的没有骗我。你看见吗？

霍拉旭：看见的，殿下。

哈姆莱特：在那演戏的一提到毒药的时候？

霍拉旭：我看得他很清楚。

哈姆莱特：啊哈！来，奏乐！来，那吹笛子的呢？要是国王不爱这出喜剧，那么他多半是不能赏识。来，奏乐！

罗森格兰兹及吉尔登斯吞重上。

吉尔登斯吞：殿下，允许我跟您说句话。

哈姆莱特：好，你对我讲全部历史都可以。

吉尔登斯吞：殿下，王上——

哈姆莱特：嗯，王上怎么样？

吉尔登斯吞：他回去以后，非常不舒服。

哈姆莱特：喝醉了吗？

吉尔登斯吞：不，殿下，他在发脾气。

哈姆莱特：你应该把这件事告诉他的医生，才算你的聪明；因为叫我去替他诊视，恐怕反而更会激动他的脾气的。

……

阅读提示

莎士比亚(1564～1616)，欧洲文艺复兴时期英国伟大的戏剧家和诗人。其代表作有《仲夏夜之梦》、《威尼斯商人》、《哈姆雷特》、《罗密欧与朱丽叶》等。《哈姆雷特》是莎士比亚最负盛名的剧本，又名《王子复仇记》，同《麦克白》、《李尔王》和《奥赛罗》一起组成莎士比亚"四大悲剧"。本文是对《哈姆雷特》第三幕的删选。悲剧《哈姆雷特》写的是丹麦王子哈姆莱特为父复仇的故事。在第三幕中哈姆莱特借伶人的戏剧表演来揭露国王毒害先王的罪行。哈姆莱特身上充分体现了莎士比亚的人文主义思想。

《徽州》解说词(第一、二集)

第一集:《前世今生》

走进徽州,走进徽州的村落。

像很多落户徽州的宗族一样,西递的胡氏,也是带着一个百转千回的故事来到这一片山水之间的。《西递明经胡氏壬派宗谱》说,西递的胡氏本来姓李,他们的祖先出自帝王之家,他们是唐朝李世民的后代,落在徽州,便长成西递的平常人家了。胡门一族从婺源迁到了西递,并在西递生根发芽,然后枝繁叶茂。追慕堂是建在西递的胡家祠堂。走马楼坐落在西递村头,这一幢修建于道光年间的建筑,是西递的胡家常说常新的话题。我们从走马楼上下来,走了很远的路,还能听到落日的楼头传过来的琅琅书声。

2000年的岁末,联合国教科文组织将西递列入世界文化遗产,专家们说,这样的乡村是古老文明绵绵不绝的化石,是中国乡土建筑的典范。

一同列入世界文化遗产的,还有宏村。前来宏村考察的专家说,青山绿水的自然风光蕴含着无限的优美。在这样的背景下,是古老而朴素的民居和宁静又悠深的街巷,这让人不由自主地想起意大利的威尼斯和荷兰的阿姆斯特丹,可是这两个地方都是大城市,像宏村这样的乡村,真是举世无双啊。聚住在宏村的是汪氏宗族,宏村的故事,它的开始与西递并无二致。"山为牛头,树为角,桥为牛腿,屋为身,凿湖作牛肚,引泉为牛肠",宏村是牛形的村落。在宏村的承志堂,我们见到了大堂之上,安然端坐在太师椅上的徽州。承志堂是清末宏村盐商汪定贵的私宅,四处奔波经营有方然后腰缠万贯的汪定贵最明确的想法是,富贵不归故里光宗耀祖,就像是穿一身华丽衣服在黑夜里行走。

如果说流水使宏村添了隽秀和灵动,那么,坐落在宏村的南湖书院,使这一方水土,又多了几分书卷气。

第二集:《八千里路》

徽州人不蹲家,经营走八方。无徽不成镇,离开家园的徽商,是中国封建社会最大的商帮集团。

山和山环抱之间的徽州,流水是进出的道路。"深潭与浅滩,万转出新安"。在徽州,因为新安江,这条徽州的母亲河,这流水两岸美丽的风景,才有了沧桑的意蕴。"歙山多田少,况其地瘠,其土驿刚,其产薄,其种不宜稷粱,是以其粟不支,而转输于他郡,则是无常业而多商贾,亦其势然也"。这是清朝洪玉图写在《歙问》中的一段话,因为地少人多,山上又收不了更多的庄稼,加之赋役繁重,社会动荡,灾荒迭作,为了生存,徽州人开辟出了一条经商之路。

在杭州胡雪岩旧居,粉墙高耸,仰望这一片天空,或许当年胡雪岩抬头时就已经想到了天有多高,心就有多高。而最初的时候,胡雪岩只是杭州一家钱庄里的学徒。自1860年开办钱庄起,仅仅四五年时间,胡雪岩就赢得了"红顶商人"的美誉。在官场,胡雪岩更是长袖善舞,左右逢源,因为倾心襄助左宗棠,1878年,胡雪岩受朝廷嘉奖,封布政使衔,赐红顶戴,紫禁城骑马,赏穿黄马褂。这样的荣耀在清朝是绝无仅有的。

胡庆馀堂是胡雪岩全盛时期创办的药店。胡雪岩说:"凡百贸易均着不得欺字,药业关系性命,尤为万不可欺。"这是胡雪岩的生意经。在徽州,在胡雪岩故里,再一次体会红顶商人经过的历程,体会这位清代巨贾起起伏伏的人生,我们发现,有一些东西,是矢志不移的。

吴士东在苏州阊门外开了一家小铺子,有一点生意。1860年,太平军攻陷苏州,商家也纷纷关上店门四处逃散。就在这个时候,江西商人满载丝棉织品的货船驶进了苏州城。可以前的老主顾不少都弃店而逃了,走投无路的江西商人一抬眼看到了吴士东的小铺子。吴士东说:"我这间小铺子,屯不下这么多货啊!"江西商人说:"屯下多少是多少,余下来的扔掉也行,不然,要我自己扔,实在是太心痛了呀!"说完这句话,江西商人急急地离开了多事之秋的是非之地。以后一年多的时间里,吴士东东奔西走,把江西商人的货物散发给各地的商家。世道太平了,吴士东碰到再次来苏州的江西商人,首先做的一件事情,便是将货款交到他手上。所以我们说四海为家的徽商,创造的不仅仅是物质财富,还有诚信,这是广大徽商安身立命的根本。

在扬州,乾隆经过瘦西湖的时候,因为这一片隽秀的风景而心旷神怡,然后十分随意地说了句,要是有了白塔,几乎就是京城的北海了。立在一边的徽州大盐商江春听了这话,微微一笑,胸有成竹,连夜用盐在瘦西湖上树起了一座白塔。难怪有人说,徽商以自己的才智和勤奋,以自己创造的巨大物质财富,使一个在当时有点瘦骨伶仃的扬州,丰腴滋润起来了。

阅读提示

徽州文化,即徽文化,是中国三大地域文化之一。古徽州包括今天安徽黄山市、绩溪县及江西婺源县等。徽州文化是一种极具地方特色的区域文化,其内容广博、深邃,包容了中国封建社会后期民间社会、经济、生活与文化的基本内容,被誉为是中国封建社会后期的典型标本。徽州文化内涵丰富,在各个层面、各个领域都形成了独特的流派和风格。如新安理学、新安医学、新安画派、徽派版画、徽派篆刻、徽剧、徽商、徽派建筑、徽菜、徽州茶道、徽州方言等等。中央电视台十集文化系列片《徽州》第一集《前世今生》主要介绍的是徽州古村落的起源和徽派建筑文化;第二集《八千里路》主要介绍的是徽商文化。

里乘·一文钱

[清]许奉恩

一文钱者，姑苏布店也。

初，徽商甲乙二人合伙，挟重资至苏贸易，各昵一姬，不吝挥霍。两姬固奇女子，当半夜无人时，谓二人曰："从古勾栏中鸨媪无好相识，有钱则奉为上宾，无钱即摽诸门外，比比皆然。日来窥二君囊金渐次萧索，君等挟重资，背乡里，为权子母。今为妾等耗费殆尽，脱不早为计，其何面目归见家人？愿熟思之！"甲乙亦以为然，以恋恋不忍割爱，苟且安之。鸨媪每有所求，必百方谋画，以厌其欲。

无何，典质既罄，遽为鸨媪齿冷，将下逐客之令。两姬曰："何如？君等不听妾言，早知有今日矣。妾等不幸，身堕下流，实非所愿。蒙君等割臂要盟，刻铭心髓。观二君意气，不过暂时落莫，必不久困。不如暂歌别鹄，努力以图恢复。妾等当誓死待践昔约，报君有日矣！"各馈白金五十两，趣令早去。甲乙无可如何，不得已，受金挥泪而别。

时岁将暮，二人姑就酒垆，对酌御寒，并市饦饽、寒具等物充饥。心绪烦冤，饮罢，忘携馈金，归寓始觉，急觅不得。逆旅主人促索税资，勉强典衣以应，行李一空，二人计穷，日则行乞，夜则寄宿古刹。耻过两姬之门，避道而行。

会除日薄暮，二人拾得枯枝，就地燃火，相对欷歔。甲于腰橐摸得一钱，掷地叹曰："重资散尽，留此一钱何益！不如抛去。"乙忽心动，急拾取曰："此硕果也。天幸存此一脉生机，安知非剥极而复之兆？"遽携钱出，曰："君待之，我自有计。"甲莫喻其意。少顷，乙归，手携竹片、草茎、败纸、鸡鸭毛等物，甲问："何为？"乙笑出面粉，索水调浆。就火光中，将草缠竹片上，蒙以败纸，又遍粘鸡鸭毛，畀甲视之，宛然各种禽鸟。甲曰："君处此愁城，尚何作此儿戏？"乙但笑而不言。竟夕，约成二三百具。

平明，以半付甲，邀同至玄妙观，自有料理。甲姑与俱往。观为姑苏游观之薮，春日尤盛。比至观，士女云集。妇孺见甲乙所携禽鸟，以为酷肖，争求购买，顷刻俱尽。每具十数钱，共计五千有奇。甲至是始叹乙心思灵巧，乐不可支。因问："一钱何用？"曰："竹片、草茎、败纸、鸡鸭毛等物，皆系拾诸市上。以一钱市面粉，岂不愜敷所用耶？"相与大笑。自是购添彩色纸张、杂鸡鸭毛，以肖人物花草等状。两入夜间分制，日至观求售。

自春徂夏，才百日，计敛钱三千余缗矣。因变计居积货物，往无不利，不两年，积资数万。遂于阊门开设布店，大书"一文钱"三字榜于门，志不忘所自也。乃各具千金，为两姬脱籍。姬各出私蓄，相助经营，不数年，财雄一方。爰遣人至徽迎取眷属，两家相约，世为婚姻,迄今二百有余岁矣。阊门外泰伯庙前"一文钱"三金字,大如栲栳,犹煌煌照人目云。

▍阅读提示

　　许奉恩,字叔平,清代安徽桐城人,生卒年不详,代表作《里乘》是作者模仿《聊斋志异》之作。本文"一文钱"记载的是两个徽商致富的故事。徽商,即徽州商人,旧徽州府(今安徽黄山市、绩溪县及江西婺源县等)商人的总称,而非所有安徽籍商人。徽商讲究商业道德,提倡以诚待人,以信接物,义利兼顾。徽商是儒化的商人,贾与儒的密切结合是徽商的又一个特色。"一文钱"故事所说的甲、乙徽商所具备的绘画本领,正体现了徽商的智慧和文化素养。自明代以来,徽州人都以绘画为雅事,据不完全统计,明清时期,这一地区画绩斐然者,就达 420 余人,形成了一个庞大的"新安画派"。

苦瓜和尚画语录·山川章第八

[明]石 涛

得乾坤之理者,山川之质也。得笔墨之法者,山川之饰也。知其饰而非理,其理危矣。知其质而非法,其法微矣。是故,古人知其微危,必获于一。一有不明,则万物障;一无不明,则万物齐。画之理,笔之法,不过天地之质与饰也。山川,天地之形势也;风雨晦明,山川之气象也;疏密深远,山川之约径也;纵横吞吐,山川之节奏也;阴阳浓淡,山川之凝神也;水云聚散,山川之联属也;蹲跳向背,山川之行藏也。高明者,天之权也;博厚者,地之衡也。风云者,天之束缚山川也;水石者,地之激跃山川也。非天地之权衡,不能变化山川之不测。虽风云之束缚,不能等九区之山川于同模;虽水石之激跃,不能别山川之形势于笔端。且山水之大,广土千里,结云万里,罗峰列嶂。以一管窥之,即飞仙恐不能周旋也;以一画测之,即可参天地之化育也。测山川之形势,度地土之广远,审峰嶂之疏密,识云烟之蒙昧。正踞千里,邪睨万重,统归于天之权、地之衡也。天有是权,能变山川之精灵;地有是衡,能运山川之气脉;我有是一画,能贯山川之形神。此予五十年前,未脱胎于山川也,亦非糟粕其山川,而使山川自私也。山川使予代山川而言也,山川脱胎于予也,予脱胎于山川也。搜尽奇峰打草稿也。山川与予神遇而迹化也,所以终归之于大涤也。

阅读提示

石涛(1642~1707),原名朱若极,别号很多,如大涤子、清相老人、苦瓜和尚、瞎尊者,法号有元济、原济等。为明靖江王的子孙,因王邸在广西桂林,故为广西人。明朝亡国后,被迫剃发为僧。旅居安徽时与梅清(1624~1697)友好,故其早年的山水画亦见梅清之影响。此时他亦多画黄山,与渐江、梅清并称"黄山画派"的"三巨子"。石涛是一位杰出的山水画家,兼长花鸟人物。同时,他也是一位杰出的绘画理论家,他所撰写的《苦瓜和尚画语录》是中国古代绘画理论专著中的经典之作。本章"山川"论述绘画应师法造化,"搜尽奇峰打草稿"。

女驸马·洞房（唱词）

安徽省黄梅戏剧团改编

（合　唱）龙凤花烛耀眼明，洞房之中喜盈盈喜盈盈。她那里紧锁眉梢神不定，她那里满怀喜悦做新人；她那里心惊胆又颤，她那里一心一意结同心；她那里假把诗书读，她那里脉脉含情看郎君；一个喜来一个忧，红妆一对怎呐怎呐怎能配婚怎配婚！

（冯素珍）忽听谯楼打三更，（公主）驸马他默默无言读书文。

（冯素珍）叫我怎样能做皇家婿？（公主）想必是怕违法度加倍小心。

（公主）驸马他要读书不肯安眠，又为何目不转睛愁锁眉尖？我看他洞房之中心神不定，定有那为难之事在他心间。我与他夫妻名分已经定，怎能不上前去探问根源？

（冯素珍）公主不必多疑心，本宫深感皇家恩。只怪我席前多饮酒，酒涌胸头心不宁。

（冯素珍）素珍这里心已碎，公主深信鸾凤配，你我都是闺中女，怎效鸳鸯比翼飞！我为救夫乔改扮，无故累你守空帏！

（公主）久等不见驸马面，金炉香尽怎不眠？难道你通宵读书不知倦？难道你家乡风俗就是这般？他那里默默无言对红烛，难道你要成仙得道独自炼丹？

（冯素珍）四更鼓打声声紧，催得人心乱纷纷，花烛之夜不共枕，公主怎不起疑心？倘若识破女儿身，枉费我救郎一片心！我的苦愁深似海，公主她是怎知情！

（公主）四更已过天将明，空有锦帐龙凤衾，只以为选中才郎配佳偶，谁知我空帏独坐听漏声。

（冯素珍）我这里心急如火焚！宫禁森严怎脱身？

（帮腔）怎脱身怎脱身！

（冯素珍）难道说好姻缘要成画饼？难道说夫妻相逢在来生！

（帮腔）在来生　在来生！

（公主）说什么好姻缘要成画饼，说什么夫妻相逢在来生，他定是有前妻旧情难忘，

（冯素珍）为求李郎我要死里求生！

（冯素珍）我本闺中一钗裙，公主请看耳环痕。

（公主）一声霹雳破晴空！驸马原来是女人！想我金枝玉叶体，怎能遭受这欺凌？越思越想越难忍，随我金殿面圣君！

（冯素珍）冒犯皇家我知罪，并非蓄意乱朝廷，公主且息雷霆怒，且容民女诉冤情。民女名叫冯素贞，自幼许配李兆廷。爹娘嫌贫爱富贵，诬陷李郎入了监中。民女只为救夫

命,万里奔波到京城。实指望取得功名夫有救,谁知被招入深宫。公主生长在深宫,怎知民间女子痛苦情。王三姐守寒窑一十八载,刘翠屏苦度了一十六春,还有前朝英台女,生生死死爱梁生,这都是父母嫌贫爱富贵,女儿不忘恩爱情。我虽比不得前朝贤良女,救夫我不顾死生。公主也是闺中女,难道你不念素贞救夫一片心!

　　(公主)一心救夫我敬佩,万不该进宫来误我终身!

　　(冯素珍)误你终身不是我!

　　(公主)白:是哪个?

　　(冯素珍)当今皇帝你父亲,不是君王传圣旨,不是刘大人做媒人,素贞纵有天大胆,也不敢冒昧进宫门!真情实话对你讲,望求公主细思忖,公主若能将我恕,我永世不忘你的恩!

　　(公主)听她言来有道理,顿时叫我无主张,我若不将你来杀,岂不终身守空房!

　　(冯素珍)公主纵然杀了我,你也嫁不得如意郎君!昨日公主招驸马,皇家喜事天下闻,你今若将驸马杀,岂不成了未亡人?!

阅读提示

　　黄梅戏是起源于安徽的戏曲剧种,流行于安徽、江西及湖北地区。它的前身是湖北黄梅地区的采茶调,清中叶后形成民间小戏,称"黄梅调",用安庆方言演唱。20世纪50年代在严凤英等人的改革下,表演日趋成熟,发展为安徽的地方大戏。著名剧目有《天仙配》、《牛郎织女》、《女驸马》等。本文是电影黄梅戏《女驸马·洞房》一出戏的唱词部分,不是完整的剧本。该剧由上海海燕电影制片厂和安徽电影制片厂联合摄制,由严凤英主演,刘琼导演。《女驸马》写冯素珍与李兆廷素有婚约,冯父悔婚,陷李于狱。冯为救李,女扮男妆进京赶考,中状元后又被招为驸马。在洞房,冯向公主说了真情。公主原谅了她并在金殿为其求情,使皇帝赦了她的罪,又促她与李完婚。

独坐敬亭山

[唐]李　白

众鸟高飞尽,孤云独去闲。
相看两不厌,只有敬亭山。

阅读提示

　　李白(701~762),字太白,号青莲居士。祖籍陇西成纪(今甘肃秦安县),先世于隋末因罪流徙西域,李白即生于中亚碎叶(原苏联额尔吉斯境内)。幼时随父迁居绵州彰明县(今四川江油)青莲乡。李白是屈原之后我国最为杰出的浪漫主义诗人,有"诗仙"之称。与杜甫齐名,世称"李杜",韩愈云:"李杜文章在,光焰万丈长。"(《调张籍》)严羽《沧浪诗话·诗评》指出:"子美不能为太白之飘逸,太白不能为子美之沉郁。"李白诗现存900多首,有《李太白集》。敬亭山在宣州(治所在今安徽宣城),宣州是六朝以来江南名郡,谢朓曾在这里做过太守。这首诗作于天宝十二载(753)李白秋游宣州时,距他被迫于天宝三载(744)离开长安已有整整10年时间了。长期漂泊生活,使李白饱尝了人间辛酸滋味,看透了世态炎凉,也加深了他对现实的不满和孤寂之感。此诗写李白独坐敬亭山时的情趣,正是诗人带着怀才不遇而产生的孤寂之感,到大自然的怀抱中寻求安慰的真实写照。

望夫山

[唐]刘禹锡

终日望夫夫不归,化为孤石苦相思。
望来已是几千载,只似当时初望时。

▍阅读提示

　　刘禹锡(772~842),字梦得,唐洛阳(今河南洛阳市)人。官至太子宾客,加检校礼部尚书。唐代著名的文学家和哲学家。著有《刘梦得集》。望夫山在今安徽省当涂县西北,濒临长江,唐时属和州,此诗题下原注"正对和州郡楼",可见作于刘禹锡和州刺史任上。传说古时候有一位妇女思念远去的丈夫,立在山头守望不回,天长日久竟化为石头。这个古老而动人的传说在民间流传很广。

淡黄柳

[宋] 姜　夔

客居合肥南城赤阑桥之西，巷陌凄凉，与江左异。唯柳色夹道，依依可怜。因度此阕，以纾客怀。

空城晓角，吹入垂杨陌。马上单衣寒恻恻，看尽鹅黄嫩绿，都是江南旧相识。　　正岑寂，明朝又寒食。强携酒，小桥宅，怕梨花落尽成秋色。燕燕飞来，问春何在，唯有池塘自碧。

▍阅读提示

姜夔(1155～1221)，宋饶州鄱阳(今江西鄱阳)城郊姜家坝村人。字尧章，所居处与白石洞为邻，自号白石道人。一生不仕，他的精力全部用于文学和艺术，往来于大江南北，与杨万里、范成大、辛弃疾、张兹等相结交。其工诗词，擅书法，精通音律，能自度曲，集诗、词、音乐、书法、鉴赏、文学评论家于一身。其词多写景纪游、抒写个人情怀之作，对后世影响较大，为南宋文人词坛重要作家。著作有《白石道人诗集》、《白石道人歌曲》、《诗说》等。宋光宗赵惇绍熙二年(1191)，姜夔寄居合肥，这首词就是这年春天在合肥写的，抒发了作者寄居异乡的惆怅和思乡之情。清《嘉庆合肥县志》记载，赤阑桥"在城南，赵宋姜夔留寓处"。

游褒禅山记

[宋]王安石

　　褒禅山亦谓之华山，唐浮图慧褒始舍于其址，而卒葬之，以故其后名之曰"褒禅"。今所谓慧空禅院者，褒之庐冢也。距其院东五里，所谓华山洞者，以其乃华山之阳名之也。距洞百余步，有碑仆道，其文漫灭，独其为文犹可识曰"花山"。今言"华"如"华实"之"华"者，盖音谬也。

　　其下平旷，有泉侧出，而记游者甚众，所谓前洞也。由山以上五六里，有穴窈然，入之甚寒。问其深，则其好游者不能穷也，谓之后洞。余与四人拥火以入，入之愈深，其进愈难，而其见愈奇。有怠而欲出者，曰："不出，火且尽。"遂与之俱出。盖予所至，比好游者尚不能十一，然视其左右，来而记之者已少。盖其又深，则其至又加少矣。方是时，予之力尚足以入，火尚足以明也。既其出，则或咎其欲出者，而予亦悔其随之，而不得极夫游之乐也。

　　于是予有叹焉：古人之观于天地、山川、草木、虫鱼、鸟兽，往往有得，以其求思之深而无不在也。夫夷以近，则游者众；险以远，则至者少。而世之奇伟、瑰怪、非常之观，常在于险远，而人之所罕至焉，故非有志者，不能至也。有志矣，不随以止也，然力不足者，亦不能至也。有志与力而又不随以怠，至于幽暗昏惑，而无物以相之，亦不能至也。然力足以至焉，于人为可讥，而在己为有悔；尽吾志也而不能至者，可以无悔矣，其孰能讥之乎？此予之所得也。

　　余于仆碑，又以悲夫古书之不存、后世之谬其传而莫能名者，何可胜道也哉！此所以学者不可以不深思而慎取之也。

　　四人者：庐陵萧君圭君玉，长乐王回深父，余弟安国平父、安上纯父。至和元年七月某日，临川王某记。

阅读提示

　　王安石(1021~1086)，字介甫，号半山，临川人(今江西东乡县人)，封荆国公，世称王荆公。北宋杰出的政治家、思想家、文学家。他目睹时弊，有矫时匡世之志，嘉祐六年(1061)上万言书，提出变法主张，要求抑制大官僚地主和豪商的特权，改变积弱贫穷的局面，推行富国强兵政策。褒禅山，在今安徽含山县。褒：指唐代和尚慧褒。禅：梵语"禅那"的省称，意为坐禅或静虑，是佛教徒修行的一种方式。山名"褒禅"，是因为慧褒生前在这里坐禅修行，死后又葬在这里。

遊黃山日记(后)

[明] 徐宏祖

戊午九月初三日,出白岳榔梅庵,至桃源桥,从小桥右下,陡甚,即旧向黄山路也。七十里,宿江村。

初四日,十五里,至汤口。五里,至汤寺,浴于汤池。扶杖望朱砂庵而登。十里,上黄泥冈,向时云里诸峰,渐渐透出,亦渐渐落吾杖底。转入石门,越天都之胁而下,则天都、莲花二顶,俱秀出天半。路旁一歧东上,乃昔所未至者,遂前趋直上,几达天都侧。复北上,行石罅中,石峰片片夹起,路宛转石间,塞者凿之,陡者级之,断者架木通之,悬者植梯接之。下瞰峭壑阴森,枫松相间,五色纷披,烂若图绣。因念黄山当生平奇览,而有奇若此,前未一探,兹游快且愧矣。时夫仆俱阻险行后,余亦停弗上。乃一路奇景,不觉引余独往。既登峰头,一庵翼然,为文殊院,亦余昔年欲登未登者。左天都,右莲花,背倚玉屏风,两峰秀色,俱可手揽。四顾奇峰错列,众壑纵横,真黄山绝胜处!非再至,焉知其奇若此?遇游僧澄源至,兴甚勇。时已过午,奴辈适至。立庵前,指点两峰,庵僧谓:"天都虽近而无路,莲花可登而路遥,祇宜近盼天都,明日登莲顶。"余不从,决意游天都,挟澄源、奴子,仍下峡路,至天都侧,从流石蛇行而上,攀草牵棘,石块丛起则历块,石崖侧削则援崖,每至手足无可着处,澄源必先登垂接。每念上既如此,下何以堪?终亦不顾。历险数次,遂达峰顶。惟一石顶,壁起犹数十丈,澄源寻视其侧,得级,挟予以登。万峰无不下伏,独莲花与抗耳。时浓雾半作半止,每一阵至,则对面不见。眺莲花诸峰,多在雾中。独上天都,予至其前,则雾徙于后;予越其右,则雾出于左。其松犹有曲挺纵横者,柏虽大干如臂,无不平贴石上如苔藓然。山高风钜,雾气去来无定,下盼诸峰,时出为碧峤,时没为银海。再眺山下,则日光晶晶,别一区宇也。日渐暮,遂前其足,手向后据地,坐而下脱,至险绝处,澄源并肩手相接。度险下至山坳,瞑色已合,复从峡度栈以上,止文殊院。

初五日,平明,从天都峰坳中北下二里,石壁岈然,其下莲花洞,正与前坑石笋对峙,一坞幽然。别澄源下山,至前歧路侧,向莲花峰而趋。一路沿危壁西行,凡再降升,将下百步云梯,有路可直跻莲花峰,既陟而磴绝,疑而复下。隔峰一僧高呼曰:"此正莲花道也!"乃从石坡侧度石隙,径小而峻,峰顶皆巨石鼎峙,中空如室。从其中迭级直上,级穷洞转,屈曲奇诡,如下上楼阁中,忘其峻出天表也。一里,得茅庐,倚石罅中,方徘徊欲升,则前呼道之僧至矣。僧号凌虚,结茅于此者,遂与把臂陟顶。顶上一石,悬隔二丈,僧取梯以度,其巅廓然。四望空碧,即天都亦俯首矣。盖是峰居黄山之中,独出诸峰上,四面

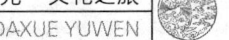

岩壁环耸，遇朝阳霁色，鲜映层发，令人狂叫欲舞。久之，返茅庵，凌虚出粥相饷，啜一盂，乃下。至歧路侧，过大悲顶，上天门。三里，至炼丹台，循台嘴而下。观玉屏风、三海门诸峰，悉从深坞中壁立起。其丹台一冈中垂，颇无奇峻，惟瞰翠微之背。坞中峰峦错耸，上下周映，非此不尽瞻眺之奇耳。还过平天矼，下后海，入智空庵，别焉。三里，下狮子林，趋石笋矼，至向年所登尖峰上，倚松而坐。瞰坞中峰石迥攒，藻缋满眼，始觉匡庐、石门，或具一体，或缺一面，不若此之阔博富丽也。久之，上接引崖，下眺坞中，阴阴觉有异。复至冈上尖峰侧，践流石，援棘草，随坑而下，愈下愈深，诸峰自相掩蔽，不能一目尽也。日暮，返狮子林。

阅读提示

　　徐宏祖(1586～1641)，字振之，别号霞客，江阴(今江苏江阴市)人，我国明代杰出的地理学家、著名的旅行家。自幼喜读古今史籍、地理方志和山海图经等书，无意于仕途，从22岁起开始漫游，直至56岁去世，历时30余年，足迹遍及现在的江苏、浙江、山东、河北、云南、贵州等地，最后直达中缅边界，他将游览经历一一记述，后编为《徐霞客游记》。黄山，原名黟山，唐代天宝年后改为黄山，在安徽歙县境内，相传黄帝与容成子、浮丘公同在此炼丹，故名黄山。黄山是我国著名的风景胜地之一，有三十六峰，其中以天都、莲花二主峰景色最佳，以奇松、怪石、云海、温泉最为著名。徐霞客曾两次游历黄山，都写有日记。本文是他第二次游黄山时所写，着重描绘天都、莲花千岩竞秀、松涛云海的动人景色。朱东润《中国历代文学作品选》标题作《游黄山后记》。

应用能力训练

【口语交际】

(1)现场解说某地名胜古迹。
(2)主持某种展览、展销活动或校园文化活动。

【写作训练】

(1)电视、电影风光纪录片解说词的写作。
(2)某种展览、展销活动或校园文化活动的策划方案或文字宣传材料的写作。

【实践活动】

安徽地方戏曲的演唱和模拟表演。

【延展阅读】

(一)《孟子》

景春曰:"公孙衍、张仪岂不诚大丈夫哉?一怒而诸侯惧,安居而天下熄。"
孟子曰:"是焉得为大丈夫乎?子未学礼乎?丈夫之冠也,父命之;女子之嫁也,母命之,往送之门,戒之曰:'往之女家,必敬必戒,无违夫子!'以顺为正者,妾妇之道也。居天下之广居,立天下之正位,行天下之大道。得志,与民由之;不得志,独行其道。富贵不能淫,贫贱不能移,威武不能屈,此之谓大丈夫。"

(《孟子·滕文公下》)

舜发于畎亩之中,傅说举于版筑之间,胶鬲举于鱼盐之中,管夷吾举于士,孙叔敖举于海,百里奚举于市。故天将降大任于是人也,必先苦其心志,劳其筋骨,饿其体肤,空乏其身,行拂乱其所为,所以动心忍性,曾益其所不能。人恒过,然后能改;困于心,衡于虑,而后作;征于色,发于声,而后喻。入则无法家拂士,出则无敌国外患者,国恒亡。然后知生于忧患,而死于安乐也。

(《孟子·告子下》)

(二)"四大新亮点"将闪耀徽商大会

第六届中国国际徽商大会正大步走来,与以往五届不同,本届徽商大会将在主题设计、活动安排、展览展示和客商邀请四方面展现新亮点。

今年的徽商大会,是国务院批准皖江城市带承接产业转移示范区建设这一重大战略后的首届徽商大会。为呼应示范区的建设机遇,本届徽商大会首先在主题设计上突出承接创新,明确以"承接转移、创新共赢"为大会主题。其次,在活动安排上重点突出高峰论坛,邀请政界、商界、学界名人为皖江崛起出谋划策,共商加速示范区科学发展的最佳途径,在论坛上还将签署一系列支持示范区建设的部省合作框架协议。同时,展览展示上突出产业链展示,改变往年以行政区划为板块的展示模式,紧紧围绕大会主题,展示我省承接产业转移已取得的成就及皖江崛起的深厚潜力。

另外,第六届徽商大会在客商邀请上突出巨商富贾,不追求规模,追求档次与质量,重视投资意向。据了解,本届徽商大会将有超过3000名客商到会,其中跨国企业的巨头就有300多名。(梁昌军)

(来源:新华网,2011年10月8日)

新闻链接:

第一届徽商大会 2005 年 5 月 18 日,首届徽商大会暨"2005 中国国际徽商大会"在合肥走上历史舞台。这次大会以"交流、合作、发展、繁荣"为主题,展现了投资与贸易互动、国际与国内并重、经济与文化融合、历史与现实交汇的四大特点。徽商大会的诞生,为使我省在更大范围、更广领域和更高层次上参与国际国内经济技术合作和竞争提供了机会。

第二届徽商大会 2006 年 5 月 18 日,"2006 中国国际徽商大会"在香港开幕。这是迄今为止唯一一届在香港举办的徽商大会,大会以"皖港携手,互利共赢"为主题,旨在深化皖港合作,促进优势互补,实现共赢发展。两地就加强皖港经贸合作、增进经济领域联系签订了合作协议及旅游合作协议。此次大会借助香港的国际影响力,通过香港向世界宣传了安徽、推介了安徽。

第三届徽商大会 2007 年 5 月 18 日,"2007 中国国际徽商大会"在合肥举行,"开放、创新、合作、崛起"是本次大会的主题。"省会经济圈"成为这次徽商大会最大的亮点,合肥受到参会投资者的特别青睐。大会首日,合肥即有 40 个项目正式签约,累计总投资 14.52 亿美元,成为大会的大赢家之一。"省会经济圈"内的巢湖、六安亦有多个项目签约。

第四届徽商大会 2008 年 5 月 18 日,"第四届中国国际徽商大会"在黄山召开,大会以"开放、发展、共赢、和谐"为主题,通过徽文化精品展、文艺演出、文化产业推介会展示了徽商辉煌的历史,深厚的文化。同时,这次大会正赶上"5.12 汶川大地震",徽商大会迅速调整日程,取消了欢迎晚宴和焰火晚会,增加赈灾演出、集体哀悼,赈灾演出共为灾区募集善款 1896.17 万元。

第五届徽商大会 2009 年 4 月 26 日,"第五届中国国际徽商大会"在合肥举行,与第四届中博会同期举行是本届徽商大会的最大特点。此次徽商大会以"开放、发展、共赢、和谐"为主题,通过论坛、洽谈、展示、旅游等多种形式,为中外客商搭建经济技术文化交流与合作的平台。

(三)合肥庐剧《王三姐》

庐剧,旧称"倒七戏",是安徽五大地方戏曲(黄梅戏、庐剧、泗州戏、徽剧、皖南花鼓戏)之一,流行于以合肥为中心的江淮一带和大别山区,包括六安、淮南、巢湖、滁州、芜湖等地。因合肥古称庐州,于1955年改今名。庐剧在安徽覆盖面积很广,南至芜湖、宣城,北至淮南、蚌埠,东至凤阳,西至六安、霍山一带。庐剧一些小戏具有专门的唱调,像《点大麦》《借罗衣》《讨学钱》等。大戏不是每部都有专门唱调,而是用固定的曲调配上唱词。生行、旦行、丑行都有专门的曲调,根据悲喜程度还分悲调、喜调、平调。悲调种类特别多,丰富多彩,导致有些人称庐剧为"哭腔"。喜调一般用于抒情和内心独白。平调用于叙事。庐剧的剧目有200余个,以公案、爱情及家庭悲欢离合为主要内容,如《秦雪梅》《休丁香》等。庐剧《王三姐》演的是王宝钏和薛平贵的爱情故事。

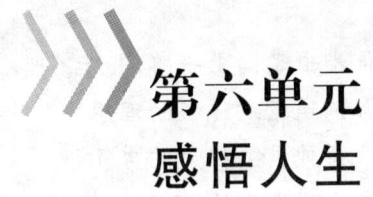

第六单元
感悟人生

单元寄语

　　谈起人生,似乎是一个颇为有分量的话题。对年轻人来说,贸然开口讨论人生,总有一点"为赋新词强说愁"的感觉。其实,感悟人生并不只是老年人的特权。老年人的谆谆告诫,积淀着丰厚的经验,但多半是事后的总结;而年轻人对人生的理解,则仿佛是他们出发时的旅行指南。事后的总结固然深刻,却也失去了改变事实的机会,旅行的指南虽然简单,却实实在在能指引我们行进的方向。这样说来,年轻人不妨对人生多一些反思,多一些思考。也许想得越清楚,就看得越远,走得更坚定。

　　相对西方哲学思想当中对彼岸世界的追索,中国古代的哲人们更关注现实的人生,《论语》中说子不语怪力乱神,又说未知生焉知死,无不体现出对人生的厚重关怀。在《论语》当中,我们找不到抽象的思辨、严密的逻辑,有的只是一位睿智的老人对人生的体悟。所以,中国的哲学家一直说"道不远人",强调那神圣、庄严的彼岸世界就在寻常日用、应对洒扫当中,只要你去思索、感悟,那平常的生活也就具有了别样的意义。清源惟信禅师接引众人,有一段著名的公案:"老僧三十年前未参禅时,见山是山,见水是水。及至后来,亲见知识,有个入处,见山不是山,见水不是水。而今得个休歇处,依前见山只是山,见水只是水。"禅家机锋,言语道断,清源禅师的话,各人体会不同。但山水不变,渐变的只是人的见识;眼中的山水,正是你心灵的投影。正所谓"境由心造",你的心灵丰富,世界就多了光彩,你的心灵贫乏,世界也转而灰暗。

　　不过,现实又是复杂的,甚至是残酷的。面对这样的世界,人的心灵很多时候表现出它的脆弱来,所以往往不是心灵去改变世界,而是世界改变了心灵。所以儒家的先贤要不断提醒人们"人心惟危",要我们时刻保持警惕,时刻警醒自己。相对禅宗注目于超越之后的洒脱,儒家更强调这超越的不易,它需要艰苦付出，甚至是忍受。

不管是禅宗的洒脱，还是儒家的坚忍，它们都只是指出了向上一路，指示了人生的终极价值。但是如何走好自己的人生道路，如何迫近这终极的理想，它们却都无法给出答案。它们描绘了诱人的图景，也告诉你需要极大的勇气，可是当你收拾身心，准备出发时，它们却没有告诉你该从哪儿开始，又该选择哪条道路。这也许是无言的智慧，暗示着路在脚下的道理；这可能是无奈的无言，因为这一切毕竟如鱼饮水，冷暖自知，无法言传。

但是无法言传，并不代表只能沉默。伴随着人生风雨的洗礼，我们会逐渐找到自己的道路。师长友朋的切磋，也会使我们的心灵更加明澈。书中这些或长或短的文字，也会滋润你的心田，就让我们细细体味吧。

在一开始，我们选择一段老生常谈的话，它选自一部革命青年的励志小说《钢铁是怎样炼成的》。也许对21世纪的大学生来说，这部小说是陌生的，它所描写的那个时代，那群人，那些精神活动，都离我们十分遥远。但是，所谓人同此心，心同此理，虽然时代不同，身份不同，面临的世界不同，相同的是青春的火热。怎么才能不辜负这青春韶华？这段掷地有声的话想必还会给我们很多启示。

哲学是关于人生的学问，中国哲学更是这样。关于人生境界的讨论，王国维《人间词话》中的观点不仅对理解中国哲学，也对我们思考人生有着积极的作用。他告诉我们，有生命、能生存并不是人生的全部，人之所以为人，应当有更为高远的追求。有追求才会有动力，正是有了"独上高楼，望断天涯路"的向往，才能有"衣带渐宽终不悔"的执著，才会迎来"蓦然回首，那人却在灯火阑珊处"的欣喜。

当然，没有人生来愿意平庸，活得精彩是大家不约而同的目标。但是有目标和激情并不等于成功。成功来自战胜自我，不断前行。非常欣赏汪国真的《我喜欢出发》，清新明澈的语言背后，是一颗火热的心，告诉我们人生的意义和价值就在脚下，就在旅途之中，就在一次次出发的时候。

文选中还有两篇文章，分别来自李开复《成功就是成为最好的你自己》和周国平的《对自己的人生负责》。前者受到当代青年学子的热切追捧，后者则借着思辨的力量，影响了很多人。李开复告诉我们人生不能离开兴趣和激情，这也许很对年轻人的胃口。周国平则提醒我们在兴趣和激情之外，还有"责任"，我们反观自身，在寻找那些促使自己进步的兴趣和激情时，实际上也就是在践行着对自己人生的责任，并由此进一步尽到自己对他人社会的责任。

人生的道路上不可能一帆风顺，即使我们不乏激情和努力。"失败是成功之母"这句名言，虽然信心满满，却也委婉地承认了失败总是比成功来得更早、更多一些。就像多难未必兴邦一样，失败也并不一定带来成功。关键就在于我们如何面对失败和困境,也许这和我们懂得如何成功一样重要,甚至更加重要。《生命的间隙》讲述的就是如何面对困境的经验。留出间隙,并不意味着空虚。中国书画艺术都讲究"留白",笔墨不到处也气韵流动,生机勃勃。音乐上也有"此时无声胜有声"之说。懂得留出间隙,不仅是技巧,更是人生智慧和境界。书画中的留白,可以使整幅作品元气淋漓,生命中留出的间隙,也能使得我们的人生更多一些游刃有余般的自如。

生命的意义

[苏联] 奥斯特洛夫斯基

人的一生应当这样度过:当回首往事的时候,他不会因为虚度年华而悔恨,也不会因碌碌无为而羞愧;在临死的时候,他能够说:我的整个生命和全部精力,都已经献给世界上最壮丽的事业——为人类的解放事业而斗争。

▍阅读提示

奥斯特洛夫斯基(1904~1936),苏联无产阶级作家。因为家庭的贫寒,奥斯特洛夫斯基只上到小学三年级。凭借着坚强的毅力,他在全身瘫痪、双目失明的情况下创作出小说《钢铁是怎样炼成的》,小说描写了主人公保尔·柯察金的成长道路。这一段话以简明的语言说明人生的意义,正在于为一个高尚的目标而奋斗。

人间词话(节选)

王国维

古今之成大事业、大学问者,必经过三种之境界:"昨夜西风凋碧树。独上高楼,望尽天涯路。"此第一境也。"衣带渐宽终不悔,为伊消得人憔悴。"此第二境也。"众里寻他千百度,蓦然回首,那人却在,灯火阑珊处。"此第三境也。

阅读提示

王国维(1877～1927),字静安,号观堂,浙江海宁人。他是中国传统学术现代转型的先驱,在历史、文学、文字学等领域都有杰出的贡献,有《宋元戏曲考》、《人间词话》等著作。本文是《人间词话》中的一节,三句分别说明人生立志、奋斗、成功三个阶段,有意思的是他对"成功"境界的表述,那是一种经过长期努力之后,不期然而遇的,也许在王氏看来,过程更是让人激动吧。

青　春

席慕容

所有的结局都已写好
所有的泪水也都已启程
却忽然忘了是怎么样的一个开始
在那个古老的不再回来的夏日
无论我如何地去追索
年轻的你只如云影掠过
而你微笑的面容极浅极淡
逐渐隐没在日落后的群岚
遂翻开那发黄的扉页
命运将它装订的极为拙劣
含着泪　我一读再读
却不得不承认
青春　是一本太仓促的书

阅读提示

　　席慕容(1945～　)，祖籍内蒙古，诗人、画家。自1981年出版第一部诗集《七里香》以来，就在海峡两岸掀起了一股热潮。她的作品温柔淡泊，沁人心脾，多写爱情、人生、乡愁，写得极美，淡雅剔透，抒情灵动，饱含着对生命的挚爱真情。席慕容的作品影响了整整一代人的成长历程。作者另有诗集《无怨的青春》、《以诗之名》等。因为宝贵，所以"青春"也显得格外短暂，当它随风而逝之后，我们到底书写下怎样的文字呢？

我喜欢出发

汪国真

我喜欢出发。

凡是到达了的地方，都属于昨天。哪怕那山再青，那水再秀，那风再温柔。带深的流连便成了一种羁绊，绊住的不仅是双脚，还有未来。

怎么能不喜欢出发呢？没见过大山的巍峨，真是遗憾；见了大山的巍峨没见过大海的浩瀚，仍然是遗憾；见了大海的浩瀚没见过大漠的广袤，依旧遗憾；见了大漠的广袤没见过森林的神秘，还是遗憾。世界上有不绝的风景，我有不老的心情。

我自然知道，大山有坎坷，大海有浪涛，大漠有风沙，森林有猛兽。即便这样，我依然喜欢。

打破生活的平静便是另一番景致，一种属于年轻的景致。真庆幸我还没有老。即便真老了又怎么样，不是有句话叫老当益壮吗？

于是我还想从大山那里学习深刻，我还想从大海哪里学习勇敢，我还想从大漠那里学习沉着，我还想从森林那里学习机敏。我还向学着品味一种缤纷的人生。

人能走多远？这话不是要问两脚而是要问志向；人能攀多高？这事不是要问向双手而是要问向意志。于是，我想用热血给自己树起一个高远的目标。

不仅是为了争取一种光荣，更是为了追求一种境界。目标实现了，是光荣；目标实现不了，人生也会因这一路风雨跋涉变得丰富而充实；在我看来，这就是不虚此生。

是的，我喜欢出发，愿你也喜欢。

阅读提示

汪国真(1956～)，祖籍厦门，诗人。1985年开始进行诗歌的创作。1990年开始出版诗集。第一部诗集为《年轻的潮》，以后又出过多部诗集。曾经在20世纪90年代掀起一股"汪国真热"。其中，《嫁给幸福》和《热爱生命》最受追捧。这是一篇很有启发性的文章，我们不缺乏丰富而高远的理想，但却总少了不断前进的锐气，不必害怕失败，它可以让我们的人生更丰富，更不应被目前的安逸困住手脚，只有出发才是人生的全部。

成功就是成为最好的你自己(节选)

李开复

成功的第一步：把握人生目标，做一个主动的人

在新浪聊天室里，当网友问我的人生目标是什么时，我是这么回答的："人生只有一次，我认为最重要的就是要有最大的影响力(impact)，能够帮助自己、帮助家庭、帮助国家、帮助世界、帮助后人，能够让他们的日子过得更好、更有效率，能够为他们带来幸福和快乐。"我回答这个问题时丝毫不需要思考，因为我从大学二年级起就把"影响力"当作自己的人生目标。

对我来说，人生目标不是一个口号，而是我最好的智囊，它曾多次帮我解决工作和生活中的难题。我当初放弃在美国的工作，只身来到中国创立微软中国研究院，就是因为我觉得后一项工作有更大的影响力，和我的人生目标更加吻合。此外，当我收到一封封迷茫学生的来信，给他们写回信时，我也会想："如何让回信有更大的影响力？"我先后公开的三封"给中国学生的信"都是如此诞生的。

无论是为了真情，为了影响力，还是为了快乐、家人、道德、宁静、求知、创新……一旦确定了人生目标，你就可以像我一样在人生目标的指引下，果断地做出人生中的重大决定。每个人的人生目标都是独特的。最重要的是，你要主动把握自己的人生目标。但你千万不能操之过急，更不要为了追求所谓的"崇高"，或为了模仿他人而随便确定自己的目标。

那么，该怎么去发现自己的目标呢？许多同学问我他们的目标该是什么？我无法回答，因为只有一个人能告诉你人生的目标是什么，那个人就是你自己。只有一个地方你能找到你的目标，那就是你心里。

我建议你闭上眼睛，把第一个浮现在你脑海里的理想记录下来，因为不经过思考的答案是最真诚的。或者，你也可以回顾过去，在你最快乐、最有成就感的时光里，是否存在某些共同点？它们很可能就是最能激励你的人生目标了。再者，你也可以想象一下，十五年后，当你达到完美的人生状态时，你将会处在何种环境下？从事什么工作？其中最快乐的事情是什么？当然，你也不妨多和亲友谈谈，听听他们的意见。

成功的第二步：尝试新的领域、发掘你的兴趣

为了成为最好的你自己，最重要的是要发挥自己所有的潜力，追逐最感兴趣和最有激情的事情。当你对某个领域感兴趣时，你会在走路、上课或洗澡时都对它念念不忘，你在该领域内就更容易取得成功。更进一步，如果你对该领域有激情，你就可能为它废寝忘食，连睡觉时想起一个主意，都会跳起来。这时候，你已经不是为了成功而工作，而是为了"享受"而工作了。毫无疑问的，你将会从此得到成功。

相对来说，做自己没有兴趣的事情只会事倍功半，有可能一事无成。即便你靠着资质或才华可以把它做好，你也绝对没有释放出所有的潜力。因此，我不赞同每个学生都追逐最热门的专业，我认为，每个人都应了解自己的兴趣、激情和能力（也就是情商中所说的"自觉"），并在自己热爱的领域里充分发挥自己的潜力。

比尔·盖茨曾说："每天清晨当你醒来的时候，都会为技术进步给人类生活带来的发展和改进而激动不已。"从这句话中，我们可看出他对软件技术的兴趣和激情。1977年，因为对软件的热爱，比尔·盖茨放弃了数学专业。如果他留在哈佛继续读数学，并成为数学教授，你能想象他的潜力将被压抑到什么程度吗？2002年，比尔·盖茨在领导微软25年后，却又毅然把首席执行官的工作交给了鲍尔默，因为只有这样他才能投身于他最喜爱的工作——担任首席软件架构师，专注于软件技术的创新。虽然比尔·盖茨曾是一个出色的首席执行官，但当他改任首席软件架构师后，他对公司的技术方向做出了重大贡献，更重要的是，他更有激情、更快乐了，这也鼓舞了所有员工的士气。

比尔·盖茨的好朋友，美国最优秀的投资家，华伦·巴菲特也同样认可激情的重要性。当学生请他指示方向时，他总这么回答："我和你没有什么差别。如果你一定要找一个差别，那可能就是我每天有机会做我最爱的工作。如果你要我给你忠告，这是我能给你的最好忠告了。"

比尔·盖茨和华伦·巴菲特给我们的另一个启示是，他们热爱的并不是庸俗的、一元化的名利，他们的名利是他们的理想和激情带来的。美国一所著名的经管学院曾做过一个调查，结果发现，虽然大多数学生在入学时都想追逐名利，但在拥有最多名利的校友中，有90%是入学时追逐理想、而非追逐名利的人。

那么，如何寻找兴趣和激情呢？首先，你要把兴趣和才华分开。做自己有才华的事容易出成果，但不要因为自己做得好就认为那是你的兴趣所在。为了找到真正的兴趣和激情，你可以问自己：对于某件事，你是否十分渴望重复它，是否能愉快地、成功地完成它？你过去是不是一直向往它？是否总能很快地学习它？它是否总能让你满足？你是否由衷地从心里（而不只是从脑海里）喜爱它？你的人生中最快乐的事情是不是和它有关？当你这样问自己时，注意不要把你父母的期望、社会的价值观和朋友的影响融入你的答案。

如果你能明确回答上述问题，那你就是幸运的，因为大多数学生在大学四年里都在摸索或悔恨。如果你仍未找到这些问题的答案,那我只有一个建议:给自己最多的机会去接触最多的选择。记得我刚进卡内基·梅隆的博士班时,学校有一个机制,允许学生挑老师。在第一个月里,每个老师都使尽全身解数吸引学生。正因为有了这个机制,我才幸运地碰到了我的恩师瑞迪教授,选择了我的博士题目"语音识别"。虽然并不是所有学校都有这样的机制,但你完全可以自己去了解不同的学校、专业、课题和老师,然后从中挑选你的兴趣。你也可以通过图书馆、网络、讲座、社团活动、朋友交流、电子邮件等方式寻找兴趣爱好。唯有接触你才能尝试,唯有尝试你才能找到你的最爱。

我的同事张亚勤曾经说:"那些敢于去尝试的人一定是聪明人。他们不会输,因为他们即使不成功,也能从中学到教训。所以,只有那些不敢尝试的人,才是绝对的失败者。"希望各位同学尽力开拓自己的视野,不但能从中得到教益,而且也能找到自己的兴趣所在。

成功的第三步:针对兴趣,定阶段性目标,一步步迈进

找到了你的兴趣,下一步该做的就是制定具体的阶段性目标,一步步向自己的理想迈进。

首先,你应客观地评估距离自己的兴趣和理想还差些什么?是需要学习一门课、读一本书、做一个更合群的人、控制自己的脾气还是成为更好的演讲者?十五年后成为最好的自己和今天的自己会有什么差别?还是其他方面?你应尽力弥补这些差距。例如,当我决定我一生的目的是要让我的影响力最大化时,我发现我最欠缺的是演讲和沟通能力。我以前是一个和人交谈都会脸红,上台演讲就会恐惧的学生。我做助教时表现特别差,学生甚至给我取了个"开复剧场"的绰号。因此,为了实现我的理想,我给自己设定了多个提高演讲和沟通技巧的具体目标。

其次,你应定阶段性的、具体的目标,再充分发挥中国人的传统美德——勤奋、向上和毅力,努力完成目标。比如,我要求自己每个月做两次演讲,而且每次都要我的同学或朋友去旁听,给我反馈意见。我对自己承诺,不排练三次,决不上台演讲。我要求自己每个月去听演讲,并向优秀的演讲者求教。有一个演讲者教了我克服恐惧的几种方法,他说,如果你看着观众的眼睛会紧张,那你可以看观众的头顶,而观众会依然认为你在看他们的脸,此外,手中最好不要拿纸而要握起拳来,那样,颤抖的手就不会引起观众的注意。当我反复练习演讲技巧后,我自己又发现了许多秘诀,比如:不用讲稿,通过讲故事的方式来表达时,我会表现得更好,于是,我仍准备讲稿但只在排练时使用;我发现我回答问题的能力超过了我演讲的能力,于是,我一般要求多留时间回答问题;我发现自己不感兴趣的东西就无法讲好,于是,我就不再答应讲那些我没有兴趣的题目。几年后,我周围的人都夸我演讲得好,甚至有人认为我是个天生的好演说家,其实,我只是实践了中国人勤奋、向上和毅力等传统美德而已。

任何目标都必须是实际的、可衡量的目标,不能只是停留在思想上的口号或空话。制定目标的目的是为了进步,不去衡量你就无法知道自己是否取得了进步。所以,你必须把抽象的、无法实施的、不可衡量的大目标简化成为实际的、可衡量的小目标。举例来说,几年前,我有一个目标是扩大我在公司里的人际关系网,但"多认识人"或"增加影响力"的目标是无法衡量和实施的,我需要找一个实际的、可衡量的目标。于是,我要求自己"每周和一位有影响力的人吃饭,在吃饭的过程,要这个人再介绍一个有影响的人给我"。衡量这个目标的标准是"每周与一人一餐、餐后再认识一人"。当然,我不会满足于这些基本的"指标"。扩大人际关系网的目的是使工作更成功,所以,我还会衡量"每周一餐"中得到了多少信息,有多少我的部门雇用的人是在这样的人际网中认识的。一年后,我的确从这些衡量标准中,看到了自己的关系网有了显著的扩大。

制定具体目标时必须了解自己的能力。目标设定过高固然不切实际,但目标也不可定得太低。对目标还要做及时的调整:如果超出自己的期望,可以把期望提高;如果未达到自己的期望,可以把期望调低。达成了一个目标后,可以再制定更有挑战性的目标;失败时要坦然接受,认真总结教训。

最后,再一次提醒同学们,目标都是属于你的,只有你知道自己需要什么。制定最合适的目标,主动提升自己,并在提升过程中客观地衡量进度,这样才能获得成功,才能成为更好的你自己。

┃阅读提示

李开复(1961~　),台湾人,1988 年获得卡内基梅隆大学计算机学博士学位,1998 年创办微软中国研究院。虽然毕业于计算机专业,却因为和年轻人分享自己的人生经历和感悟,而在近年获得极大关注,在大学生群体当中很有影响力。有《给中国学生的一封信》、《Google 和中国——追随我心的选择》等。这是《成功就是成为最好的你自己》一文的删节,作者以生动的实例,指示出走向成功的方向和方法,很有启发。

对自己的人生负责

周国平

我们活在世上,不免要承担各种责任,小至对家庭、亲戚、朋友,对自己的职务,大至对国家和社会。这些责任多半是应该承担的。不过,我们不要;忘记,除此之外,我们还有一项根本的责任,便是对自己的人生负责。

每个人在世上都只有活一次的机会,没有任何人能够代替他重新活一次。如果这惟一的一次人生虚度了,也没有任何人能够真正安慰他。认识到这一点,我们对自己的人生怎么能不产生强烈的责任心呢?在某种意义上,人世间各种其他的责任都是可以分担或转让的,惟有对自己的人生的责任,每个人都只能完全由自己来承担,一丝一毫依靠不了别人。

不止于此,我还要说,对自己的人生的责任心是其余一切责任心的根源。一个人惟有对自己的人生负责,建立了真正属于自己的人生目标和生活信念,他才可能由之出发,自觉地选择和承担起对他人和社会的责任。正如歌德所说:"责任就是对自己要求去做的事情有一种爱。"因为这种爱,所以尽责本身就成了生命意义的一种实现,就能从中获得心灵的满足。相反,我不能想象,一个不爱人生的人怎么会爱他人和爱事业,一个在人生中随波逐流的人怎么会坚定地负起生活中的责任。实际情况往往是,这样的人把尽责不是看做从外面加给他的负担而勉强承受,便是看做纯粹的付出而索求回报。

一个不知对自己的人生负有什么责任的人,他甚至无法弄清他在世界上的责任是什么。有一位小姐向托尔斯泰请教,为了尽到对人类的责任,她应该做些什么。托尔斯泰听了非常反感,因此想到:人们为之受苦的巨大灾难就在于没有自己的信念,却偏要做出按照某种信念生活的样子。当然,这样的信念只能是空洞的。这是一种情况。更常见的情况是,许多人对责任的关系确实是完全被动的,他们之所以把一些做法视为自己的责任,不是出于自觉的选择,而是由于习惯、时尚、舆论等原因。譬如说,有的人把偶然却又长期从事的某一职业当做了自己的责任,从不尝试去拥有真正适合自己本性的事业。有的人看见别人发财和挥霍,便觉得自己也有责任拼命挣钱花钱。有的人十分看重别人尤其上司对自己的评价,谨小慎微地为这种评价而活着。由于他们不曾认真地想过自己的人生使命究竟是什么,在责任问题上也就必然是盲目的了。

所以,我们活在世上,必须知道自己究竟想要什么。一个人认清了他在这世界上要做的事情,并且在认真地做着这些事情,他就会获得一种内在的平静和充实。他知道自己的责任之所在,因而关于责任的种种虚假观念都不能使他动摇了。我还相信,如果一个人能对自己的人生负责,那么,在包括婚姻和家庭在内的一切社会关系上,他对自己的行为都会有一种负责的态度。如果一个社会是由这样对自己的人生负责的成员组成的,这个社会就必定是高质量的有效率的社会。

▎阅读提示

　　周国平(1945～),上海人,中国社会科学院哲学研究所研究员。中国当代著名学者、哲学家、作家。著有学术专著《尼采:在世纪的转折点上》《尼采与形而上学》,散文集《守望的距离》《各自的朝圣路》,诗集《忧伤的情欲》等。从某种意义上说,责任是人的本质,而最核心、最根本的责任就是对自己的责任。因为只有对自己负责的人,才能对他人、社会负责。

生命的空隙

叶坚颖

很多的时候,我们需要给自己的生命留下一点空隙,就像两车之间的安全距离——一点缓冲的余地,可以了随时调整自己,进退有据。

生活的空间,须借清理挪减而留出;心灵的空间,则经思考开悟而扩展。打桥牌时,我们手中所握有的这副牌不论好坏,都要把它打到淋漓尽致;人生亦然,重要的不是发生了什么事,而是我们处理它方法和态度。假如我们转身面向阳光,就不可能陷身在阴影里。

当我们拿花送给别人时,首先闻到花香的是我们自己;当我们抓起泥巴想抛向别人时,首先弄脏的也是我们自己的手。一句温暖的话,就像往别人身上洒香水,自己也会沾到两三滴。因此,要时时心存好意,脚走好路,身行好事。

光明使我们看见许多东西,也使我们看不见许多东西。假如没有黑夜,我们便看不到闪亮的星辰。因此,即使是曾经一度使我们难以承受的痛苦磨难,也不会是完全没有价值的。它可使我们的意志更坚定,思想、人格更成熟。因此,当困难与挫折到来,应平静地面对、乐观地处理。

不要在人我是非中彼此摩擦。有些话语称起来不重,但稍一不慎,便会重重地压到别人心上;同时,也要训练自己,不要轻易被别人的话扎伤。

你不能决定生命的长度,但你可以扩展它的宽度;你不能改变天生的容貌,但你可以时时展现笑容;你不能企望控制他人,但你可以好好掌握自己;你不能全然预知明天,但你可以充分利用今天;你不能要求事事顺利,但你可以做到事事尽心。

在生活中,一定要让自己豁达些,因为豁达的自己才不至于钻入牛角尖,也才能乐观进取。还要开朗些,因为开朗的自己才有可能把快乐带给别人,让生活中的气氛显得更加愉悦。

一个人的快乐,不是因为他拥有的多,而是因为他计较得少。多是负担,是另一种失去;少非不足,是另一种有余;舍弃也不一定是失去,而是另一种更宽阔的拥有。

美好的生活应该是时时拥有一颗轻松自在的心,不管外在的世界如何变化,自己都能有一片清静的天地。清静不在热闹繁杂中,更不在一颗所求太多的心中,放下挂碍、开阔心胸,心里自然清静无忧。

喜悦能让心灵保持明亮,并且充塞着一种确实而永恒的宁静。我们的心念意境,如能时常保持清明开朗，则展现于周遭的环境，都是美好而良善的。

阅读提示

叶坚颖(1985～2006)，广东人。她是一位80后的才女，获得2002年第四届"新概念作文大赛"一等奖，后入北大中文系，2006年在云南遭遇车祸去世。这是《生命的空隙》一文的节选，我们不能决定生命的长度，但却可以扩展它的宽度，包容他人，承受失败，试着换个角度看世界，我们也许会有很多意外的收获。

应用能力训练

【口语交际】

围绕"生活理想——平淡还是绚烂"为题,进行一次辩论。

【写作训练】

选择一部使你感动的电影,写一篇影评。

【实践活动】

深入社区,组织一次义务活动。

【延展阅读】

(1)请在课后阅读路遥的《平凡的世界》。
(2)请在课后阅读杨伯峻的《论语译注》。

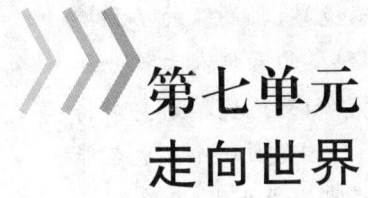

第七单元
走向世界

单元寄语

　　这一单元的名称为"走向世界",那么,何谓"世界",我们该如何才能清楚地认识世界,走向世界呢?

　　一般人认为世界就是广阔的自然界和人类社会,所以迫不及待地将目光和脚步转向外面,但是,世界之大,我们要往哪里走?

　　有这样一类人,他们吃饭、睡觉、工作……沉浮于衣食住行的满足之中,他们也有喜怒哀乐,但是这一切行为和表现都只是人类的本性和社会的惯性。他们从未有过清醒的自觉,所以,只能人云亦云,随波逐流。苏格拉底说"认识你自己",老子说"自知者明"。这两位哲人表述了相同的观点,强调人对自己的认识。人只有先认识和了解自己,才能清醒地独立于世界,才能清楚地看清世界。

　　认识自己,即内省,将目光转入内心。人类之所以区别于动物,就在于人拥有自省的能力;而每一个人之所以区别于其他人,也在于自省时所认识到的独特的心灵世界。那么,如何才能认识自己呢?一方面需要知识。雷海宗在《专家与通人》一文中指出做学问要由专而博,既要精通本学科的专业知识,又要对其他各门略知一二。做学问如此,对于自我的认识也依赖于此。胡适打了一个生动的比方,接受过教育的人,正如近视眼带了一副近视镜,能够更加清楚地看到原本模糊的一切。另一方面需要自省。只有对自我有一个较为清醒的认知,了解自己的优点和缺点,形成基本的情感倾向,明晰生活的理想,才能在这个世界之中找准位置,找到方向。

　　还有这样一类人,他们有自我的认识,也有着较为明确的目标和追求,只不过他们的一切行为都有着实际的、功利的目的,他们的一切努力都只为着自己的利益。这样的人,虽然认识了自己,但是境界较低。

冯友兰先生将人生的境界分为四类：最低级的自然境界；较高级的功利境界；更高级的道德境界；最高级的天地境界。上文中所列举的两类人大抵分属于冯友兰先生所列的自然境界和功利境界。而道德境界和天地境界则要求将个人与社会联系起来。每一个人是独一无二的"这一个"，但是每一个人也不能脱离社会而存在，个人和社会从来都是辩证统一的。罗家伦先生在《生命的意义》一文中提出"人生的意义在能认识和创造生命的价值"，以有限的生命去换取伟大的事业。所谓"伟大的事业"，就是将个人与他人联系起来的事业，就是能为他人、社会作出贡献的事业。在《我的信仰》一文中，爱因斯坦认为人们对财产、虚荣、奢侈的追求都是庸俗的、可鄙的。他坚持简朴的生活，崇尚自由和民主，承担着强烈的社会责任感，实践着对真、善、美的追求。这些立言建功的科学家、思想家不仅展现了自我的认识，同时也为我们指出了自我认识的基本方向和境界。

认识自我，拥有了"自知"，才能更清楚地认识自我之外的世界，才能脚步坚定地走向这个世界。

走向世界，意味着迈向一个崭新的人生领域。由于不同的年龄和知识储备，人生的每一个阶段都有着不同的特点，童年天真、烂漫；少年敏感、叛逆；青年充满梦想与激情；中年渐趋成熟稳重……处于大学时期的我们，也许还依恋着曾经无忧无虑的生活，也许迫不及待地想要去实践自己的梦想，也许遭遇了人生的第一次挫折。余华的小说《十八岁出门远行》揭示了涉世未深的少年第一次面对成人世界时的陌生和迷惘。这样的经历和感受对我们来说是如此的真实，但也正是因为这样的历练，我们才能真正地成长，才能真正地认识到人生的意义。

走向世界，意味着踏入社会、面对现实。父母、老师的教诲，书本的知识只是为我们描绘了别人眼中的社会，只能为我们提供前行的指引，正如"过河的小马"一样，我们必须走出校园和书斋，自己去认识和了解真正的社会。社会存在一种强大的惯性，影响着大多数人的言行、思想，当然，也许滋长了一些落后的、颓靡的认识。所以，我们既要走进社会、融入社会，又不能盲从、盲信，应该具备清醒的认知和批判能力。张炜的散文《炉火》就表达了知识分子对于物质主义时代的抗拒与反思。作为社会中的一员，尤其是接受较高教育的知识分子，我们更有责任和义务去了解社会，并为这个社会的进步作出自己应有的努力和贡献。

走向世界，也许意味着接触到更多样的文化。我们成长的时代是一个深入交流和融合的时代，各个国家和民族的文化通过多种渠道传播，并产生影响。我们该如何认识这些迥异的民族和文化？一概拒斥还是盲目崇拜？龙应台的《正眼看西方》描绘了台湾人面对西方世界时的复杂心态，也许能启发我们进一步思考,形成更为理性的认识。

每一个人都有关于这个世界的描绘和想象,都习惯于以自己的尺度去丈量这个世界。走向世界的过程,就是验证自我的过程。在这个过程中,我们也许一次次认识到理想和现实的距离,不断地调整自我或是坚守自我。正是在这一次次的调整和坚守中,我们完成了蜕变。

专家与通人

雷海宗

专家是近年来的一个流行名词,凡受高等教育的人都希望能成专家。专家的时髦性可说是今日学术界的最大流弊。学问分门别类,除因人的精力有限之外,乃是为求研究的便利,并非说各门之间真有深渊相隔。学问全境就是一种对于宇宙人生全境的探索与追求,各门各科不过是由各种不同的方向与立场去研究全部的宇宙人生而已。政治学由政治活动方面去观察人类的全部生活,经济学由经济活动方面去观察人类的全部生活。但人生是整个的,支离破碎之后就不是真正的人生。为研究的便利,不妨分工;但我们若欲求得彻底的智慧,就必须旁通本门以外的知识。各种自然科学对于宇宙的分析,也只有方法与立场的不同,对象都是同一的大自然界。在自然科学的发展史上,凡是有划时代的贡献的人,没有一个是死抱一隅之见的人。如牛顿或达尔文,不只精通物理学或生物学,他们各对当时的一切学术都有兴趣,都有运用自如的理解力。他们虽无哲学家之名,却有哲学家之实。他们是专家,但又超过专家;他们是通人。这一点总是为今日的一些专家或希望作专家的人所忽略。

假定某人为考据专家,对某科的某一部分都能详述原委,作一篇考证文字,足注能超出正文两三倍;但对今日政治经济社会的局面完全隔阂,或只有幼稚的观感,对今日科学界的大概情形一概不知,对于历史文化的整个发展丝毫不感兴趣。这样一个人,只能称为考据匠,若恭维一句,也不过是"专家"而已。又如一个科学家,终日在实验室与仪器及实验品为伍,此外不知尚有世界。这样一个人,可被社会崇拜为大科学家,但实际并非一个全人,他的精神上之残废就与身体上之足跛耳聋没有多少分别。

再进一步。今日学术的专门化,并不限于科门之间,一科之内往往又分化为许多的细目,各有专家。例如一个普通所谓历史专家,必须为经济史专家,或汉史专家,甚或某一时代的经济史专家,或汉代某一小段的专家。太专之后,不只对史学以外的学问不感兴味,即对所专以外的史学部分也渐疏远,甚至不能了解。此种人或可称为历史专家,但不能算为历史家。片段的研究无论如何重要,对历史若真欲明了,却非注意全局不可。

今日学术界所忘记的,就是一个人除作专家外,也要作"人",并且必须作"人"。一个十足的人,在一般生活上讲,是"全人",由学术的立场讲,是"通人"。我们时常见到喜欢说话的专家,会发出非常幼稚的议论。这就是因为他们只是专家,而不是通人,一离本门,立刻就要迷路。他们对于所专的科目在全部学术中所占的地位完全不知,所以除所专的范围外，若一发言，不是幼稚，就是隔膜。

　　学术界太专的趋势与高等教育制度有密切的关系。今日大学各系的课程，为求"专精"与"研究"的美名，舍本逐末，基本的课程不是根本不设，就是敷衍塞责，而外国大学研究院的大部课程在我们只有本科的大学内反倒都可以找到。学生对本门已感应接不暇，当然难以再求旁通。一般的学生，因根基的太狭太薄，真正的精通既谈不到，广泛的博通又无从求得；结果各大学每年只送出一批一批半生不熟的智识青年，既不能作深刻的专门研究，又不能正当地应付复杂的人生。近年来教育当局与大学教师，无论如何地善于自辩自解，对此实难辞咎。抗战期间，各部门都感到人才的缺乏。我们所缺乏的人才，主要的不在量，而在质。雕虫小技的人才并不算少。但无论做学问，或是做事业，所需要的都是眼光远大的人才。

　　凡人年到三十，人格就已固定，难望再有彻底的变化，要做学问，二十岁前后是最重要的关键，这正是大学生的在校时期。品格、风趣、嗜好，大半要在此时来做最后的决定。此时若对学问兴趣立下广泛的基础，将来的工作无论如何专精，也不至于害精神偏枯病。若在大学期间，就造成一个眼光短浅的学究，将来若要再作由专而博的功夫，其难真是有如登天。今日各种的学术都过于复杂深奥，无人能再望做一个活的百科全书的亚里士多德。但对一门精通一切，对各门略知梗概，仍当是学者的最高理想。二十世纪为人类有史以来最复杂最有趣的时代，今日求知的时会也可谓空前；生今之世，而甘作井底之蛙，岂不冤枉可惜？因为人力之有限，每人或者不免要各据一井去活动，但我们不妨时常爬出井外，去领略一下全部天空的伟大！

阅读提示

　　雷海宗（1902～1962），字伯伦，河北永清人，著名历史学家。1919年至1922年就读于清华学堂，此后公费入芝加哥大学留学。回国后先后任教于南开大学、清华大学等高校。著有《西洋通史》、《中国通史》等。20世纪三四十年代，教育界的学者、教授看到国内高校过于重视专业培养的弊端，大力呼吁通识、通才教育，蔡元培、胡适、冯友兰、朱光潜等均发表文章参与讨论。其中，尤以雷海宗这篇文章引发的震动最大。本文既谈论、辨析了"专家"与"通人"，同时也思考了高等教育制度、治学与人生，观点鲜明，逻辑严密，批评犀利。

生命的意义

罗家伦

我们人类的生命很多，宇宙间万物的生命更多。生之现象，非常普遍。但是我们为什么生在世上？这个问题，数千年来经过多少哲学家科学家的研讨和追求。如果做了人而对于人生的意义不明了，浑浑噩噩，糊涂一世，那他真是白活了。因为对于本身的生命还不明白，我们的行为，就没有标准；我们的态度，也无从确定。有许多人觉得生活很是痛苦，恨不得立刻把自己的生命毁灭掉。他觉得活在世上，乃是尝着无穷尽的痛苦；在生命的背后，似乎有一种黑暗的魔力，时刻逼着他向苦难的路上推动，使他欲生不能，欲死不得；因此他常想设法解除这生命的痛苦。佛教所谓"涅槃"，也就是谋解除生命痛苦的一个方法。不过是否真能解除，乃是另一问题。又有些人认生命是快乐的，以为世界上一切事物，宇宙间一切创作，都是供我们享受的，遂成为一种绝对的享乐主义。其他对于生命所抱的态度很多，要皆各有其见解。我们若是不知道生命真正的意义，就会彷徨歧路，感觉生命的空虚，于是一切行动，茫无所措。所以我们对于这个问题，至少应该有一种初步的，也就是基本的反省。

第一，在无量数生命中，人的生命何以有特别意义？

如果就"生命"二字来讲，他的意义非常广泛。谈到宇宙的生命，其含义更深。这个纯粹的哲学问题，此处暂且不讲。生命既然很多，人类的生命，不过为宇宙无穷生命之一部分。庄子说："朝菌不知晦朔，蟪蛄不知春秋。"朝菌蟪蛄，何尝没有生命？大之如"天山龙"，固曾有其生命，小之如微生物，也有生命。但是在这无量数的生命中，为什么人的生命，才有特殊的意义？为什么人的生命，才有特殊的价值？为什么只有人才对他的生命发生意义和价值的问题？

第二，生命是变动的，物我之间，究有什么关系？

生命是变动的。我们身上的细胞，每天有多少新的生出来，多少陈旧的逐渐死去。这种新陈代谢的变动，可说无一刻停止。一方我们采取动植矿物的滋养成分为食料，以增加我们的新细胞，维持我们的生长；但一旦人死了，身体的有机组织，又渐腐败分离，为其他动植矿物所吸收。生命之循环，变化无已。我们若分析人类的生命，与其他动植物的生命，可以发生许多哲学上的推论。如近代柏格森、杜里舒等哲学系统，都是由此而来的。即梁启超的今日之我非昨日之我，故不惜今日之我与昨日之我宣战的一段话，也是由于观察生命不断变动的现象而来的，不过他得到的是不正确的推论罢了。可见我们总是想到在生命不断的变动当中,物我之间究有什么关系这个问题。

第三,生命随着时间容易过去。

生命随着真实的空时不断地过去。人生上寿,不过百年,转瞬消逝,于是便有"生为尧舜死亦枯骨,生为桀纣死亦枯骨"之感。在悠悠无穷的时间中,人的一生不过一刹那。印度人认宇宙曾经多少劫;每劫若干亿万年。人的生命,在这无数劫中,还不是一刹那吗?若仅就生命现在的一刹那看来,时光实在过于短促;生命的价值,如果仅以一刹那之长短来估定,那末人生实在没有多大意义。尧舜苦心经营创制,不过是一刹那的过去;桀纣醉生梦死,作恶殃民,也不过是一刹那的过去。若是把他们的生命价值认为相等,岂非笑话!故以生命之久暂来估定他的意义与价值,当然是不妥。一个人只要有高尚的思想,伟大的人格,虽不生为百岁老人,亦有何伤?否则上寿百岁与三十四十岁而死者,从无穷尽的时间过程看来,都不过是一刹那。欲从这时间久暂上来求得生命的意义,真是微乎其微。故生命的意义,当然别有所在。

这就是我们对于生命初步的反省。我们从此得到了三个认识,就是:生命是无数的,生命是变动的,生命是容易过去的。

人生的意义在能认识和创造生命的价值。宇宙间的生命,既是如此的多,何以只是人类的生命,才有特别的意义?想解答这个问题,是属于价值哲学的研究。人的生命之所以有意义,乃是因为人能认识和创造人生的价值。因为人类能够反省,所以他能对于宇宙整个的系统,求得认识;更能从宇宙的整个系统之中,认识其本身价值之所在。人类的生命,虽然限制在一定的空时系统之中,但是他能够扩大经验的范围,不受环境的束缚;能够离开现实的环境而创造理想的意境。其他动物则不能如此。例如蛙在井中,则以井为其唯一的天地;离开了井,他便一无认识。人类则不然,其意境所托,可以另辟天地。只有人才能把世上的事事物物,分析观察,整理成一个系统,探讨彼此间的关系,以求得存在于这个系统内的原理,并且能综合各种原理,以推寻生命的究竟。说到人类能创造价值一层,对于生命的意义,尤关重要。一方面他固须接受前人对于人生已定了的价值表,一方面更须自己重新定出价值表来,不断地根据这种新的启示,鼓励自己和领导大家从事于创造事业和完成使命。如此,不但个人的生命,不致等闲消失,并且把整个人类生命的意义提高。古圣先哲,终生的努力,就在于此。这是旁的生命所不能做,而为人类生命所能独到的。所以说宇宙间的生命虽是无量数,惟有人类的生命才有特殊的意义。

人格的统一性与一贯性。生命不断地变,但必须求得当中不变的真理。我们人类虽每天吸收动植矿物的滋养成分,以促进身体上新陈代谢的变化,但是生命当中所包含的真理,决不因生理上的变化而稍移易。这种生命的一贯性和统一性,就是人格。人因为有人格,所以不致因为今日食猪肉,就发猪脾气;明天食牛肉,就发牛脾气。只是以一切的物质,为我们生命的燃料罢了!至于"今日之我与昨日之我宣战"的见解,正是因为缺乏了整个的人格观念,所以陷入于可笑的矛盾。世界上人与人相处,彼此之间全赖有人

格的认识。大家所共认为是善人的,应该今日如此,明日也必定如此;今年如此,明年也必定如此。若是人类无此维系,便无人类的社会可信。所谓人格,就是一贯的自我。他应当是根据我们对于宇宙系统的研究与反省所得到的精确认识,而向着完满的意境前进,向着真善美的世界发展的。他须努力使生命格外美满和谐,使个人的生命与整个宇宙的生命相协调。他更须佐以渊博的知识,培以丰富纯正的感情,从事于促成生命系统的完善。这种好的人格才真是一贯的;因为是一贯的,所以是经得起困苦艰难,决不会随着变幻的外界现象而转移的。有了这种人格,然后在整个宇宙的生命系统当中,人的生命才可立定一个适当的地位。倘若今日如此,明日如彼;苟且偷安,随波逐流,便认为是自我的满足;那不但是无修养,而且是无人格。人与其他生物的分际,就在人格上。人虽吸收了若干外来的食物成分,变其血轮,变其细胞,变其生理上的一切,但他的人格,理想上的人格,永久不变,这就是人格的统一性与一贯性。可见生命虽不断地变,尚有不变者在。这也是人类生命的特殊性。

要保持生力,从力行中以生命来换取伟大的事业。生命随着时间容易过去。《庄子》上所说的朝菌蟪蛄,固然生命很短;楚南冥灵,以五百岁为春,五百岁为秋,上古大椿,以八千岁为春,八千岁为秋,这种生命可以说是很长了,然而在整个时间系统之中,又何尝不是一刹那的过去?故生命的长短,不足以决定生命之价值。生命之价值,要看生命存在的意义如何,乃能决定。吾人之生,决定要有一种作为。生命虽易过去,但有一点不灭,那就是以生命所换来永不磨灭的事业。古今来已死过了的生命不知有多少,若以四万万人每人能活到六十岁来计算,那么,每六十年要死去四万万,一百二十年就死去八万万,照此推算下去,有史以来,过去了的生命,不知若干万万。但是古今来立德立功立言的人,名垂青史,虽在千百年以后,也还是为人所景仰崇拜;那些追随流俗,一事无成的人,他的姓名,及身就不为人所知,到了后代,更如飘忽的云烟,一些痕迹也不曾留着。所以唯有事业,才是人生的成绩,人类的遗产。孔子虽死,他的伦理教训,仍然存在;秦始皇虽死,他为中国立下的大一统规模,依然存在;拿破仑已死,他的法典,仍然存在。生命虽暂,而以生命换来的事业,是不会磨灭的;其事业的精神,也永远会由后人继承了去发扬光大。诸葛亮在隆中,自比管、乐;管、乐生在数百年前,其遗留的事业精神,诸葛亮继承着去发扬光大。左宗棠平新疆,以"新亮"自居,也就是隐然以诸葛亮自承。所以生命之易消逝,不足为忧;所忧者当在这有限的生命,能否换来无限光荣的事业。若是苟且偷生,闲居待死,就是活到九十或百岁,仍与人类社会无关。生命千万不可浪费,浪费生命是最可惜的事。萧伯纳曾叹人生活到可以创造事业的年龄,即行死去,觉得太不经济。他想如果人能和基督教创世记所载的眉寿是拉一样,活到九百六十九岁,则文明的进步岂不更有可观。但这是文学家的理想,是做不到的事。然而西洋人利用生命的时间,比中国人却经济多了。西洋人从四十岁到七十岁为从事贡献于政治、文艺、哲学、科学以及工商社会事业的有效时期,而中国人四十岁以后即呈衰老,到六十岁就打算就木。两相比较,中国人生命的短促和浪费,真可惊人!我们既然不能希望活到九百六十九岁的高龄，那我们就得把这七八十年的一段生命，好好利用。我们要有长命的企图，我们同时要有短命的打算。长命的企图是我们不要把生命消耗在无意义的方面。短命的打算是我们要活一天做两天的事，活一年做两年的事。不问何时死去，事业先已成就。我们生在世上一天，就得充分的保持和发挥自己的生力一天。无生力的生命，是不会成就事业的，无永久价值的事业的生命，是无声无臭度过的。

所以人生在世，不要因生命之数量过多及其容易消逝而轻视生命，不要因生命之时常变动而随波逐流，终至侮辱生命。我们须得对人生的价值有认识，对人格能维持其一贯性；以鞠躬尽瘁，死而后已的精神，加紧的去把自己的生命，换成有永久价值的事业。这样，才不是偷生，才不是枉生！

▌阅读提示

罗家伦(1897～1969)，字志希，浙江绍兴人。1917年考入北京大学，后赴欧美留学。1926年归国后先后担任清华大学、中央大学校长，随后任国民党中央党史编纂委员会副主任委员、驻印度大使、"考试院"副院长、"国史馆"馆长、"总统府"国策顾问等。主要著述汇集为《罗家伦先生文存》。人的生命的意义是什么？文章由这个问题入手，继而从三个方面论证人生的意义，强调人应认识和创造生命的价值。本文征引大量的观点和材料，进行分析判断，说理充分，逻辑清晰，语言朴实。

我的信仰

[美]爱因斯坦

我们这些总有一死的人的命运是多么奇特呀！我们每个人在这个世界上都只作一个短暂的逗留；目的何在，却无所知，尽管有时自以为对此若有所感。但是，不必深思，只要从日常生活就可以明白：人是为别人而生存的——首先是为那样一些人，他们的喜悦和健康关系着我们自己的全部幸福；然后是为许多我们所不认识的人，他们的命运通过同情的纽带同我们密切结合在一起。我每天上百次地提醒自己：我的精神生活和物质生活都依靠着别人（包括生者和死者）的劳动，我必须尽力以同样的分量来报偿我所领受了的和至今还在领受着的东西。我强烈地向往着俭朴的生活。并且时常为发觉自己占用了同胞的过多劳动而难以忍受。我认为阶级的区分是不合理的，它最后所凭借的是以暴力为根据。我也相信，简单淳朴的生活，无论在身体上还是在精神上，对每个人都是有益的。

我完全不相信人类会有那种在哲学意义上的自由。每一个人的行为，不仅受着外界的强迫，而且还要适应内心的必然。叔本华说："人虽然能够做他所想做的，但不能要他所想要的。"这句话从我青年时代起，就对我是一个真正的启示；在我自己和别人生活面临困难的时候，它总是使我们得到安慰，并且永远是宽容的源泉。这种体会可以宽大为怀地减轻那种容易使人气馁的责任感，也可以防止我们过于严肃地对待自己和别人；它还导致一种特别给幽默以应有地位的人生观。

要追究一个人自己或一切生物生存的意义或目的，从客观的观点看来，我总觉得是愚蠢可笑的。可是每个人都有一定的理想，这种理想决定着他的努力和判断的方向。就在这个意义上，我从来不把安逸和享乐看作是生活目的本身——这种伦理基础，我叫它猪栏的理想。照亮我的道路，并且不断地给我新的勇气去愉快地正视生活的理想，是善、美和真。要是没有志同道合者之间的亲切感情，要不是全神贯注于客观世界——那个在艺术和科学工作领域里永远达不到的对象，那末在我看来，生活就会是空虚的。人们所努力追求的庸俗的目标——财产、虚荣、奢侈的生活——我总觉得都是可鄙的。

我对社会正义和社会责任的强烈感觉，同我显然的对别人和社会直接接触的淡漠，两者总是形成古怪的对照。我实在是一个"孤独的旅客"，我未曾全心全意地属于我的国家，我的家庭，我的朋友，甚至我最接近的亲人；在所有这些关系面前，我总是感觉到有一定距离并且需要保持孤独——而这种感受正与年俱增。人们会清楚地发觉，同别人的相互了解和协调一致是有限度的,但这不足惋惜。这样的人无疑有点失去他的天真无邪和无忧无虑的心境;但另一方面,他却能够在很大程度上不为别人的意见、习惯和判断所左右,并且能够不受诱惑要去把他的内心平衡建立在这样一些不可靠的基础之上。

我的政治理想是民主主义。让每一个人都作为个人而受到尊重,而不让任何人成为崇拜的偶像。我自己受到了人们过分的赞扬和尊敬,这不是由于我自己的过错,也不是由于我自己的功劳,而实在是一种命运的嘲弄。其原因大概在于人们有一种愿望,想理解我以自己的微薄绵力通过不断的斗争所获得的少数几个观念,而这种愿望有很多人却未能实现。我完全明白,一个组织要实现它的目的,就必须有一个人去思考,去指挥,并且全面担负起责任来。但是被领导的人不应当受到强迫,他们必须有可能来选择自己的领袖。在我看来,强迫的专制制度很快就会腐化堕落。因为暴力所招引来的总是一些品德低劣的人,而且我相信,天才的暴君总是由无赖来继承,这是一条千古不易的规律。就是这个缘故,我总是强烈地反对今天我们在意大利和俄国所见到的那种制度。像欧洲今天所存在的情况,使得民主形势受到了怀疑,这不能归咎于民主原则本身,而是由于政府的不稳定和选举制度中与个人无关的特征。我相信美国在这方面已经找到了正确的道路。他们选出了一个任期足够长的总统,他有充分的权力来真正履行他的职责。另一方面,在德国的政治制度中,我所重视的是,它为救济患病或贫困的人作出了比较广泛的规定。在人生的丰富多彩的表演中,我觉得真正可贵的,不是政治上的国家,而是有创造性的,有感情的个人,是人格;只有个人才能创造出高尚的和卓越的东西,而群众本身在思想上总是迟钝的,在感觉上也总是迟钝的。

讲到这里,我想起了群众生活中最坏的一种表现,那就是使我厌恶的军事制度。一个人能够洋洋得意地随着军乐队在四列纵队里行进,单凭这一点就足以使我对他轻视。他所以长了一个大脑,只是出于误会;单单一根脊髓就可满足他的全部需要了。文明国家的这种罪恶的渊薮,应当尽快加以消灭。由命令而产生的勇敢行为,毫无意义的暴行,以及在爱国主义名义下一切可恶的胡闹,所有这些都使我深恶痛绝!在我看来,战争是多么卑鄙、下流!我宁愿被千刀万剐,也不愿参预这种可憎的勾当。尽管如此,我对人类的评价还是十分高的,我相信,要是人民的健康感情没有被那些通过学校和报纸而起作用的商业利益和政治利益蓄意进行败坏,那末战争这个妖魔早就该绝迹了。

我们所能有的最美好的经验是奥秘的经验。它是坚守在真正艺术和真正科学发源地上的基本感情。谁要是体验不到它,谁要是不再有好奇心也不再有惊讶的感觉,他就无异于行尸走肉,他的眼睛是迷糊不清的。就是这样奥秘的经验——虽然掺杂着恐怖——产生了宗教。我们认识到有某种为我们所不能洞察的东西存在,感觉到那种只能以其最原始的形式为我们感受到的最深奥的理性和最灿烂的美——正是这种认识和这种情感构成了真正的宗教感情;在这个意义上,而且也只是在这个意义上,我才是一个具有深挚的宗教感情的人。我无法想象一个会对自己的创造物加以赏罚的上帝,也无法想象它会有像在我们自己身上所体验到的那样一种意志。我不能也不愿去想象一个人在肉体死亡以后还会继续活着;让那些脆弱的灵魂,由于恐惧或者由于可笑的唯我论,去拿这种思想当宝贝吧!我自己只求满足于生命永恒的奥秘,满足于觉察现存世界的神奇的结构,窥见它的一鳞半爪,并且以诚挚的努力去领悟在自然界中显示出来的那个理性的一部分,即使只是其极小的一部分,我也就心满意足了。

▌阅读提示

　　爱因斯坦(1879～1955),生于德国,1921年获诺贝尔物理学奖,1933年希特勒上台后,因犹太人身份受迫害赴美国。1940年加入美国籍。他提出了相对论等一系列对现代影响深刻的科学理论,是20世纪最伟大的科学家。爱因斯坦一生追求真理,热爱和平,有着高尚的心灵和崇高的道德理想,这一切既反映在他杰出的科学研究上,同时也诉诸文字。在《我的信仰》一文中,爱因斯坦提出坚持简朴的生活,追求善、美和真;崇尚自由和民主,反对专制制度和军事制度。他一生中最美好的经验是探求生命和自然的奥秘。

炉 火

张 炜

冬夜,听不到炉火熊熊燎动之声。那是多么好的声音,它甚至可以驱走心中的严寒……仍能想起无数个那样的夜晚,炉火旁,我们的不停阅读。几个人屏息静气,一杯热茶,一点跃动的灯火,就是最为幸福的时刻。大家从遥远之地汇集一起,有的甚至跋涉了一百多里。他们在阅读别人的或是自己的东西;或倾听,或热烈辩论。常有人泪花闪闪。

那是个贫寒岁月。朋友们除了一副背囊,一腔热情,几乎一无所有。他们大多是一些流浪者,一些年纪轻轻的流浪汉。他们在山地和平原奔走、劳动,过着清苦的生活。但他们都有阅读的习惯,甚至还有写作的习惯——挤在油灯下,炉火旁,就有了一场精神会餐。他们也许是稚嫩的,他们还多么年轻。可是他们身上却闪烁着自尊的光芒。他们比那些为另一些东西而奔波的油头粉面者要高贵十倍。他们当时衣衫破旧,头发脏乱,脸上带着灰尘,脚上和手上还留着劳作留下的创伤,粗浊的山地和外省口音也无法掩去真知灼见,并使这场辩论显得特别激烈,他们的纯美见解没有被记录,却可以被记忆。

许多年过去了,当年那些年轻的身影都四散离去。有的再寻不到,成为昨天;只有那一幕幕,如在眼前。

今天再没有那样的炉火了,没有那样的聚会,那样的痴情、那样浪漫和纯粹的情怀。真的难以寻觅。

我们点起这样的炉火,因为无比怀念那些时刻。它是一段青春,消失了即不能回返。可是那个场景却可以重造,不仅在记忆中,而且在现实中。

昨日不再卑微渺小,因为它有沉重的关怀。我们当年有幸参与了倾听了,看到了炉火动人的燃烧。那一片温暖让人永志不忘。

如今在乡间,在闹市,在中心,在边陲,哪里还可以找到那样的炉火?那是过时的风尚、是陈迹……首先是心中的炉火熄灭了。人们在为另一些东西所激动,为原始的欲望而奔波。他们丢失了当年的背囊。

在世纪之交的喧嚣中,唯独失却了炉火。我们从那些动人的记载中可以发现,在十九世纪的俄罗斯,在那片与我们毗邻的土地上,一大批杰出的人物,像东方某个时期的一些人物所面临的状态一样。在社会的转折期,在世纪的交汇期,他们当中有贵族,也有贫儿;有艺术家、音乐家、思想家,也有哲学家和科学家。他们的壁炉正熊熊燃烧,炉火旁纵论天下,通宵达旦。那是为真理和艺术奔走相告的一种激情。炉火像他们的豪情一样烈焰腾腾。伟大的心灵在跳动，他们用双手迎来一个思辨的时代。他们开拓了伟大的视野，传播了诗与真，在整个人类的思想和艺术史上占有光辉一页。

最初这声音只在炉火旁，在一个角落；但由于它闪烁着真的光芒，终于越过斗室，走向苍穹，化作滚滚雷鸣，如闪电照亮天际。

那片土地上的思想艺术之火正像我们后来所了解的那样，成为燎原之势。它给东方和西方同时造成了震撼。那些杰出人物的高大身影，已经不会倒塌。

不仅是对炉火的憧憬，而是追求真实、追求人生大境界的本能，使又人接近了那燃烧的火焰。

人有精力充盈、火力四射的青年时代。在那个时期，他们往往有着美好而壮丽的举动。

记得十几年前那个春天的夜晚，一拨年轻人聚集在一个场所，交流自己的阅读和崭新的见解——言辞愈来愈激烈，气氛愈来愈火爆，春寒一扫而光。他们个个热汗涔涔，头发冒着白汽。炉火燃起，停电之后又点上蜡烛。再后来，那狭窄的室内空间已经有碍于激烈冲撞的思想了。他们先后走出，走到郊外山上。

在山上那层层开凿的台阶上，他们坐成一排；有时站立，挥动手臂展开辩论……那都是关于人生、哲学、艺术，关于古代和今天，关于切近我们生活的历史，关于未来的想象和推论……那些纯洁而深刻的思想与他们的年龄或不相称；他们唇边刚刚生成一层茸毛，睫毛微翘，星光下闪烁一片明亮的眸子。一种毫无邪气、毫无私欲的论辩激烈进行，每天都有越来越多的年轻伙伴奔赴郊外这座山。

辩论持续了很久。这是一场蔓延了半座城市、一座大山的辩论。那些谈锋犀利、知识渊博的年轻人都在黄昏刚刚消失的时刻赶到山上。上一场辩论中的胜者站在了台阶最高处，败者则退下山来。胜者要接受一波又一波的挑战。他们真诚、执拗，为真理不甘屈服。他们当中的最杰出者，最后或者可以称为"不败者"的，只剩下了五人。

当年那场令人神往的大辩论如在眼前，或许永生不会终了。它像巨石投入水中，波纹荡到遥远。这声音来自我们民族精神的深远贮藏，它使人想到春秋战国时期奔走天下、纵论时事的诸子；想起提出"百家争鸣"的稷下学宫；想起那些互不谦让、口齿锋利、"日服千人"之士。

物质主义盛行的时刻是远没有那样的气势的。一种无所不在的萎靡只会把人的精神向下导引，进入尘埃。人没有能力向上仰望开阔的星空，没有能力与宇宙间的那种响亮久远的声音对话。当每个人心中的炉火渐渐熄灭之时，就是无比寒冷的精神冬季降临之日。这种寒冷将使人不堪忍受。当有人怀念炉火之时，往往已为时过晚了。

但火种总会贮藏在一些特殊的角落里，它们远未熄灭。它们即便是在最寒冷的时候还仍然在那儿默默地燃烧，酿成一片炽烈。

那是心中的火，不灭的火，是生命之火。没有什么力量可以绞杀生命的火种。正是这火种，最终给人类带来光明。生命之光即是永恒之光。

第七单元 走向世界

阅读提示

　　张炜(1956～)，出生于山东省龙口市，1980年毕业于烟台师范学院中文系，1984年起从事专业创作，现任山东省作家协会主席。已发表小说、散文、诗歌1000余万字，获"人民文学奖"、"茅盾文学奖"等重要奖项50余项。本文既深情地回忆起贫寒岁月中年轻人对于文学、对于理想的坚持与追求，又清醒地意识到物质主义盛行的当代，人们为欲望奔波，丧失了精神的力量。文章情感深沉，语言朴实，体现作者对现实的反思，对精神和理想的追求。

正眼看西方

龙应台

说台湾非常崇洋？

好像是的。不管货品好坏，一加上洋文包装，就有人趋之若鹜。走进豪华大饭店，侍者对外国客人殷勤备至，对自己的同胞却往往视而不见。有难题存在，总要打上"有碍国际观瞻"的字号才能得到快速的解决，如果有政客来访，记者最强调的，是此人对台湾印象好不好。在教育上，当年背诵"床前明月光"和"臣密言、臣以险衅"的一代，现在忙着送下一代到英语幼稚园读"哈罗，你好吗"。每年夏天一批一批优秀或不优秀的青年乘着一架又一架的七四七到西方去接受头脑与精神的改造。到了彼岸，大部分就不再回头。

可是台湾真的崇洋吗？

好像又不是。一个金发朋友在动物园里看槛栏里的猴子，旁边一个年轻人突然大声说："哇塞！猴子看猴子！"周围的人愉快地大笑。这位中文非常好的朋友一句话不说地走开。认为西方人是猴子、鬼子、蛮子的中国人可还真不少。中国菜世界第一，中国人会用筷子真聪明，中国人讲礼义廉耻、重伦理道德，西方人却功利现实、人情浇薄。中国的夫妻一夜就有百世的恩情，西方的男女轻薄随便，道德败坏。中国人在制礼作乐的时候，西方人还在茹毛饮血呢！

如果说台湾崇洋的心理很深，那么"反洋"的情绪却一点儿也不弱。写文章的人一旦提到西方的优点，就得赶忙下个注解："我不是崇洋！"作为招架之用。"崇洋"这个词本身就是个骂人的话，表示我们的社会一方面深深受西方文明的吸引，一方面心底又有很深的排拒感。在这两种冲突的情绪左右之下，就产生许多奇怪的现象。

譬如说，如果某个生在台湾的金发小孩说，"我要做中国人，我不要回美国"，或是哪个传教士说，"我热爱中华文化，我把一生献给中国"，我们的报纸会大加喧腾，每个中国人都觉得得意。反过来说，如果一个生于美国的中国孩子说，"我不要做中国人"，或一个留学生胆敢宣布"我热爱美国文化，我要献身美国"，恐怕很少中国人不气愤填膺，骂这个人是数典忘祖的叛徒。也就是说，别人仰慕我们理所当然，我们却绝对不可以钦佩别人。这个心理怎么解释？

许多父母千方百计地把儿女送到国外，以逃避台湾的联考制度。这些父母被指责为崇洋媚外。而事实上，在台湾凡是做父母的，大概心头都有一个解不开的结：希望孩子无忧无虑地长大，可是在教育制度的钳制下，不得不眼看着他眼镜愈戴愈厚、书愈读愈死、精神愈逼愈紧张。如果有机会，哪一个父母不希望儿女能逃过这个制度？在这种情况之下，有父母送子女出国，我们不沉痛地检讨教育制度的缺失，问为什么台湾留不住人，反而拿出"崇洋"的帽子来指责，这不是也很奇怪吗？

挣扎在崇洋与排外两种心态之间，我们有时候就像个同时具有自卑感与自大狂的个人。对人，做不到不卑不亢。许多人对金发碧眼的人固然是讨好赔笑，过度的谄媚，也有许多人特意地表现自尊而故意以傲慢无礼的态度相对。我们的驻外人员有时在签证手续上刁难外人，所采的大概就是"我偏要整你"的心理。在自卑与自大的搅混之下，对事，我们就做不到客观冷静。在讨论台湾种种社会问题时，常发现三种直觉的反应。其一是："怎么，老说咱们不好，西方就没这些问题吗？"

我可不懂，台湾有的缺点，与西方有什么关系？难道说，好，意大利也脏，所以台湾脏得有道理？墨西哥的污染也很严重，所以我们污染没有关系？别的国家有相似的问题，于是我们的问题就可以随它去？不管西方有没有类似的问题，我们仍旧得正视自己的缺陷，不是吗？

第二种反应是："你老说欧美文明进步，你崇洋！"这种说辞完全是感情用事。如果有人说欧洲干净，那么正常的反应应该是，第一问，欧洲干净是否事实？第二问，"干净"是不是我们想要的东西？如果两问答案都属肯定，那么第三问：我们如何效法，做到"干净"？整个程序和崇洋不崇洋扯不上一丁点的关系。

第三种常出现的反应，尤其来自官方，是说："那是西方的，不合台湾实情！"这"不合台湾实情"是个很重的大帽子，一方面骂人家崇洋，一方面骂人家不切实际，一方面也挡住了改革的呼求。什么建议或观念，只要加上"西方"的标帜，就容易以"不合台湾实情"来打发掉。而事实上，凡是"西方"的，不一定就"不合台湾实情"，"不合台湾实情"也不表示不能做。公德心不合台湾实情吧？我们要不要公德心？近代民主是西方的，我们要不要民主？守法似乎也不合台湾实情，我们要不要守法？

这三种反应都很情绪化。我们应该关切的是欧美一些价值观念或行为值不值得我们撷取。如果值得，那么不管西方不西方，都应该见贤思齐，努力地去"崇洋"。如果不值得，那么不管西方不西方，我们都不要受诱惑。但是我们若不能清除掉对西方的情绪作用——盲目地媚洋也好，义和团式的反洋也好——我们就永远不可能面对西方，就事论事，作客观而合理的判断。

当一个西方人说"在台湾吃东西有中毒的危险，过街有被撞死的可能。中国人脏、乱、嘈杂、粗鲁"的时候，大概没有几个中国人不勃然大怒的，但是我不，因为我知道，当中国人从东南亚或其他地区回来的时候，他们也说："哇！那边好落后，吃东西有中毒的危险，上街会被撞死。他们又脏、又乱、又吵，真受不了！""他们"听了又如何？用自家一把尺量天下的，不仅只西方人而已。这个世界，有丑陋的美国人，也有丑陋的日本人、德国人、法国人，你想，就少得了丑陋的中国人吗？

更何况，听到别人批评时，正常合理的反应应该是，先问他说的是否真有其事？若真有其事,如何改进？在听到西方人的批评之后,或者因民族情绪高涨而勃然大怒,或者特别为了讨好西方而快马加鞭,都是不正常的心理表现。

收音机里听到立法委员说:"我们出去考察,发觉欧美国会议员都有助理,我们没有,害我们很不好意思……"说得理直气壮,我听得一头雾水:因为他们有,所以我们也要——这是什么逻辑？但是今天好像这个现象很普遍:纽约有地下车的涂鸦画,台北也要有,不管有多难看。美国有自由女神,咱们也来个孔子大像,不管是否实际。这是心理上的奴隶。反过来,别人出国深造,我偏不出去,我爱国。西方讲开放容忍,我就偏讲保守的美德。西方人谈尊重个人,我就偏说团队至上。西方愈怎么样,我就愈是不怎么样。这,也是心理上的奴隶。我们必须除去这个心魔,才能正眼看着西方——他们反核,我们要不要？他们反污染,我们要不要？他们有休假制度,我们要不要？他们讲性开放,我们要不要？每一件事作客观冷静的、不自卑不自大、不情绪反应的探讨,中国人才有可能从西方巨大的阴影中自己站出来。否则,崇洋或反洋,我们都是别人的奴隶。

▍阅读提示

龙应台(1952~　),祖籍湖南衡山,生于台湾高雄,台湾著名作家。她曾先后在一些高校任教,并在报刊上发表了大量杂文、小说评论,在海峡两岸及海外华人界都产生了一定影响。主要作品集有《龙应台评小说》、《野火集》等。本文细数了台湾面对西方、面对世界时的种种表现,深入揭示了中国普遍的文化心理,在崇洋和反洋的讨论中提出了自己的看法。文章原载于1985年台湾的《中国时报》,以客观批判的精神、辛辣讽刺的文笔展现了作者的观察和思考。

十八岁出门远行

余 华

柏油马路起伏不止,马路像是贴在海浪上。我走在这条山区公路上,我像一条船。这年我十八岁,我下巴上那几根黄色的胡须迎风飘飘,那是第一批来这里定居的胡须,所以我格外珍重它们,我在这条路上走了整整一天,已经看了很多山和很多云。所有的山所有的云,都让我联想起了熟悉的人。我就朝着它们呼唤他们的绰号,所以尽管走了一天,可我一点也不累。我就这样从早晨里穿过,现在走进了下午的尾声,而且还看到了黄昏的头发。但是我还没走进一家旅店。

我在路上遇到不少人,可他们都不知道前面是何处,前面是否有旅店。他们都这样告诉我:"你走过去看吧。"我觉得他们说的太好了,我确实是在走过去看。可是我还没走进一家旅店。我觉得自己应该为旅店操心。

我奇怪自己走了一天竟只遇到一次汽车。那时是中午,那时我刚刚想搭车,但那时仅仅只是想搭车,那时我还没为旅店操心,那时我只是觉得搭一下车非常了不起。我站在路旁朝那辆汽车挥手,我努力挥得很潇洒。可那个司机看也没看我,汽车和司机一样,也是看也没看,在我眼前一闪就他妈的过去了。我就在汽车后面拼命地追了一阵,我这样做只是为了高兴,因为那时我还没有为旅店操心。我一直追到汽车消失之后,然后我对着自己哈哈大笑,但是我马上发现笑得太厉害会影响呼吸,于是我立刻不笑。接着我就兴致勃勃地继续走路,但心里却开始后悔起来,后悔刚才没在潇洒地挥着手里放一块大石子。

现在我真想搭车,因为黄昏就要来了,可旅店还在它妈肚子里,但是整个下午竟没再看到一辆汽车。要是现在再拦车,我想我准能拦住。我会躺到公路中央去,我敢肯定所有的汽车都会在我耳边来个急刹车。然而现在连汽车的马达声都听不到。现在我只能走过去看了,这话不错,走过去看。

公路高低起伏,那高处总在诱惑我,诱惑我没命奔上去看旅店,可每次都只看到另一个高处,中间是一个叫人沮丧的弧度。尽管这样我还是一次一次地往高处奔,次次都是没命地奔。眼下我又往高处奔去。这一次我看到了,看到的不是旅店而是汽车。汽车是朝我这个方向停着的,停在公路的低处。我看到那个司机高高翘起的屁股,屁股上有晚霞。司机的脑袋我看不见,他的脑袋正塞在车头里。那车头的盖子斜斜翘起,像是翻起的嘴唇。车厢里高高堆着箩筐,我想着箩筐里装的肯定是水果。当然最好是香蕉。我想他的驾驶室里应该也有,那么我一坐进去就可以拿起来吃了,虽然汽车将要朝我走来的方向开去,但我已经不在乎方向。我现在需要旅店,旅店没有就需要汽车,汽车就在眼前。

我兴致勃勃地跑了过去,向司机打招呼:"老乡,你好。"

司机好像没有听到,仍在弄着什么。

"老乡,抽烟。"

这时他才使了使劲,将头从里面拔出来,并伸过来一只黑乎乎的手,夹住我递过去的烟。我赶紧给他点火。他将烟叼在嘴上吸了几口后,又把头塞了进去。

于是我心安理得了,他只要接过我的烟,他就得让我坐他的车。我就绕着汽车转悠起来,转悠是为了侦察箩筐的内容。可是我看不清,便去使用鼻子闻,闻到了苹果味,苹果也不错,我这样想。

不一会他修好了车,就盖上车盖跳了下来。我赶紧走上去说:"老乡,我想搭车。"不料他用黑乎乎的手推了我一把,粗暴地说:"滚开。"

我气得无话可说,他却慢悠悠地打开车门钻了进去,然后发动机响了起来。我知道要是错过这次机会,将不再有机会。我知道现在应该豁出去了。于是我跑到另一侧,也拉开车门钻了进去。我准备与他在驾驶室里大打一场。我进去时首先是冲着他吼了一声:"你嘴里还叼着我的烟。"这时汽车已经活动了。

然而他却笑嘻嘻地十分友好地看起我来,这让我大惑不解。他问:"你上哪?"

我说:"随便上哪。"

他又亲切地问:"想吃苹果吗?"他仍然看着我。

"那还用问。"

"到后面去拿吧。"

他把汽车开得那么快,我敢爬出驾驶室爬到后面去吗？于是我就说:"算了吧。"

他说:"去拿吧。"他的眼睛还在看着我。

我说:"别看了,我脸上没公路。"

他这才扭过头去看公路了。

汽车朝我来时的方向驰着,我舒服地坐在座椅上,看着窗外,和司机聊着天。现在我和他已经成为朋友了。我已经知道他是在个体贩运。这汽车是他自己的,苹果也是他的。我还听到了他口袋里面钱儿叮当响。我问他:"你到什么地方去?"

他说:"开过去看吧。"

这话简直像是我兄弟说的,这话可多亲切。我觉得自己与他更亲近了。车窗外的一切应该是我熟悉的,那些山那些云都让我联想起来了另一帮熟悉人来了,于是我又叫唤起另一批绰号来了。

现在我根本不在乎什么旅店,这汽车这司机这座椅让我心安而理得。我不知道汽车要到什么地方去,他也不知道。反正前面是什么地方对我们来说无关紧要,我们只要汽车在驰着,那就驰过去看吧。

可是这汽车抛锚了,那个时候我们已经是好得不能再好的朋友了。我把手搭在他肩上,他把手搭在我肩上。他正在把他的恋爱说给我听,正要说第一次拥抱女性的感觉时,这汽车抛锚了。汽车是在上坡时抛锚的,那个时候汽车突然不叫唤了,像死猪那样突然不动了。于是他又爬到车头上去了,又把那上嘴唇翻了起来,脑袋又塞了进去。我坐在驾驶室里,我知道他的屁股此刻肯定又高高翘起,但上嘴唇挡住了我的视线,我看不到他的屁股,可我听得到他修车的声音。

过了一会他把脑袋拔了出来,把车盖盖上。他那时的手更黑了,他把脏手在衣服上擦了又擦,然后跳到地上走了过来。

"修好了?"我问。

"完了,没法修了。"他说。

我想完了,"那怎么办呢"我问。

"等着瞧吧。"他漫不经心地说。

我仍在汽车里坐着,不知该怎么办。眼下我又想起什么旅店来了。那个时候太阳要落山了,晚霞则像蒸气似地在升腾。旅店就这样重又来到了我脑中,并且逐渐膨胀,不一会便把我的脑袋塞满了。那时铁脑袋没有了,脑袋的地方长出了一个旅店。

司机这时在公路中央做起了广播操,他从第一节做到最后一节,做得很认真。做完又绕着汽车小跑起来。司机也许是在驾驶室里呆得太久,现在他需要锻炼身体了。看着他在外面活动,我在里面也坐不住,于是,打开车门也跳了下去。但我没做放手操也没小跑。我在想着旅店和旅店。

这个时候我看到坡上有五个骑着自行车下来,每辆自行车后座上都用一根扁担绑着两只很大的箩筐,我想他们大概是附近的农民,大概是卖菜回来。看到有人下来,我心里十分高兴,便迎上去喊道:"老乡,你们好。"

那五个骑到我跟前时跳下了车,我很高兴地迎了上去,问:"附近有旅店吗?"

他们没有回答,而是问我:"车上装的是什么?"

我说:"是苹果。"

他们五人推着自行车走到汽车旁,有两个人爬到了汽车上,接着就翻下来十筐苹果,下面三个人把筐盖掀开往他们自己的筐里倒。我一时间还不知道发生了什么,那情景让我目瞪口呆。我明白过来就冲了上去,责问:"你们要干什么?"

他们谁也没理睬我,继续倒苹果。我上去抓住其中一个人的手喊道:"有人抢苹果啦!"这时有一只拳头朝我鼻子上狠狠地揍来了,我被打出几米远。爬起来用手一摸,鼻子软塌塌地不是贴着而是挂在脸上了,鲜血像是伤心的眼泪一样流。可当我看清打头那个身强力壮的大汉时,他们五人已经跨上自行车骑走了。

司机此刻正在慢慢地散步,嘴唇翻着大口喘气,他刚才大概跑累了。他好像一点也不知道刚才的事。我朝他喊:"你的苹果被抢走了!"可他根本没注意我在喊什么,仍在慢慢地散步。我真想上去揍他一拳,也让他的鼻子挂起来。我跑过去对着他的耳朵大喊:"你的苹果被抢走了。"他这才转身看了我起来,我发现他的表情越来越高兴,我发现他是在看我的鼻子。

这时候,坡上又有很多人骑着自行车下来了,每辆车后都有两只大筐,骑车的人里面有一些孩子。他们蜂拥而来,又立刻将汽车包围。好些人跳到汽车上面,于是装苹果的箩筐纷纷而下,苹果从一些摔破的筐中像我的鼻血一样流了出来。他们都发疯般往自己筐中装苹果。才一瞬间工夫,车上的苹果全到了地下。那时有几辆手扶拖拉机从坡上隆隆而下,拖拉机也停在汽车旁,跳下一帮大汉开始往拖拉机上装苹果,那些空了的箩筐一只一只被扔了出去。那时的苹果已经满地滚了,所有人都像蛤蟆似地蹲着捡苹果。

我是在这个时候奋不顾身扑上去的,我大声骂着:"强盗!"扑了上去。于是有无数拳脚前来迎接,我全身每个地方几乎同时挨了揍。我支撑着从地上爬起来时,几个孩子朝我击来苹果。苹果撞在脑袋上碎了,但脑袋没碎。我正要扑过去揍那些孩子,有一只脚狠狠地踢在我腰部。我想叫唤一声,可嘴巴一张却没有声音。我跌坐在地上,我再也爬不起来了,只能看着他们乱抢苹果。我开始用眼睛去寻找那司机,这家伙此刻正站在远处朝我哈哈大笑,我便知道现在自己的模样一定比刚才的鼻子更精彩了。

那个时候我连愤怒的力气都没有了。我只能用眼睛看着这些使我愤怒到极顶的一切。我最愤怒的是那个司机。

坡上又下来了一些手扶拖拉机和自行车,他们也投入到这场浩劫中去。我看到地上的苹果越来越少,看着一些人离去和一些人来到。来迟的人开始在汽车上动手,我看着他们将车窗玻璃卸了下来,将轮胎卸了下来,又将木板橇了下来。轮胎被卸去后的汽车显得特别垂头丧气,它趴在地上。一些孩子则去捡那些刚才被扔出去的箩筐。我看着地上越来越干净,人也越来越少。可我那时只能看着了,因为我连愤怒的力气都没有了。我坐在地上爬不起来,我只能让目光走来走去。

现在四周空荡荡了,只有一辆手扶拖拉机还停在趴着的汽车旁。有几个人在汽车旁东瞧西望,是在看看还有什么东西可以拿走。看了一阵后才一个一个爬到拖拉机上,于是拖拉机开动了。

这时我看到那个司机也跳到拖拉机上去了,他在车斗里坐下来后还在朝我哈哈大笑。我看到他手里抱着的是我那个红色的背包。他把我的背包抢走了。背包里有我的衣服和我的钱,还有食品和书。可他把我的背包抢走了。

我看着拖拉机爬上了坡,然后就消失了,但仍能听到它的声音,可不一会连声音都没有了。四周一下了寂静下来,天也开始黑下来。我仍在地上坐着,我这时又饥又冷,可我现在什么都没有了。

我在那里坐了很久,然后才慢慢爬起来,我爬起来时很艰难,因为每动一下全身就剧烈地疼痛,但我还是爬了起来。我一拐一拐地走到汽车旁边。那汽车的模样真是惨极了,它遍体鳞伤地趴在那里,我知道自己也是遍体鳞伤了。

　　天色完全黑了,四周什么都没有,只有遍体鳞伤的汽车和遍体鳞伤的我。我无限悲伤地看着汽车,汽车也无限悲伤地看着我。我伸出手去抚摸了它。它浑身冰凉。那时候开始起风了,风很大,山上树叶摇动时的声音像是海涛的声音,这声音使我恐惧,使我也像汽车一样浑身冰凉。

　　我打开车门钻了进去,座椅没被他们撬去,这让我心里稍稍有了安慰。我就在驾驶室里躺了下来。我闻到了一股漏出来的汽油味,那气味像是我身内流出的血液的气味。外面风越来越大,但我躺在座椅上开始感到暖和一点了。我感到这汽车虽然遍体鳞伤,可它心窝还是健全的,还是暖和的。我知道自己的心窝也是暖和的。我一直在寻找旅店,没想到旅店你竟在这里。

　　我躺在汽车的心窝里,想起了那么一个晴朗温和的中午,那时的阳光非常美丽。我记得自己在外面高高兴兴地玩了半天,然后我回家了,在窗外看到父亲正在屋内整理一个红色的背包,我扑在窗口问:"爸爸,你要出门?"

　　父亲转过身来温和地说:"不,是让你出门。"

　　"让我出门?"

　　"是的,你已经十八了,你应该去认识一下外面的世界了。"

　　后来我就背起了那个漂亮的红背包,父亲在我脑后拍了一下,就像在马屁股上拍了一下。于是我欢快地冲出了家门,像一匹兴高采烈的马一样欢快地奔跑了起来。

阅读提示

　　余华(1960～　　),浙江杭州人,当代著名作家,曾当过牙医,五年后弃医从文,1984年开始发表小说,是中国先锋派小说的代表人物,并与叶兆言和苏童等人齐名。主要作品有《十八岁出门远行》、《世事如烟》、《活着》、《在细雨中呼喊》等。本文通过"我"第一次出门远行的离奇遭遇,揭示了世界的荒诞,及少年面对这种荒诞的陌生、迷惘。小说中的"我"、"司机"、"旅店"等极具象征意义,故事本身也像一个寓言,表达了作者对世界和人生的思考。

相信未来

食 指

当蜘蛛网无情地查封了我的炉台,
当灰烬的余烟叹息着贫穷的悲哀,
我依然固执地铺平失望的灰烬,
用美丽的雪花写下:相信未来。

当我的紫葡萄化为深秋的露水,
当我的鲜花依偎在别人的情怀,
我依然固执地用凝霜的枯藤,
在凄凉的大地上写下:相信未来。

我要用手指那通向天边的排浪,
我要用手掌那托住太阳的大海,
摇曳着曙光那枝温暖漂亮的笔杆,
用孩子的笔体写下:相信未来。

我之所以坚定地相信未来,
是我相信未来人们的眼睛——
她有拨开历史风尘的睫毛,
她有看透岁月篇章的瞳孔。

不管人们对于我们腐烂的皮肉,
那些迷途的惆怅、失败的苦痛,
是寄予感动的热泪、深切的同情,
还是给予轻蔑的微笑、辛辣的嘲讽。

我坚信人们对于我们的脊骨,
那无数次的探索、迷途、失败和成功,

一定会给予热情、客观、公正和评定，
是的，我焦急地等待着他们的评定。

朋友，坚定地相信未来吧，
相信不屈不挠的努力，
相信战胜死亡的年轻，
相信未来、热爱生命。

阅读提示

食指(1948～　)，原名郭路生，当代著名诗人。有诗集《相信未来》、《食指黑大春现代抒情诗合集》等。这首诗作于1968年，以手抄本的形式广为流传，鼓舞着"文革"狂潮中的青年摆脱迷惘、消沉的情绪，坚定自己执著的信念。诗歌第一节用大量的意象描绘出了那个灰暗、荒芜的时代，但是从第二节开始表达了自己不屈于现实的坚定信念，情感愈来愈强烈，直至最后一节充满激情地呼吁人们"相信未来"。诗歌语言质朴、结构严整、抒情性强。

应用能力训练

【口头交际】

分组训练：设计一个招聘场景，如某单位招聘实习生或暑期工，分角色扮演面试者和应聘者，进行求职面试演练。

【写作训练】

请写一篇"自我介绍"，题目自拟，要求勇敢地展示自己的优点和缺点，认真地思考自己大学四年的规划和将来的人生规划。

【实践活动】

关注最近一周国内外热点新闻事件，准备一个 3~5 分钟左右的新闻播报，要求有新闻概述及简单评论。

【延展阅读】

请在课后阅读《活着就为改变世界——乔布斯》（中文版）。

后 记

　　我们一直想编一本《大学语文》，供应用型高等院校的学生使用，以提升大学生的语文素养，提高大学生的听说读写能力，培育大学生感受美的能力，培养大学生适应社会、服务社会的能力。这些愿望在我们的选文篇目及设计的应用能力训练方面都有所体现。我们在编写这本书稿时，基本上按照时间流程，将大学生从入学、在校学习到走出校门的大学生活"语文化"了，其目的是让大学生在感受《大学语文》魅力的同时，对其在大学的学习、生活乃至以后的走向社会都有积极的帮助作用。

　　美好的愿望、真诚的付出并不表明我们的教材没有缺点。真诚地希望学界同行、青年大学生对我们的不对、不足之处提出宝贵意见。我们的邮箱是 251620847@qq.com，任何合理的意见我们都将欣然接受。期待着读者的意见，期待着进一步完善本书。在教材的编写过程中，我们参考了不少前贤时俊的成果，对于他们辛劳，我们表示衷心感谢。

编　者

2012 年 7 月